美國心流研究專家的靈性實踐

心流覺醒

用科學進化心流，找到你的快樂與人生意義

Recapture the Rapture

Rethinking God, Sex, and Death in a World That's Lost Its Mind

Jamie Wheal
傑米・惠爾——著 葉妍伶——譯

目次

前言

從「末日感」到「幸福感」

在混亂和矛盾中
我們明白我們不是惡魔也不是神祇……
當我們走到這一步
我們得承認，我們是可能性
我們是這世上真正的奇蹟
就在這時，唯有此時
我們方能明白

——引自瑪雅．安吉羅（Maya Angelou）〈勇敢而驚人的真理〉
（這首詩隨著美國國家航空暨太空總署〔NASA〕獵戶座任務飛向太空）

過去這一世紀以來，原本慢慢瓦解的「意義」（Meaning），忽然瞬間全面崩塌。我們從前會在宗教活動中尋求信仰和慰藉，如今，擁有信仰的人數降到史上最低。這種關於救贖與信仰的傳統系統，我們稱為「意義1.0」，它的概念是「信者得救，不信者定罪」。

接著，幾百年來我們進行各種實驗——不再以救贖為基礎，而是為了共融。這也就是全球自由主義的承諾：讓市場、民主和民權帶領我們走進新世界，這次不只信眾得救，而是每個人都有過上好生活的公平機會。

但事實不如預期。前所未見的貧富差距、全球危機和環境惡化，都顯示出全球自由主義的承諾僅是空話。我們將這項當代實驗稱為「意義2.0」，它為大眾帶來共融，彷彿只要接受規則、參與遊戲，機會很快就會到來。不過，這在理論上可行，實務卻難以施行。

在「意義1.0」和「意義2.0」都崩解的狀況下，我們面臨全球性的大危機。「意義的真空」讓各種威脅文明結構的信仰與信念叢生。全世界的人們不論相信與否，或多或少都受到「末日救贖」（Rapture Ideologies，編按：指一種極端信念，強調救贖、毀滅與終末的轉化力量，將「末日」視為最終解脫或新生契機）的意識形態所掌控。

「末日救贖」的四大核心信念為：

- 我們所知的這個世界已經毀壞，而且無法修復。

- 不久的未來，會有一個改變一切的轉捩點。
- 在轉捩點的另一端，我們重視的每個人都將得救。
- 因此，我們應盡快抵達彼端，不必關注這個我們將割捨棄置的舊世界。

對所有人來說，這已成為愈來愈嚴重的問題。我們必須重新掌握敘事，因為這些描述會影響未來的開創。若要重新掌握敘事，我們得喚起最深刻的靈感，療癒傷痛與冷漠，並以前所未有的方式緊密連結彼此。如果我們不這麼做，末日救贖終將掌握話語權，斷言一切的結局。

＊＊＊

曾擔心前述狀況，卻又這樣想「這也許只是極端情況，畢竟我們所處的世界裡有《華爾街日報》、《經濟學人》和TED演講，頭腦冷靜的人們還是占多數」的人，請小心！提倡末日救贖的思想家就在我們身邊。他們的打扮與路上擦肩而過的人無異，身著連帽上衣、名牌西裝或髒兮兮的粗布衣褲都有可能。但他們會頻頻宣稱「奇點臨近」（The Singularity Is Near，編按：認為人類正在接近一個現有現況被完全拋棄，或者文明被完全顛覆的事件點。也是美國作家雷・庫茲威爾〔Ray Kurzweil〕談論未來學的書名），並警告大家「末日將至」（The End Is Nigh）。而且，他們既會解讀電腦程式碼，還會研究古老典籍。

在關於下一個重大突破的熱議中，很少能有如「重啟太空競賽」這般成功攫取我們的想像力。《紐約時報》前陣子的報導表示，我們正處於太空旅遊的關鍵時刻，且「（前往火星）太空旅行最快將於二〇二四年啟程」。除了火箭升空的即時直播，以及勇敢的億萬富翁興高采烈的買到早鳥票外，對於那些有意成為太空殖民者的人來說，還有一個嚴肅的問題鮮少被提及：我們確定要這麼做嗎？

火星不是我們的發源地。它遠的要命，而且環境惡劣，不適合人類棲息。要解決距離與存活的問題，需要洪荒之力。如果我們擁有這樣的技術專業、資本和動力達成這劃時代的創舉，為什麼不善用這些資源來修復我們目前所在的地方？維護我們的發源地？

問題在於：末日救贖。只是這次是新瓶裝舊酒，雖然包裝不一樣，裡面基本結構還是與過去的宗教概念相同。雖然不再是記載在塵封已久的卷軸上，也不取決於善惡二元的最終對決，但這仍然是末日救贖的概念。我們可以稱之為「科技烏托邦末日運動」，它依循的一樣是前面提到的四階段架構：

- 我們已知的世界註定要毀滅了（這次不是由於罪惡，而是因為過度消費）。
- 轉捩點即將出現（因地緣政治和生態體系的瓦解，而不是帶來災厄的四騎士降臨）。

● 在另一端，我們的人民將被妥善照顧（「奇點」或「火星殖民」為最優秀、聰明的人才提供庇護，猶如太空版的《阿特拉斯聳聳肩》〔*Atlas Shrugged*〕，社會因人才出走而瓦解）。

● 因此，讓我們盡快為這一切未來做好準備，別再關心過程中的附帶傷害（建設太空站與豪華避難所，而不是企圖解決糧食、水質、能源或氣候等全球危機）。

從已故的史蒂芬・霍金（Stephen Hawking）到伊隆・馬斯克（Elon Musk），這些擁護火星計畫的人都承認：前往火星的挑戰嚴峻、代價高昂。馬斯克說：「人類逐漸用盡母星的資源，為了確保這個種族的未來，移居火星是最大的希望。」霍金也同意：「開枝散葉，或許是我們自救唯一的辦法。」

當聽到這樣的評論時，多數人卻沒有敲響心中的警鐘，也沒有針對未來展開廣泛的討論，反而抱持著興奮與期待。我們無法理解這件事的嚴重性，只是天真的懷念著阿姆斯壯那「人類的一大步」，並在腦中迴盪著《星際爭霸戰》（*Star Trek*）的開場語：「勇踏前人未至之境」。我們想起卡通《傑森一家》（*The Jetsons*）與當中的火箭背包，納悶著科幻是不是終於要在此刻成為科學事實。這些論述酷炫又令人熟悉，讓我們不禁美化了將要犧牲的一切。

假設霍金和馬斯克是對的。他們聰明過人，深入思考過多數人無法理解的主題，且持續解決不可能的問題，還擁有全世界品質最高的研究資源，但他們兩人目前對於人類能否撐過這個世紀都不抱希望，光這個結論就應該足以讓我們停下腳步。

讓我們先更進一步想像。倘若未來幾十年內，我們真的可以在火星上部署人類未來的基地時，接下來會怎麼樣呢？

有件事可以肯定。這艘前往火星的「甜美號」太空船，肯定容不下全世界的八十億人，這點凸顯出末日救贖思維裡最誘人、最具毀滅性的部分。不管統計上多麼不可能，我們還是悄悄相信自己能登艦。儘管困難重重，我們仍認為自己屬於被艦艇載走、受拯救群眾中的一員，而非被拋棄的那一群。想像一下，要搶到一張逃離「已逝地球」的門票，門檻將有多高。相形之下，西貢淪陷前離開美國大使館的直升機，根本只是暖身運動。

***

世界末日原本還只是個難以置信的概念，可是在九一一恐怖攻擊事件、二〇〇八年金融危機、民粹崛起和新冠肺炎在全球爆發之後，卻愈來愈常盤據在我們腦海中。早在二〇一二年，國家地理頻道播映《末日求生密技》影集（*Doomsday Preppers*），這個真人實境節目的參加者要為大家口中所稱的各種末日做足準備，包括失去法治的社會、雪上加霜的災難，還有如我們一般所知的末日狀況。

該節目第一集就超過四百萬人收看（比最受歡迎的晚間脫口秀還多出五十萬人）。該節目打破國家地理頻道的收視紀錄，成為排行榜冠軍。國家地理頻道也對該節目的成功感到困惑，於是發起問卷調查，結果發現有近一半的美國人，都認為投資在防空洞和不易腐壞的軍用乾糧的安全性，遠勝於把存款放在退休福利帳戶401(k)裡。過去關於白色圍籬家園、平均生二．二個小孩、人人都有退休金的美好美國夢，已經被強化的地下堡壘、金條和逃生包取代。

我們傾向相信在危機時刻大家會共體時艱、通力合作。我們對政府、國軍、消防員、警察和紅十字等機構寄予信任。二〇一九年，美國聯邦緊急事務管理署（Federal Emergency Management Agency, FEMA）署長布洛克．朗恩（Brock Long）在面對休士頓和波多黎各的世紀大洪災時，對救災任務的服務提出務實的見解：「我認為國會和美國大眾對聯邦緊急事務管理署有不切實際的期望，人們不該再把本署當成九一一報案專線了。」

美國鄉民聚集的Reddit論壇的執行長史帝夫．赫夫曼（Steve Huffman）反思道：「就一定程度來說，我們不加思索就相信國家會好好運作。我們所重視的一切之所以能發揮作用，是因為我們相信他們能發揮作用。儘管我相信這些機構都能愈挫愈勇，而且我們的確已經歷很多挫折，但顯然以後還有更多要經歷。」

我們希望一切能發揮作用，這股欲望或許來自一廂情願和習得無助。德國哲學家黑格爾

（Georg Hegel）說：「我們從過去經驗所學到的是——人類永遠不會從歷史學到教訓。」

***

那些投資登月計畫的企業大亨們，也不忘把一些雞蛋（保險）放在地面上。毫無疑問，這些最有機會離開地球的人都在認真避險。

普利茲獎得主歐逸文（Evan Osnos）在二〇一七年一月於《紐約時報》發表了一篇〈超級富豪的末日應變計畫〉，詳細說明那些擁有資訊和資源的人是如何超前部署。這篇文章在網路上立刻造成轟動，湧入五十萬則回應。歐逸文在引言承認：「生存主義（Survivalism）是在為文明崩壞做準備，然而生存主義常讓人聯想到：在樹林裡帶著錫帽避免思想被控制的人、囤積豆類的偏執狂和宗教狂熱的末日論者。但近年來，生存主義已經蔓延到富裕階層，在矽谷和紐約市生根。科技公司執行長、避險基金經理人等經濟實力超群的族群，都成了生存主義的信徒。」實際上，這是一種偽裝的末日救贖思維。這波生存主義或許乍看與救世主、太空逃生無關，但其實只是把避難地下貯藏庫和避世牧場與移居火星替換，兩者具備相同的標誌特徵。

歐逸文採訪領英公司（LinkedIn）的創辦人里德．霍夫曼（Reid Hoffman）時，詢問到究竟有多少科技精英在進行應變準備，他的答案是「超過五十％」。

「當你提到『要在紐西蘭買房子』就像是一句暗號，只要對方也眨眨眼，就知道雙方都是自己人了，」他繼續闡述：「只要知道怎麼用共濟會的方式握手，就好像在說：『哦，你知道，我認識一個仲介，在賣洲際彈道飛彈的發射井，它們經過強化可以躲得過核災，看起來能在裡面住得還不錯。』」

國家地理頻道的《末日求生密技》之所以如此成功，證明我們都很想有個末日備案，但其中就是有些人擁有比較多金條和比較好的碉堡。

《向谷歌巴士丟石頭》（*Throwing Rocks at the Google Bus*）的作者洛西可夫（Douglas Rushkoff）被麻省理工學院列為「全世界最有影響力的知識分子」，他在幾年前就寫過一篇文章，可說是歐逸文專文的續集。短短幾年，我們已經從假設性的討論走向不可思議的局面。

洛西可夫收到邀請，要向華爾街的金融家說明科技的未來——這是他整個職業生涯都在探索的主題。通常來說，他都會婉拒這類對知識分子的演講邀約（畢竟他曾是九〇年代賽博龐克〔cyberpunk〕的創始人），不過他也承認：「這是我這輩子最高額的演講費——約大學教授半年的薪水。」所以，他嚥下自己對非學者的輕蔑，做出多數人會做的合理決定：接下這案子。

他在約定的日期出席，走進一間很像講者休息室的地方。當中有五位衣著精緻的男子坐下來向他自我介紹，洛西可夫慢慢意識到，這不是講者休息室，等會兒也沒有講台、沒有坐滿交易員的大講堂等待著他。這五人就是他的聽眾。

剛開始，他們先問了幾個簡單的破冰題——區塊鏈和虛擬貨幣是怎麼回事？量子運算什麼時候會普及？谷歌真的可以把工程總監雷．庫茲威爾的心智上傳到雲端嗎？若要逃離全球暖化，該選阿拉斯加還是紐西蘭？

接著，開始觸及真正的問題——這些華爾街的五大巨賈支付一小時超過五萬美元的酬勞，真正最想知道的是：「事件發生之後，我如何維持權威管理我的維安部隊？」

這句話需要稍加拆解。

首先，來看看「事件」。

「那是他們婉轉的說法，」洛西可夫解釋道：「可能是環境崩壞、社會動盪、核子爆炸、無法抵擋的病毒或有駭客軍團癱瘓一切。」這時候，未來究竟會發生什麼已經不須多言，並成為被這些人簡而言之的「事件」。

雖然他們不願意瞎猜哪個骨牌會先倒，但都相信一切都會接連崩塌，世界顯然會傾覆。他們試圖解開一個複雜的方程式，而災難是個固定的常數。

接下來，是「維持權威」這個動詞。

「維持權威」暗示（一）在近期的未來裡，權威可能會受到挑戰或質疑，且（二）這五個人有意緊抓權威。

最後是這個動作的受詞，句中的名詞——「我的維安部隊」。既不是「我的個人助理」，也不是「保鏢」、「管家」或「團隊」，而是「我的維安部隊」。顯然，這不只一人，而且這個問題價值六萬四千美元，從提問的急迫性來看，這個維安部隊很可能是傭兵。

在最後的一小時內，這群避險基金經理人又多攤了幾張牌。如果經濟體制崩解，當紙鈔（和數位貨幣）都沒價值時，他們要怎麼支付薪資給這個半軍事組織？當一切都崩壞後，他們要如何避免像《蒼蠅王》（*Lord of the Flies*）一樣發生政變？用密碼鎖來保護糧食供應可行嗎？電擊項圈有用嗎？還是應該靠人工智慧機器人呢？

「這時我才理解到，」洛西可夫說：「至少對這幾位的立場來說，這場對談的主題確實是科技的未來。他們看到伊隆．馬斯克要移居火星，彼得．提爾（Peter Thiel）要逆轉老化的過程，以及雷．庫茲威爾要把心智上傳到超級電腦。因此，他們也想為科技未來做準備。然而，這個未來不是讓世界變得更好，而是想要超越整體人類的條件，把自己隔絕在氣候變遷、海平面上升、大規模遷徙、全球傳染病、資源枯竭與排外情結等真實又立即的危險之外。對他們來說，科技的未來就只有一個重點：避難逃生。」

值得讚揚的是，洛西可夫挑戰了他們的假設。在他們提出這些坦白的問題之後，他的回答是：「要維持私人維安部隊的忠誠度，最好的方式就是即刻優待他們，從現在開始，把他們當成家人一樣。」這樣還不夠，洛西可夫建議他們在「事件」爆發前都用這種態度來待人接物。洛西可夫表示：「他們愈能這麼做，我們愈有機會讓文明繼續運轉。」

「我的樂觀把他們逗樂了，但他們仍不願買單。」洛西可夫承認：「他們對要如何避免大災難毫無興趣；他們深信人類已經無法挽回一切。就算有錢有勢，他們也不相信自己可以影響未來，只願意接受最黑暗的可能情境，然後利用所有自己能夠動用的錢財和科技來隔絕——尤其是當他們沒辦法搭上前往火星的航艦的話……結果不是人類到外太空去開枝散葉，而是只有精英能搭上救生船。」

最終，他們每個人都有這種末日救贖思維。於是，當我們試著辨認那些講述地獄之火與身著自殺背心在危言聳聽的末日救贖思維擁護者，並努力將其邊緣化的同時，殘酷的事實是，他們其實沒有這麼好辨認，他們就在我們身邊：穿著黑色高領衫和羽絨背心、拿著 iPhone 在聊天，且在收看有線電視播映的《末日求生密技》。

***

如果我們什麼都不做，任由各種末日救贖思維發酵，我們最後就會被留在耗竭的星球，上演《瘋狂麥斯》（*Mad Max*）的劇情，而少數的科技巨頭可以把意識上傳到電腦，或是搭乘最後一班航向太空的星艦離開地球。又或者，會被捲入一場通往《啟示錄》末日決戰的中東戰爭；或者目睹一個聖戰哈里發的崛起。

這些情境聽起來都不太妙。

上述任一種情境，都應該至少讓我們對人類集體的未來展開認真熱烈的討論，甚至引起嚴陣以待的關切。然而，幾乎沒有人關注這些問題。我們把廣播頻道、循環播放的新聞和主導權，都割讓給少數的意識形態理論家和狂熱分子。這個問題愈不受到重視，情況就會愈糟。

「一種全新的末日信仰正在蔓延，且不僅限於我們熟悉的幾種基本教義中。」在倫敦政經學院任教的英國哲學家約翰．格雷（John Gray），在他的著作《黑彌撒》（*Black Mass*）中表示：「在傳教者大力鼓吹下，可能還會看到具有設計性的宗教廣泛傳播，結合科學與科幻、敲詐與心靈雞湯，像網路病毒一樣散播開來。大部分雖然無害，但末日教派……可能會隨著生態危機的加劇愈加擴散。」

這就是危險卻誘人的部分：不論社政、經濟、氣候或靈性方面，我們面對的挑戰愈艱鉅可怕，我們就愈忍不住想相信我們可以直接跳過整場災難。

當聽信這種故事，其實是對自己說了兩個謊：第一，我們認識的這個世界已經沒救了。第二，儘管困難重重，我們相信自己會是最幸運的少數人，可以拿到通往另一端的黃金入場券。

＊＊＊

在一項又一項的研究中，全世界的宗教溫和穩健派與入世的人道主義者都在追求穩定與繁榮。對大多數人來說，不管文化背景為何，都只想和平的生活，並希望他們的孩子有機會過上更好的人生。這種渴望凝聚了所有人，不論是無神論者、穆斯林、基督徒、佛教徒、猶太人、印度教徒、儒家思想與嬉皮都一樣——全都希望能在睡夢中安詳離世，身邊圍繞著兒孫。關於這點，人類始終從未改變。

但是，末日救贖思維看待這個世界的方法截然不同——這是一種指數型的觀點，他們深信世界已經無法修復了，所有的苦痛和折磨需要加速過渡到下個階段，才會得到救贖。只要其目的是抵達人間天堂（或稱為「上面」），過程就會被合理化。

這個邏輯有個問題：就算你是虔誠的聖戰分子、基督徒、猶太復國主義者，或是已經預付了SpaceX前往火星頭等艙的人，這群人的比例還是不足地球人口的百分之一。這表示只有非常少數的人掌握了人類集體未來的方向盤。而這種「救贖」，很可能就是其他人的滅亡。

那剩下百分之九十九的人們該怎麼辦？那些只想在地球繼續正常生活的多數靜默人們呢？

＊＊＊

第一次世界大戰原是「終結所有戰爭的戰爭」，但葉慈（William Butler Yeats）在巡訪戰後殘骸時寫下當代文學經典〈二度降臨〉（The Second Coming）。這首詩透過逼真的畫面，將聖經主題覆蓋在創傷累累的歐洲大陸上，並思索著接下來的發展。「想必有些啟示即將到來；想必二度降臨即將到來，」葉慈納悶著：「那是什麼粗野禽獸？牠的時間終於到來，淫淫靡靡的走入伯利恆，等待出生。」

戰爭的形象從此在大眾文化中定型，讓奈及利亞作家齊努亞・阿契貝（Chinua Achebe）把他最重要的作品命名為《分崩離析》（*Things Fall Apart*），瓊・蒂蒂安（Joan Didion）則把她的散文集命名為《緩緩走向伯利恆》（*Slouching Towards Bethlehem*）。這個意象甚至給了HBO劇組靈感，把《黑道家族》（*The Sopranos*）的其中一集命名為「二度降臨」。

幾年前，《華爾街日報》曾報導：「恐怖主義、英國脫歐和美國選舉讓二〇一六年很葉慈。」一道瓊公司則對當時的線上內容進行語意分析，結果顯示：「一切都崩落，再無核心可掌握」這行詩句在選舉熱戰這一年內，引用的次數比過去三十年還多。

從此葉慈所警告的離心力愈來愈強、分崩離析的事件愈來愈多。他寫下：「最好的人們欠缺信念，最壞的人們卻充滿激情的狂烈。」這完全就是現況。好心、認真、寬容的人類數量龐大，但他們的未來卻由一群激情的少數人來決定，而這些人甚至醉心於末日救贖的意識形態。

所以，在最好的我們以及剩下來的這些人裡，該如何重新點燃足夠的激情狂喜，來為自己的生活和未來表態？

如果我們做得到，就有機會解決我們所面對的大問題：修復破損之處、重新連結彼此、並過著具熱情與目標的生活。但如果我們做不到呢？好吧，歷史的垃圾桶早就吞噬過比我們更古老、更輝煌的文明了。

＊＊＊

那麼，接下來該怎麼做？我們必須倚重兩門新興學科：神經人類學（neuroanthropology）與文化建構學（culture architecture）。不過，其實這兩門是同樣的功夫。一門回顧過去，一門展望未來。神經人類學借鏡神經科學、心理學和歷史，企圖理解人類怎麼會有這些行為。如果你喜歡哈拉瑞（Yuval Harari）的《人類大歷史》（*Sapiens: A Brief History of Humankind*）或賈德・戴蒙（Jared Diamond）的《槍炮、病菌與鋼鐵：人類社會的命運》（*Guns, Germs, and Steel: The Fates of Human Societies*），那你會覺得這個思維理路很熟悉。文化建構學則擷取這些洞見，做為基石，設計出更有效的解決方式來處理社會問題。如果你愛看理查・塞勒（Richard Thaler）的《推力》（*Nudge*）或丹尼爾・康納曼（Daniel Kahneman）的《快思慢想》（*Thinking, Fast and Slow*），那你可能已是位非專業的文化建構師了。

這本書分為三個部分。第一部分「意義的虛無與重建」，檢視目前的意義危機——我們當前的處境、為什麼世界變得難以理解、接下來可能會有什麼轉變，以及該怎麼面對。接著，會論證為什麼各種努力應對的方式，不管是否認或焦慮、部落主義或身分政治，都只會讓一切更糟糕。在這部分的最後，則強調我們必須儘快將意識擴大到自我、部族和國界之外，開始以全球物種的一分子進行思考。要跨出這步很難，但至關重要。

第二部分「覺醒心流的鍊金術」，是從文化分析轉向設計思維。在這個部分，我們會應用設計公司 IDEO 的人本設計工具箱來處理意義危機。這是本書進入神經科學和心流心理學的領域，探討能創造靈感、療癒和連結的最強演化驅動力，包括呼吸、體現、性、音樂和藥物——這些都是幫助我們獲取洞察、修復創傷並攜手合作的日常工具。因此，不管你是否屬於現有的社群中的一員，或是想要尋求創新，這部分都提供清晰的路線圖，讓我們可以獲得勇氣與信念，並知道該做什麼。

第三部分「文化與倫理的心流建設」，取經自人類學與比較宗教學領域，著重把經驗化為行動和文化。這相當複雜棘手，因為在過去，每當我們找到心流體驗和深層療癒的組合時，總是會製造出問題重重的社群。這部分將畫出一張臨時的路線圖，讓我們可以點燃數千把火炬而不致燒毀家園，成為創建倫理文化的開源工具包。

值得提前說明的是：這三部分其實都可以單獨成書，甚至，任何一章都能獨立書寫成書。

若在比較單純的年代，就極有可能會這麼處理。但在現今，為了要在危機之前找到具永恆意涵且令人滿意的結論，我們就需要快速且涵蓋廣泛的領域。如果我們可以一起留在旅途上，最終的景緻將是值得的（相關資料整理在 www.recapturetherapture.com/notes）。

本書把激進的研究應用到主流上，處理療癒、信仰和歸屬等更廣闊的社會問題，並解決我們所面臨的難題的解答：如何以直接體驗代替盲目的信仰、如何從破碎走向完整、如何以人我連結治療孤獨感。用更白話的句子來說，這本書讓我們知道我們要怎麼活化身體、提升創造力、重溫人際關係，並直接挑戰最深奧的問題：「我們為什麼在這裡、又該做什麼？」

在一個需要最好的我們來幫助其他人的世界中，這本書會教我們如何完成這一目標。

第一部分

意義的虛無與重建

這是首世界末日的詩
是小女孩在枕邊呢喃的詩
是她無法讀出來的詩
是沒有人聽得到的詩
是政治詩
是戰爭詩
是宇宙詩
但是和政治、戰爭、宇宙無關
這是關於人心的詩
是關於世界末日的詩
——露西爾・克利夫頓（Lucille Clifton）

首先，讓我們先盤點一下自己是如何陷入當前的困境，細數每個人類捨勇氣交換安逸、用分心代替決心、棄靈感追求資訊的歷程。簡單來說，隨著梳理這個過程，我們會發現在一切變好之前，都會先變得更糟。

若你認真思索，這其實應該不讓人意外。這個「先苦後甘」的雲霄飛車歷程，幾乎是我們劇本中固定的一部分。二十世紀美國最重要、最有影響力的黑色幽默文學代表人物寇特·馮內果（Kurt Vonnegut）著有《第五號屠宰場》（*Slaughterhouse-Five*）與《貓的搖籃》（*Cat's Cradle*）等當代經典作品，他在芝加哥大學研究人類學時，發現所有的故事都有類似的曲線和走向。

世界的命運曲線

根據馮內果的研究，我們可以按照主角的命運起伏來追蹤敘事。他發現老掉牙的「鹹魚翻身」（Rags to Riches）的故事，主角的命運就是由下而上；而「愛情主題」（Boy meets Girl）的故事，通常主角兩人會先邂逅再失去對方，最後又找回彼此，命運的線條會先上行，接著下墜後再往上攀升。

馮內果在各種的命運曲線中，注意到「仙履奇緣」（Cinderella）的故事最吸引人（從低處

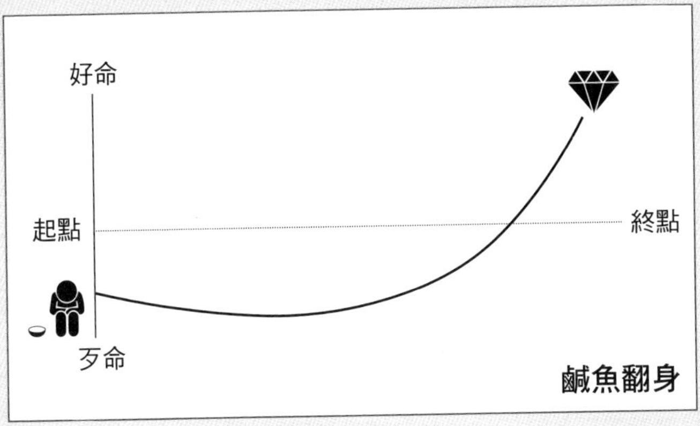
好命
起點
終點
歹命
鹹魚翻身

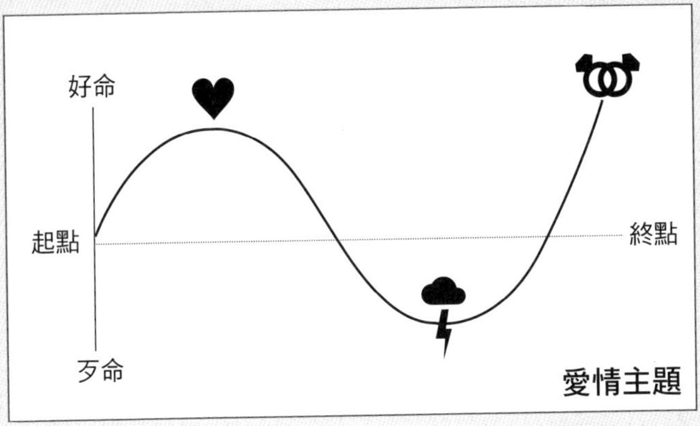
好命
起點
終點
歹命
愛情主題

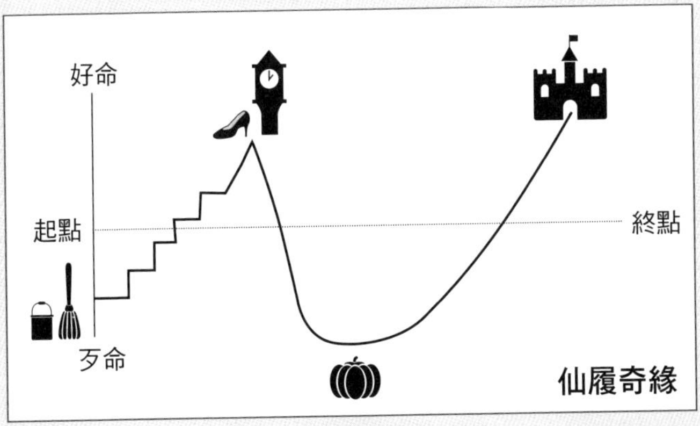
好命
起點
終點
歹命
仙履奇緣

先往上爬，接著跌落真正的谷底，再爬上真正的高峰）。她的開端卑微（清掃灰塵、有惡劣姐姐和壞繼母），穩健爬上頂點（仙女的魔法、奢華的服飾、與王子共舞），卻又急衰陡落（午夜鐘聲、南瓜馬車、遺落的玻璃鞋），最後迎向「從此幸福快樂」的童話結局。

而這其實也是我們多數人的命運走向，只不過我們是在故事進行到一半時，才中途加入。在歷史上多數時間裡，生命比我們期望的更短暫、更殘酷、更艱難（低點）。接著，工業革命、科學革命和民主改革為我們帶來電燈、衛生下水道、投票權、疫苗和智慧型手機，讓我們得以活得更久、學得更多，而且幾乎什麼物質都不缺（往上）。

直到今日，故事線交到我們手中——午夜鐘聲即將響起，我們瀕臨失去一切的邊緣。美國芝加哥大學的《原子科學家公報》（*Bulletin of the Atomic Scientists*）設立了「末日鐘」（Doomsday Clock），它會在每年一月進行評估，標示出人類文明受外在威脅的程度，午夜零時即是世界末日。而二〇二一年一月，末日鐘的指針距離午夜僅剩一百秒。這是自一九四七年末日鐘設立以來，最接近世界末日的時刻。二〇二〇年聯合國的氣候報告提供我們十年去理解這顆行星，否則就要面對日漸嚴峻的後果。饑荒、難民、戰爭、地緣政治、極端氣候、超級病毒、生存危機、網路恐怖主義將充斥著我們的消息來源，這些問題無法再用簡單的解決方案來應對（可能反而會落入更大的低谷）。

最聰明且資訊最暢通的人，反而最驚慌。而其餘的人們不是感到焦慮，就是假裝這些事情不會發生。但如果我們能集中注意力，就有明確的機會可以止跌起漲——有機會可以迎向幸福快樂的美好大結局。

美國哲學家、建築師及發明家巴克敏斯特．富勒（Buckminster Fuller）所描述的未來最令人嚮往，這個未來「在最短的時間內，透過自主合作，不破壞生態也不讓任何人處於不利」，這聽起來是個很值得嘗試的光明未來。

不過，這其中有一個重要的前提：「仙履奇緣」故事的後半部分發展，「完全取決於我們自己」。誰能搶得最後這些章節的創作權，就能替我們所有人、我們的孩子，還有他們的孩子寫下結局。所以，不管是南瓜或王子、災難或幸福——一切都取決於我們下一步的行動。

第一章
喪失重心的中空世界

直到二〇一八年秋季，我才終於明白這件事，不過其實我早該看出來了才對。

我當時正飛往約翰尼斯堡（Johannesburg），前往一場「讓非洲做足準備迎接未來」的高峰會演講。我坐在觀眾席裡聽著講者描述非洲大陸的困境、挑戰和機會，既得到很多靈感也有許多疑惑——在人口稠密的城鎮導入太陽能和風力發電、利用奈米科技從雲朵和海水萃取出飲用水，這些新發明帶來靈感。但我也同樣困惑，一位加州女性興奮的介紹她的專案，如何讓中非不識字的村民打造機器人，另外還有位綁著馬尾的劍橋大學研究員，在談論逆轉老化的過程，以及實現長生不死的可能性。這些不和諧的議題讓我困惑不已。

失衡的指數成長與惡化

只能自給自足的農民究竟需要機器人做什麼？在一個連讓每個人維持生活基本需求都有困

難的世界裡，為少數幸運者提供無盡延長壽命的技術，會是人類發展上的最佳策略嗎？

顯然，這些專案在馬斯洛的需求層次理論上，跳過了幾個階層——直接從生存需求跳到自我超越，忽略中間的各種需求（那些多數人生活和死亡之處）。

我快速瀏覽議程表，想看看還有什麼能期待的內容：指數成長的教育——只要有無線網路，每個孩子都能在各地線上學習；指數成長的生物學——拼接不同DNA並加速進化的基因編輯技術（CRISPR）；指數成長的運輸——自動駕駛共享的應用程式與載客用的無人直升機，可減少塞車時間；指數成長的資料科學——量子運算與超光速自主演算法讓我們在行動前，就先知道我們想要什麼；指數成長的經濟——虛擬貨幣提供微型創業家資本，並有效避稅。

在這令人興奮卻又如泡沫般不真實的未來裡，一切都將踏上「指數成長」的曲線往上飆升，但有個重要的概念卻消失了——那就是指數成長的意義。如果這些專家所言不假，我們對人類經驗的所有認知，十萬年來靈長類的進化與人類文化，都會被加速變革的力量所侵蝕。哈佛生物學家愛德華．奧斯本．威爾森（E. O. Wilson）曾表示：「我們有舊石器時代的情緒、中世紀的制度和神一般的科技。」但這一切要怎麼理解，沒人給得了建議。

那個天馬行空的會議裡，每個人都把焦點放在大規模又有遠見的變化和發展上，儘管以前根本沒聽過這些辦法，可是大家都信心滿滿的認為這些作法可以解決所有的問題，包括貧窮和癌症。每個人都真誠又樂觀，你在現場一定會被打動。你會跟自己說：史蒂芬．平克（Steven Pinker）是對的！就算違背先知的預言，又有很多人唱反調，但過去三百年來的啟蒙運動實驗一直順利的在進行。識字率在增加，人類獲得愈來愈多營養，戰爭和疾病少了，一切的指標都顯示出人類的進步沿著弧線向上。雖然這些進展很少被報導，但絕不容否認。全自動化的奢侈太空共產主義在向我們招手，儘管我們還不知道要如何從現在走到那裡。

你可以放心的做出結論：「一切都在指數型改善，不需懷疑！」

可是，當你回到家後，滑著手機看著新聞推播時，又被陷入危機的世界壓得喘不過氣：北極、亞馬遜和加州燒不盡的野火；仍在全球肆虐的疫情；敘利亞、委內瑞拉等地的難民；伊波拉病毒、新冠病毒、恐怖主義、性別主義、種族主義等各種主義，全天候都在發生。

你若無動於衷就顯得太過無情，因為一切都在以指數惡化。

經典童書《夏綠蒂的網》（*Charlotte's Web*）的作者艾爾文．布魯克斯．懷特（E. B. White）曾反思道：「清晨醒來時，我總在『改善（或拯救）這個世界』與『好好享受（或品嘗）這個世界』之間掙扎。這兩股欲望相互拉扯，讓一天的規劃變得困難重重。」

即使是在最好的日子裡，試圖擘畫一個相互衝突又交錯複合的指數曲線世界，都是件相當瘋狂的事。這就像是多數人在高中時曾被轟炸過的多變量微積分，直到現在也還是不會計算。

現在，有兩條曲線正在交叉——一條是「活出生命」的曲線，另一條是「存活下來」的曲線。

「活出生命」曲線從左下角開始，愉悅的往上攀向圖表的右側。這條曲線代表個人與文化的成就，就像前述「指數成長」會議裡各種被提及的創見。如果人生是一場在海灘上的野餐旅程，這條曲線就包含要打包哪些東西、邀請哪些人、在哪裡打開野餐墊，以期獲得最好的風景。

「存活下來」曲線則從左邊開高走低，一點也不瑰麗。如果人生是一場在海灘上的野餐旅程，這條曲線就是在說要留意潮汐、注意是否有動物逃往高處，並查看狂跳訊息的手機是否發來海嘯警告。

「活出生命」沒有時間限制且樂觀，著重於增加選擇——享受這個世界。「存活下來」則被時間約束且悲觀，著重於減少選擇——拯救這個世界。現在，我們不偏不倚的落在這個黃金交叉點上，令我們難以規劃未來。

規劃我們的未來

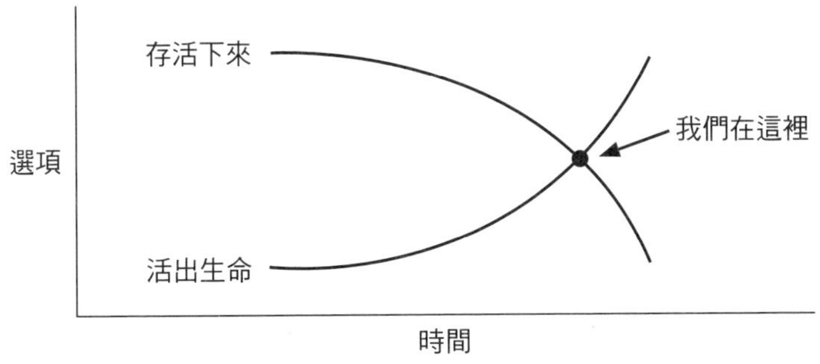

坍塌的聖堂情節

全世界都在發生指數程度的改變，但我們理解這一切的能力卻遠跟不上。更糟糕的是，我們正在目睹意義的崩解。我們每天都在透過不確定性、焦慮和困惑，體驗這種差距。就連我們最熟悉、最信任的指標性事物，如今也無法告訴我們何謂正確方向。

知名的巴黎聖母院在二〇一九年四月發生祝融之災，法國隨即宣布這是國家級緊急事件。馬克宏總統心痛的在推特（現X，後文皆保留原名稱）發文，並動員資源。在火勢控制後，時事短評紛至沓來。有些人感念消防員的勇氣和酩悅．軒尼詩—路易．威登集團（LVMH）與聖羅蘭等精品品牌的慷慨解囊，見證了法國的國民精神。有些人則不以為然，他們公開質疑之前持續撼動教會的虐待疑雲是否將被掩蓋，而聖母院被燒毀坍塌只是個預兆，暗示著教會組織也即將崩壞。

如果聖母院大火是場意外，那位於紐約金融區的雙子星大樓在二〇〇一年的坍塌則完全不是意外。蓋達組織刻意選擇這兩棟大樓為目標，因為它們象徵西方經濟權力的中心。所以，當這兩棟指標性的摩天大樓如此不堪一擊，肯定會驚憾了全世界。而且，雙子星一倒，美國的安全感也隨之灰飛煙滅。

建築物是具體的信念崇拜，這個觀念可以協助我們思考當前的意義危機。我們都有不同程度的「聖堂情結」（The Edifice Complex），每個時代裡最顯著的建築和地標反應了當時的價值觀，它們讓我們一目了然「誰在主導時代」、「該時代最在乎什麼」。

在帝國時代，法老興建金字塔、國王興建城堡，象徵天授的統治權。中世紀時代，歐洲各地都有大型修道院和大教堂，顯示出教會的力量。十八世紀民族國家興起，議會和法院在都市規劃和天際線中占據中心的位置。到了二十世紀的企業時代，摩天大樓睥睨一切——紀念著出資興建它們的商業鉅子和銀行家。今日，知名建築師所設計的科學園區最為矚目，而權力已被發明虛擬世界的人所掌握。

儘管雙子星大樓和聖母院都是「聖堂情結」陷入危機的案例——文化的裂痕成為基礎建築中真正的裂痕——事實上，我們放眼望去所見都是善意與神性權威的崩解。不只是象徵權力的指標性建設在崩壞，背後的制度也搖搖欲墜。

***

二〇〇八年，當貝爾斯登（Bear Stearns）和雷曼兄弟（Lehman Brothers）等知名企業破產時，沒有人能明確理解市場為何如此突然且徹底的崩潰。政治人物搶占電視螢幕譴責貪婪的中產階級消費者，責備他們不該購買自己無法負擔的豪宅。等到麥可．路易（Michael Lewis）的

《大賣空》（*The Big Short*）等事後檢討書籍問世時，人們才發現高盛集團（Goldman Sachs）等金融機構，存在比想像中更多知情的自利行為和冷酷無情。

如果我們以為這類恐怖的事件，在美國歐巴馬總統簽署的《華爾街改革與消費者保護法》（Dodd-Frank Act）等金融改革法案頒布後，就能如法案內文所言「從此不會再發生」，那就大錯特錯了——這些事情只是轉向暗地裡進行，並移轉海外。新加坡一馬公司（1MDB）的醜聞，就是拿投資好萊塢電影和一些毫無價值的專案當幌子，明目張膽的挪用公款，吸金數十億美元，最後讓馬來西亞當時的首相納吉（Najib Razak）下台入獄。而負責管理監督一馬基金的，正是高盛集團。

惡名昭彰的古普塔（Gupta）兄弟聯合南非總統雅各·祖馬（Jacob Zuma）和全球頂尖顧問公司麥肯錫，榨乾南非國庫近七十億美元，導致南非鍰（貨幣）匯率暴跌、引發政權危機。原先在曼德拉總統帶領下，充滿希望走出種族隔離制度的過渡期，此時也飽受威脅。

若公司不惜一切代價追求利潤最大化，那麼公司願意和專制政府或腐敗企業合作就很合理。一位麥肯錫員工的匿名發文在網路上被瘋狂轉載：「如果你相信資本主義會對政府、生物圈和全世界的窮人構成生存威脅，那這間公司的角色就是共犯，而我們都是受害者。」

表面上，這些政商勾結的世界並不特別引人注意——歷史上有更多的案例，這幾樁不過是最新的幾則。在近期的分析研究中，我們還可以把億萬富翁的家族企業、私募股權支持的企業和自由主義智庫與大型宗教組織都羅列進去，這些機構在二〇二〇年新冠肺炎全球肆虐期間，從急難救助活動裡奪走了四兆美元。我們也不該忽略，許多銀行替俄羅斯寡頭和犯罪集團洗錢，總金額超過兩兆美元。這些銀行最近也登上了新聞頭條。這種事情都不該發生，但確實發生了，而且從未停止。

高盛和麥肯錫（以及德意志銀行、富國銀行〔Wells Fargo〕等諸多銀行）在最近被陸續曝光的醜聞中，彰顯了不正當行為的規模，甚至有可能徹底破壞全球自由主義的承諾。

如果我們一方面推廣要在發展中的世界投資基礎建設、承擔債務、實踐民主、整肅貪腐，另一方面卻用這些要拯救我們的承諾專案來行搶，那就是自找麻煩了。

諾貝爾經濟學獎得主暨世界銀行前首席經濟學家約瑟夫・史迪格里茲（Joseph Stiglitz）比多數人更了解這個全球體系的運作方式。他下了個嚴肅的結論：「人們對於新自由主義和民主的信心同時殞落了，這不是巧合，也不僅是稍微相關。新自由主義已經傷害民主四十年了……各項數字都顯示：成長在趨緩，而且大多數成長的果實只提供給最頂階層的少數人。」

***

受到抨擊的不只有華爾街的銀行家。矽谷是個充滿樂觀主義的烏托邦，在這裡，每個應用程式、每間新創企業和投資人都認真致力於「讓世界更美好」。二〇〇一年網際網路泡沫破滅之後，尖牙股（FAANG，美國股市中五家網路科技龍頭公司，包含臉書、亞馬遜、蘋果、網飛與谷歌）透過前所未有的方式將我們與世界接上線。

在這個創新的新時代裡，未來的無限憧憬令人沉醉。谷歌人不像一般上班族，他們踩著五顏六色的自行車，宣揚著「不做惡」（Don't Be Evil）的公司口號（該口號現已刪除）。臉書剛起家的時候，是常春藤盟校精英之間的通訊錄，而開放之後，所有人都可以在網路上追蹤舊情人，並用修圖軟體美化我們的生活。

亞馬遜一鍵配送的便捷讓人成癮，摧毀許多小型企業和都市核心商場，商品可以在四十八小時或更短的時間內送達家門，實在太美妙、太愉快、太方便，讓我們得以忽略全球各地的血汗工廠與物流中心，都只支付最低工資。臉書創辦人祖克柏鼓勵我們：「快速行動，打破現狀！」一切都如此不可思議，讓我們相信所有充滿創意的破壞，最後都會有好的結果。

這一切，在二〇一六年開始改變。首先，英國脫歐的公投和美國總統大選都爆出醜聞，打擊我們對社群媒體平台的理解，發現隱匿其中的缺點——劍橋分析公司（Cambridge Analytica）把數百萬臉書帳號轉化為武器，刻意針對用戶提供分化的訊息。剛開始，大家並不清楚臉書知情的程度，也不知道劍橋分析公司是否僅為個案。臉書是不是一直向第三方開發者兜售我們最私密的訊息？劍橋分析公司有哪些行為是惡意的？哪些行為得到了完全的許可？

這似乎都不重要了。民主還沒有從近期的兩場選舉結果中復活，接下來的幾場選舉也很難恢復真正的民主精神。民主經歷了內戰、納粹和蘇聯，卻不敵廣告關鍵字和推特。

忽然間，矽谷這種完全不干涉言論自由的作法顯得很糟糕。相較於刻意玩弄演算法、滲透公民社會的舉動，矽谷強調便利的自由主義缺乏原則，而且疏於管理（他們還從參選各方拿了數十億美元的廣告收入）。二〇二〇年臉書員工抗議其執行長馬克・祖克柏對平台上不精準又分化國家的政治廣告漠不關心，舉辦了大規模罷工，而此時臉書所收購的數位行銷廣告平台阿特拉斯（Atlas）公司則一派悠閒的在一旁聳肩。

這幾年來，認知失調的現象已經變得難以忍受，即使是位於詭計核心裡的人們也深受其害。谷歌公司內的不滿情緒達到了前所未有的狂熱——首先，幾個保守的「公」程師宣稱自己因中間偏右的信仰受到譴責和排擠；接著，女性員工抗議企業內部普遍存在的不當性別文化，為涉嫌不當行為的高層主管提供高額離職補償金體面退場；最後，有良心的員工對谷歌重新進入中國進行審查過濾的搜索業務感到震驚，也對谷歌向美國國防部出售用於無人機作戰的人工智慧臉部辨識軟體感到不安，且對谷歌無禮的解僱知名的倫理學家感到擔憂。

對於那些在「不做惡」精神中成長的谷歌人來說，好人和壞人之間的界線變得愈來愈模糊。《紐約時報》在二〇一九年夏天刊了一篇文章，題為〈矽谷開始接受治療〉（Silicon Valley Goes to Therapy），指出許多年薪六位數的科技工作者終於意識到，就算公司提供吃到飽的高級食材和精緻料理，也無法平息他們日益強烈的噁心感。

＊＊＊

醫療專業人員畢生遵守希波克拉底誓詞「首務無傷」（Hippocratic oath：Primum non nocere），但我們對於這些專業人員的信任也開始崩解。從一九八〇年代開始，醫師開始任意的提供處方籤用藥，過度給予鴉片類止痛藥「奧施康定」（OxyContin），這現象在接下來的二十年內加速發展，為鴉片類藥物的全面流行鋪路，成為二十一世紀最大的公衛危機。美國阿帕拉契亞的一個小鎮，人口僅四百人，然而當地藥局卻開立出九百萬錠的「奧施康定」。令人費解的是，緝毒署和其他聯邦執法機構卻毫無作為，而生產該藥物的普渡製藥公司（The DEA）卻賺取了破紀錄的利潤。

如今，八十%的海洛因成癮者都是先從服用「奧施康定」開始的。此外，還有同樣具有破壞性但較少被報導的苯二氮平類鎮定藥物（Benzodiazepines，BZD包括煩寧〔Valium〕、贊安諾〔Xanax〕和克諾〔Klonopi〕），以及含有安非他命的處方藥（俗稱聰明藥，包含利他能〔Ritalin〕和阿德拉〔Adderall〕）的過量使用，很難不讓人懷疑我們的醫病關係。醫學期刊

《刺胳針》（*The Lancet*）的系統分析指出，全球有超過兩千萬件的「醫源型疾病」（iatrogenic illness），這個詞從字面看起來很難懂，但基本上意思就是「你的醫生真的搞砸了，讓狀況變得更糟」。

人們對醫療機構信心的崩潰也造成激烈的反應。在二〇二〇年新冠肺炎大流行期間，疾病管制中心和世界衛生組織等以前不受質疑的組織，遭受嚴格且分歧的審查。社群媒體上和政府機構中，都有人質疑這些組織的忠誠度和客觀性，嚴重阻礙了全世界在面對健康危機時的協調和應對。

***

政治學家羅勃托・福阿（Roberto Foa）和雅斯查・蒙克（Yascha Mounk）發現，近半數的美國公民對民主缺乏信心，超過三分之一年輕高收入者實際上支持軍事統治。德瑞克・湯普森（Derek Thompson）在《大西洋》雜誌（*The Atlantic*）中表示：「現在的年輕人犯罪率創歷史新低，而大學入學率卻是歷史新高。他們什麼都做對了，全速往前衝刺，同時保持在白線之內，但歷史共業帶給他們的是：更少的所有權、更多的債務和災難不斷的年代……這樣的人怎麼會想與家庭、上帝或國家等這些名義建立連結呢？就像他們在網路所用的主題標籤：全部燒燬吧（#BurnItAllDown）。」

當事情呈現指數級惡化，同時又經歷指數級成長時，我們得學會不斷去思考，因為此時政府、企業、醫學和學術界等良性權威的崩潰，讓我們失去所有的參考指引。而且，崩潰的不只良性權威，正如巴黎聖母院的火災預兆，神性權威也在崩壞。

傳統信仰的終結

二〇〇七年春天，四騎士齊聚在美國華府一棟獨具風格的連棟住宅裡，這是他們第一次也是唯一一次的會面。這間屋子的主人是克里斯多福·希鈞斯（Christopher Hitchens），他是記者、專家，也是《上帝沒什麼了不起》（*God Is Not Great*）的作者——這本書全面剖析了所有以神之名所做的壞事。另外三位與會者分別是理查·道金斯（Richard Dawkins），他是知名的演化生物學家、《自私的基因》（*The Selfish Gene*）的作者，還是「迷因」之父。丹尼爾·丹尼特（Daniel Dennett）是位傑出的認知神經科學家，著有《破除咒語》（*Breaking the Spell*）。另外還有一位年輕的山姆·哈里斯（Sam Harris），他的作品是暢銷書《信仰的終結》（*The End of Faith*）。

當希鈞斯把他的冷幽默和評論，指向佛教和新興異教等各種信仰時；哈里斯則特別關注伊斯蘭教與九一一事件以來，吞噬世界的暴力之間的關聯。儘管每位思想家的重點不同，但他們都同意一點：宗教從根本來說，就是一種迷信的倒退，注定會加劇痛苦並延續無知。

這些懷疑宗教的人認為：相信處女能生子、殉道者上天堂，或這世界分為得救者和被詛咒者等，這些觀念都和現代、常識與理性不相容。他們認為，好一點只是展現了無知，但壞一點則是為各種恐怖行徑提供合理化的藉口。他們一致同意「盲目信仰」的時代結束了。這群人很快就被稱為「新無神論的四騎士」，開始慶祝信仰的終結。

他們出現的時機很好。人口統計的數據支持了他們的論點。從一九九〇年代初期到本世紀，美國和西歐擁有宗教信仰的人數急遽下降。參與宗教活動的人數也在下降（以及宗教組織隨之而來的收入和影響力）。教會不是關閉就是縮小規模。虔誠的年長信徒仍然會參加活動，但年輕世代並沒有成為接替這些信徒的人。天主教只有在發展中國家出現名目上的成長，而在主流基督教發源的歐洲和美國都顯得前景黯淡。

皮尤研究中心（Pew Research Center）在二〇一五年發表了一項重大調查——史上第一回，有靈性寄託但沒有宗教信仰的「無教人士」（Nones）超越其他有組織的教派，成為美國最大且成長最快的信仰。

這現象如此突然，原因很複雜。社會科學家匯整了一連串事件——從蘇聯解體（對「沒有上帝」無神論者的汙名隨之消失）到「道德多數派」的崛起，使得那些對模糊的政教界線感到不安的人，尋求更中立的立場。最後，二〇〇一年九月十一日，伊斯蘭聖戰分子突然以暴力手段登上世界舞台，那場大火啟發山姆．哈里斯採取行動。這種人類在歷史上第一次的「非信徒」身分認同，與其說是反叛或激進，不如說是一種合理的選擇。

同時，宗教學者用不同的術語解釋信仰的衰退。有些人關注著教會教義與社會問題之間逐漸擴大的分歧，例如女性神職人員、節育和同性婚姻，教會在這些議題上沒有跟緊信徒態度的變化。其他研究人員發現了身心靈市場的蓬勃發展，從歐普拉、東尼．羅賓斯（Tony Robbins）到靈修書籍《奇蹟課程》（*A Course in Miracles*）都代替宗教提供了療癒、覺察和指引。《享受吧！一個人的旅行》（*Eat, Pray, Love*）只要幾百元台幣就可以看到作者伊莉莎白．吉兒伯特（Elizabeth Gilbert）在書中的創傷，而不必自己經歷。因此，在靈感和救贖的市場裡，教會不再占有一席之地了。

不過，這類新無神論者關於「信仰之死」的報導有些誇張了。四騎士只說對了一半，「理性的人」可能正逐漸遠離正統信仰，但還有其他更多的人其實是被動的被推向邊緣。正因為尋無立足之地，所以基本教義派和虛無主義派才得以接收這些脫隊的人。

雖然主流的基督新教和天主教的信眾人數大幅降低，但福音派的大型教會卻在蓬勃發展。它們提供一種結合美式正向思考與財富福音的獨特混搭概念，鼓勵信徒放棄守貧、謙卑和服務的傳統價值觀，轉而追求夢想中的「最佳人生」（#BestLife）。面對舞台燈光、震耳欲聾的「讚美音樂」、巨型螢幕和耶穌搖滾，傳統天主教的懺悔、蠟燭香氣與莊嚴鐘聲完全無法與之抗衡。

儘管有穿著皮衣的時髦牧師（《GQ》雜誌將這類型的牧師稱為「新潮牧師」），但這些教會的教義仍然相當保守。福音運動的特色就是「望文生義」，認為《聖經》裡的每個字都是神聖啟示，是不可妥協的真理。就算忽視那些最過時的命令（像是用石頭砸外遇的妻子、控制奴隸、在敵人的田地裡灑鹽），但這些教會多數的道德規範，很大部分仍源自對古代文本逐字逐句的解釋。

這些福音教會並沒有選擇妥協，或是試圖為快速變遷的現代化社會調整信仰本質，而是發現只要在傳統上加碼（有意識的以現代方式呈現），反而可以有效擴大影響力，而且成效驚人。在充滿不確定性的環境中，許多潛在的信徒似乎樂於擁有一個可以依靠的堅定信仰。

***

對於那些尋求信仰，但厭惡基本教義派的信條，又覺得世界太複雜、太不確定的人來說，中間路線也無法容納他們。這些人不被大型教會的「全能」承諾所吸引，也沒有如希鈞斯和哈里斯所預期，走進理性的領域。事實上，他們常邁向另一個極端，陷入「虛無主義」。

民調機構皮尤研究中心和蓋洛普（Gallup）並沒有去調查這個不上教會也沒有宗教信仰的特殊族群，但負責公共衛生的官員去調查了，發現值得省思的結果——焦慮、抑鬱、自殺傾向等絕望之病氾濫成災。

在美國每六人就有一人在服用精神藥物，只為應對現代生活的庸庸碌碌。世界衛生組織的報告表示：現今自殺的人數比死於戰爭和自然災害的人數加起來多更多。明明颶風、洪水、火災、內戰、恐怖主義和軍事衝突等事件淹沒了所有新聞，但其所造成的傷亡，還比不上那些忍受不了選擇離世的人數。

虛無主義的終極代表人物泰勒・德頓（Tyler Durden）在電影《鬥陣俱樂部》（*Fight Club*）裡面說：「兄弟，我們是歷史的次子，沒有使命、沒有地位。我們沒有大戰、沒有大蕭條。我們打的是一場精神大戰，過得是大蕭條的生活。」

意義 1.0（有組織的宗教）已經崩潰，那些疏離者和失落者已經意識到這一點。對他們來說，退回基本教義無法為這個極度現代化和憤世嫉俗的世界提供解方。而意義 2.0（現代主義）也沒能如願實現。德頓說：「我們從小被電視教育，以為自己有一天會成為百萬富翁、電影之神和搖滾明星，但事實上我們永遠無法成為那些人，隨著我們慢慢理解這個事實，會感到非常、非常的生氣。」對那些在歷史中處於中間地位又失意的人來說，認為一切都無關緊要的虛無主義，就是他們最後的避難所。

這完全符合尼采在一個多世紀前所說的那句：「上帝已死（God dead）。」這為無神論者提供了不用信仰的正當性。然而，若能更仔細的解讀背後的微妙意涵，會發現這與當今的環境息息相關。

當然，尼采所主張的法國啟蒙運動與科學革命的理性和邏輯，已經取代了盲目的信仰。但是，他也指出，當把信仰或宗教中核心且有價值的部分，與那些過時的陳舊概念一同拋棄時，將會帶來深遠的社會後果。

他警告：「當一個人放棄基督教信仰時，就等於把基督教道德的根基從自己腳下抽走。這種道德並不是不言自明的……基督教是一個系統，是對事物的整體思考。所以一旦把信仰上帝這個核心的概念打破，就會破壞整個系統。」

《為什麼我們製造出玻璃心世代？》（*The Coddling of the American Mind*）的作者、紐約大學哲學家強納森．海德特

意義中心崩解

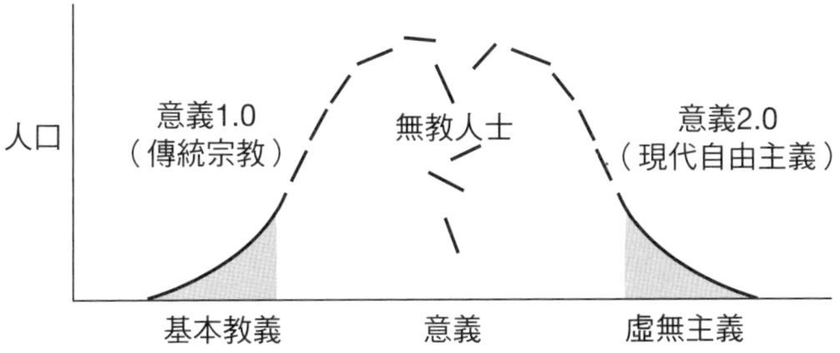

（Jonathan Haidt）也對此表示：「相信神明、崇拜並擁有神聖感，是做為人的一部分。我認為我們內心有一股需求，有個空洞……這個空洞必須被一些東西填滿。如果讓洞空著，人們不僅僅會感到空虛，一個沒有神聖感的社會將充斥很多不正常的孤獨和絕望感。」

所以，無神論四騎士的說法並非完全正確。但我們可以肯定的是，主流宗教的聖堂（意義1.0）已經倒塌，而現代自由主義（意義2.0）還不足以穩固中心地位。隨著一切分崩離析，我們看到一部分的人向基本教義的極端信仰靠攏，另一部分的人則漂向虛無主義。而處在中間地帶，認同「有靈性寄託但不相信宗教」的人呢？這些「無教人士」無處可去。

第二章

焦慮與絕望的未來想像

末世（eschaton，/ˈeskəˌtän/，名詞）：神聖計畫裡最終的事件；世界的終點。

末世感（eschatothesia，/.e-skə-tä-ˈthē-zhə /，名詞）：感覺正在接近一個即將到來的重大事件（一個時代的終結、一個時間的標誌），此後一切都將不同。

如果我們要有建設性的討論末日，我們或許應該先定義相關術語。當多數人想到未來可能發生的恐怖災難時，往往會混淆「啟示」（Apocalypse）、「末日決戰」（Armageddon）或「末世論」（Rapture）這些詞彙。

其實，這些詞彙代表的意涵都不一樣，理解其中的差異才能跨出關鍵的第一步，發展出我們的末世論述。

首先，「啟示」來自古希臘文的「揭開或揭示」（apocalypsis）。隨著良性權威和神聖權威的雙雙崩解，我們開始質疑傳統宗教與現代自由主義的教條，各種隱匿的真相也逐漸顯露。縱使這些真相令人不安，但如果我們希望具備明智行動的能力，揭開真相將是不無可能。

接下來，「末日決戰」，這個字來自希伯來文的米吉多山（Har Megiddo），即以色列城市海法市郊外的一座山。信徒在那裡等待善惡之間的最終決戰。一旦決戰開始，我們就走上通往決戰的最終之路，不論死活都回不去了。

最後，「末世論」這個英文字全小寫的時候代表狂喜或圓滿。但若第一個字母為大寫，則指基督再臨裡的「被提」或「升天」，表示多數人即將淪陷於大災難，僅有少數人能歡喜的被提到天上的至聖之地與基督相會。雖然這個字始於關於末日的宗教信仰，但字義已經轉化出無限變化，有些很神聖、有些很世俗。

我們需要對這三個不同的詞彙做出不同的回應，這點建議應該不算牽強：我們應該要加速「啟示」，揭開真相，這樣才能看得更清楚，也才能執行更明確的行動。我們應該要延緩「末日決戰」，因為在那場終結所有的戰爭之後，基本上遊戲就徹底結束了。我們應該要收回「被提」和「升天」的觀念，因為這只適用於少數人的解決方案，會造成其他人的浩劫。

本章的前半段刻意加速我們的「啟示」思維，藉此協助我們擺脫偏見和曲解的觀念，進而釐清未來。當我們試圖臆測未來時，雖然沒有單一觀點或結論可以斷言其複雜、變化快速的發展，但至少可以勝過輕舉妄動，而採取深思熟慮的態度。接下來的內容，可以當做一種由玩家自選的「末日填空遊戲」。

本章的後半段則設法阻止「末日決戰」，透過探索神經化學和心理學，來分析日益動盪的文化戰爭。在這個人人都需要團結一致的時刻，我們卻感到前所未有的疏離。理解團結與分歧的動態，對於我們能否重新尋得救贖，並找到對所有人都有效的解決方案至關重要。

失準預測與過度樂觀

一八四七年，維也納總醫院的伊格納茲．塞麥爾維斯醫師（Ignaz Semmelweis）發現，在產科病房裡治療的女性與嬰兒，死亡率高得讓人挫折。塞麥爾維斯醫師猜測，自己和同事所進行的屍體解剖，感染了他們接著診治的媽媽和小孩。因此，他研發出一種加了氯的萊姆汁，請醫生在看完病患後、與新病患接觸前，皆用此洗手。這方法效果顯著，他診間裡的感染率下降至不到一％。

然而，這個方法一開始卻不受其他醫師歡迎，甚至使其遭受嘲笑，因為他們不願意相信紳士的手竟然會傳播疾病。塞麥爾維斯醫師只能用「屍體汙染」這個模糊的概念，來證明他的措施很合理（這比細菌理論受到正式認證還早了好幾十年）。這樣的壓力讓塞麥爾維斯醫師的精神崩潰，被刻薄的同事送進精神病院，遭警衛毆打，最後死於一場透過他的洗手法本可以預防的感染。

不過，塞麥爾維斯醫師的遺風永存，不只讓外科醫師心不甘情不願的開始洗手，還深刻影響認知科學，形塑「塞麥爾維斯反射」（Semmelweis Reflex），成為一種常見的認知偏誤，指的是人們會慣性且粗暴的抗拒新證據或新知識，因為它違背現有既存的信念。

塞麥爾維斯反射讓人無法接受眼前的事實，這樣的認知偏誤阻礙對未來的準確預測。我們會因為某件事和我們所認為的真理背道而馳，進而無法理解那件事。

換句話說，有人破壞了我們的儀表板，此刻，我們完全是在盲目飛行。

***

雖然我們預測未來的能力故障了，但有件事幾乎是肯定的——未來的五十年和過去的五十年大不相同。這個簡單的事實影響了我們的判斷。

矽谷的預言家如彼得·迪亞曼迪斯（Peter Diamandis）和雷·庫茲威爾認為，我們的困惑即將迎來指數級的成長——視網膜顯示器、量子運算、基因編輯和生化人。他們說：「我們不能預測未來，是因為未來和過去會有指數型的不同。」他們說的或許沒錯，但即使最虔誠的未來學家可能也會驚訝的發現，其實還有另一個更基本的解釋。

讓我們困惑的，不是未來五十年會與過去五十年大相逕庭，而是過去五十年與人類歷史上的其他時間、空間完全不同。自第二次世界大戰中結束的半世紀，是一個異常時期，美國人連續三代生活在泡沫中。因此，如果你是戰後嬰兒潮、X世代或千禧世代，並試圖尋求參考和先例來找出方向，那就要先弄清楚我們成長的時代有什麼不尋常之處。

這個多變的時代如此獨特，歷史學家甚至為其取名為「美國治世」（Pax Americana）或「美國主導的世界和平」（American Peace）。它始於第二次世界大戰後歐洲和日本的廢墟中，見證了美國在政治、經濟與文化主流力量的崛起。美國很幸運，所有的戰爭都在海外發生，無論是敵國和盟國都被炸得滿目瘡痍。當需要將組裝B-17轟炸機的工廠改造為組裝凱迪拉克的生產線時，美國工業立刻能做好準備；為美國大兵供應牛肉的農場轉為提供便宜肉品給開車經過就可取餐的漢堡攤時，麥當勞就誕生了。

出版業大亨亨利．盧斯（Henry Luce）在戰爭初期就預見這點，他在一九四一年《生活雜誌》（*Life*）裡的社論中表示：下一個世代將是「美國世紀」。他說：「希臘人、羅馬人、英國人和法國人都有過自己的時代，而現在，是我們的時代了。」

古巴飛彈危機是有史以來最接近美國後院的直接衝突。九一一事件是個短暫的例外，除此之外，美國人在自己的國土上一直覺得很安全。不但有六兆美元的軍事力量，而且連續十五年的軍事行動都在屬於「外面」的伊拉克和阿富汗。對現今的多數美國人來說，戰時的艱難困苦就只體現在「搭飛機前要脫鞋子過安檢」而已。

戰後嬰兒潮、X世代和千禧世代成長過程中所經歷的世界（主要指美國，但可延伸到其他已開發國家），可以稱為「隨時有機會」。如十九世紀所說的「昭昭天命」，美國自認可以將影響力拓展到全世界。若你在前蘇聯長大，經歷過鐵幕的倒塌；或生活在南非，經歷過種族隔離制度的轉變；或者把喀布爾當成家，卻目睹這城市陷入數十年的暴力中，那你就不難想像那些難以想像的事情。這就是人生，被捲入歷史洪流後的迷茫體驗。詩人羅伯特・伯恩斯（Robert Burns）提醒我們：「即使是最精細的安排設計，結果往往也會出其不意。」

如果在電腦上模擬一千次「美國實驗」，就會發現許多我們以為的真理，原來都不過是好運和時機。就像雪萊（Shelley）筆下那位樂觀的奧席曼德斯王（King Ozymandias），高估過去的統治地位如何轉化為未來的顯赫。事實上，迪士尼的魔幻王國最終可能只是座沙堡。

滅絕風險的邏輯

這不代表我們必須要放棄所有預測，而是表示我們需要運用邏輯來思索未來，以及各種可能發生的情況。

當農夫、林務管理員和土木工程師在決定種植作物的時機、砍伐的林木種類或工程的場址時，他們會評估每十年、百年或千年內發生乾旱、洪水和火災的可能性。例如，百年一遇的洪水或火災，在任何一年發生的可能性都只有一%。

接下來，他們會根據能接受的風險，來決定如何應對這些災難重演。這類氣候事件往往會留下證據：例如，過去曾發生的極端乾旱期、高水位痕跡和灰燼沉積物的紀錄，這些證據幫助提供某種程度的預測，彌補當下狀況的局限性，協助我們對抗認知偏誤，避免只著眼於當下。最近，百年一遇的大事件每十年就出現了許多次，因此我們必須更新預測。即便舊的基準已經不再適用，我們還是要持續更新。正如溫斯頓．邱吉爾（Winston Churchill）所言：「計畫本身一文不值，但規劃過程無價。」

儘管我們無法準確預知未來會發生的事，但根據現有數據，我們可以粗略估算出最有可能發生的事件類型、強度和規模，並據此調整行為。例如，我們在考慮未來的時候，是否認為未來的社會、政治和經濟狀況，會與過去的這十年或二十年相似？又或是會與過去的一百年、一千年或更早的年代相似？

如果我們認為未來十年會非常接近過去這幾十年，那合理的預期是，類似二〇〇八年金融危機、卡翠娜颶風與珊迪颶風等天災，以及國家與非國家組織如和蓋達組織之間的衝突等事件，都可能會重演。如果再將九一一事件回溯進來，那麼美國本土再出現大規模恐怖攻擊的可能性就大大提升了。我們都曾理性的度過這些不小的挑戰，但要再次面對，仍需要勇氣、協調和運氣。這代表我們已經了解到「美國治世」所帶來的幸運，且不認為這個好運會馬上結束。

如果我們覺得目前改變的速度和不確定的程度，超過過去所經歷，那麼我們正是面臨「百年一遇」的顛覆性變化中，此時就應大幅擴展急難應變計畫。兩次的世界大戰和大屠殺、壕溝戰、毒氣室、廣島核爆、流行性感冒和愛滋病大流行（兩者合計約造成一億人死亡）、大蕭條、中國的文化大革命和蘇聯的史達林主義、民權運動以及受愛戴的政治領袖被暗殺等，這些重大事件都是需要應對的嚴峻挑戰。

新聞主播湯姆・布洛考（Tom Brokaw）稱，這些經歷過動盪的人是「最偉大的一代」，其中包含了我們許多人的父母和祖父母。我父親常提起在倫敦大轟炸（London Blitz，編按：第二次世界大戰中。德國納粹在一九四〇年九月至一九四一年五月，對英國倫敦的戰略轟炸）期間，他躲在堅固的餐桌底下避難的經歷，後來他被送往蘇格蘭的寄宿學校，直到戰爭結束。其他家庭則承載了諾曼第、長崎或納粹集中營的記憶，這些可能像是古老的歷史，但對很多人來說，不過是這一、兩代人的事。

前人經歷兩次世界大戰和經濟大蕭條，並在當中成長，直接意識到一切會變得多艱辛、社會和國家要變得多麼有彈性、理想在危機中可以變得多麼強大。所以，雖然我們會取笑奶奶的囤積癖，捨不得丟掉任何橡皮筋和包裝紙，全都要收進廚房抽屜裡，但那個培養她節儉、堅強的環境，其實距離我們並不遙遠。如果爺爺奶奶都能辦得到、撐過來，那麼我們也可以。

如果「百年一遇」的框架對你來說還不夠香辣刺激，不妨思考「千年一遇」的框架。這其中包含我們在二十世紀所目睹的一切；再加上美國內戰、歐洲殖民擴張帶來的所有戰爭和破壞；黑死病、宗教法庭，甚至還有成吉思汗的帝國。這個框架把我們的格局擴大到現代以外，打破所有代代相傳的知識。

這些事件發生在一個不同於當代感受的世界裡，若要體驗當時的日常生活，我們肯定會感到迷失。一切很快都變得如中世紀一樣，前景未明且反烏托邦，但只要稍微調查一下美墨毒品戰爭、非洲與亞洲的軍閥，就可以獲得發人深省的證據，理解哪種社會組織可以持久。把戰馬換成豐田的貨車、寶劍和長弓換成開山刀和衝鋒槍，我們就快到了，即將抵達離你最近的失敗國家。

如果你對未來的前景極度悲觀，認為我們正徘徊在文明崩潰或徹底滅絕的邊緣，那就要以「紀元」為框架來思考。「反抗滅絕」（Extinction Rebellion，編按：簡稱XR。透過非暴力的公民不服從來迫使政府採取行動，以避免氣候變遷加劇、喪失生物多樣性及社會和生態崩潰的風險）就是基於這種主張而興起的全球運動。有些智庫正在評估人類生存風險，並於最近在聯合國發布一系列嚴峻的報告，不斷呼籲大家注意原本幾乎無法想像的可能情境。

你若詢問不同的對象、設定不同的日期，或許會得到不同的答案，不過我們目前正處於「人類世」，也就是這段時期人類對地球的影響，超越緩慢的地質與生態變動。如果我們按照這一時間尺度來預測未來，那麼一切都會變得難以預測。這基本上就是在說：「這是我們所熟知的世界末日。」而最終，我們是步上恐龍的滅絕後塵，還是走上電影《星際爭霸戰》的後路，還有待觀察。儘管從電影《瘋狂麥斯》到電視影集《陰屍路》（*The Walking Dead*）等科幻作品，都喜歡探索這些場景，但我們真將面對的歷史終結，其實沒有任何先例可循。在這種情況下，法蘭西斯・福山（Francis Fukuyama）在《歷史之終結與最後一人》（*The End of History and the Last Man*，編按：他在書中提出，西方國家自由民主的制度可能是人類社會演化的終點、是人類政府的最終形式，此論點稱為「歷史終結論」）的觀點並沒有錯，只是他提出的太早了。

所以，我們需要暫停一下，想想這些想法帶給我們的實際感受。我們是不是因為無法調和互相矛盾的意見觀點、研究發現、社群雜談，而感到頭昏腦脹？當我們讀到世界末日相關文章的時候，是否深感煩躁或無聊，想要滑一滑手機解悶？

或者，我們會執著於民族國家、民主社會、市場資本主義的崛起和勝利，繼續自我安慰？又或是，繼續期待核融合電力、量子運算或地質工程等指數型技術，能拯救身處不確定之中的我們？我們是否在心底暗自認為，有某種改變遊戲規則的干預方式會在關鍵時刻拯救我們，像是區塊鏈驅動的新世界，或是透過迷幻藥和神經植入催生的意識覺醒？又或者，寄望全人類都「被提」、「升天」的劇情，就像外星人現身或是二度降臨，能在最後一刻抵銷所有可怕的預言，解救我們脫離災難？

我們還能相信什麼？

在所有的存在主義中，有三個關鍵因素影響我們理解未來的能力：複雜的認知、神聖不可侵犯的信念和面對失落的能力。如果我們無法正面應對這三者，就會陷入困境。

如果能掌控這三點，我們就能開始理解面臨的變革範圍和規模。

首先，我們要確保自己的心智夠清楚，可以描繪出不可預測的未來並加以規劃。隨著「良性權威」垮台之後，我們能倚重和信任的公眾領袖和機構愈來愈少。華特・克朗凱（Walter Cronkite）和英國廣播公司（BBC）不再定義「禮貌辯論」的規範，且不再用安撫人心的語氣讓我們知道，即使世界上並非全然美好，正義依然會引領著世界。

《華爾街日報》和《紐約時報》等權威刊物，吸引愈來愈多追求政黨傾向強烈的觀點和讀者，而Reddit、4chan、Parler等非傳統新聞平台則喜孜孜的繞過守門人，把以前很邊緣的受眾都凝聚在一起。即使是用來區分虛實的事實查核網站，也已深陷政治化的泥沼。無論是新馬克思主義的社會正義革命者、另類右翼的身分認同主義者或是極度陰謀論者，這些極端的觀點都愈來愈蔚為主流。

因此，我們必須自己去完成篩選的重任，釐清競爭和衝突的來源。這需要從「非此即彼」的單純二元思維，轉變為「全有全無」與「兼有」的思考方式。這不僅需要高度的歧異包容度，也需要練習置身於爭論之外，培養出羅特曼管理學院（the Rotman School of Management）院長羅傑·馬丁（Roger Martin）所謂的「對立思維」（opposable mind，編按：拒絕「非此即彼」的二元思維，尋求「雙贏」或「更高階」的解決方法）。這需要練習也需要時間，但我們練習不足、時間也不夠。

我們需要有能力在腦中保留一些相互競爭和衝突的場景，而不至於讓內心的瀏覽器故障。接著，我們可以針對「關於生命、宇宙和萬物的基礎信念」的先驗假設，進行反思評估哪些會和我們被迫接納的未來不相容。

***

換句話說，如果這場「千年一遇」的大火真的來臨，我們是否需要把那些「神聖不可侵犯的信念」拿出來犧牲？

在上一章，我們討論了對神聖機構和世俗組織信仰的崩壞，但「神聖不可侵犯的信念」是更高的層次。它反應我們的理想、夢想和珍視的信念。即使我們在現實生活中經歷挫折或矛盾，這些信念也會幫助我們重燃希望，它是我們建設和重建的藍圖。

舉例來說：過去的百年內，新自由主義已經成為多數政治和經濟政策的默認模式。根據這種觀點，致力開放邊界、自由貿易和公民權利的民族國家將繁榮昌盛。自由市場資本主義和代議民主就像豌豆和胡蘿蔔一樣相得益彰，提供提升人類繁榮的終極機制。試圖重新分配財富、限制競爭或壓制公眾異議的舉措，通常會被認為是無效或具災難性的。

蘇聯解體和全球生活水準的提高，都證明這種模式的有效性。市場經濟有效，而共產主義無效；民主制度有效，獨裁政權無效。從一九九一年柏林圍牆倒塌到二〇〇一年雙子星塔的倒塌，短短十年間，這個模式仍處巔峰未受任何質疑。

但新自由主義很快就無法解釋正在發生的一切。布希政府在第二任總統任期中，對中東人民擺脫暴政、擁抱民主的期待，採取適得其反的行動。「阿拉伯之春」（編按：從北非突尼西亞推翻阿里政權開始，二〇一〇年末在阿拉伯世界爆發的民主運動）後，敘利亞、伊拉克、利比亞的政權更迭失敗，更進一步破壞中東地區的穩定，並促成極端組織伊斯蘭國（編按：ISIS，位於中東的薩拉菲聖戰主義組織，以及其所建立未被世界廣泛認可的政治實體）的成長。

中國進入世界市場時也有同樣的反思。與美國模式相反，中國並未放寬而是收緊公民自由，但仍取得經濟繁榮。民主和資本主義過去被視為同一個籃子的假設，已被徹底分開。中國共產黨的態度似乎是：「我們接受你們垂直整合的供應鏈、掠奪性貸款和利率，但公民權、人權和選舉權就保留給傲慢的你們自己吧。」

甚至，多元文化融合的「大熔爐」理想也逐漸瓦解。當九一一攻擊者的身分一傳開，大熔爐理論就陷入混亂。這些人並不是滿腹怨恨與絕望透頂的狂熱牧羊人，他們在歐美生活過相當長的時間，仍然想要摧毀這個社會。利用自由社會的包容性來反擊自身，嚴重的撼動西方普世仁慈和包容的假設。

十年後，來自敘利亞的一百萬難民瓦解了歐盟，加劇德國和北歐國家對包容的壓力，並為英國脫歐和聯合王國的解體埋下種子。

在西半球，來自中美洲和墨西哥許多流離失所的移民，源源不斷的湧入美國，促使美國開始想要從東岸到西岸打造一堵貫穿全境的大牆，阻擋這些語言不同的南部鄰居進入。隨著氣候難民預計在二〇五〇年將達到十億人，這種壓力只會愈加增強。

＊＊＊

現在，讓我們從全球層面縮小視角，回到個人層面。在我們自己的生活中，也需要放棄一些珍視的信念。「美國臨時工化」和零工經濟已經讓職場的晉升階梯倒塌，一端是學貸、一端是消失的退休金計畫，這些因素都阻礙了向上流動。嬰兒潮一代在消失的工作與退休保證中成長，而不得不放棄向上爬升的夢想，因為原定六十五歲退休的他們，如今不得不去兼職，否則無法支應額外的開銷和醫療保險。

經歷二〇〇八年經濟衰退和隔離封鎖之後，千禧世代也不得不大幅修正他們對「長大成人」的意義。過去被視為中產階級階級跳板的房屋所有權，現在被AirBnb和沙發衝浪所取代，汽車被共享軟體和電動滑板車取代，婚姻被交友軟體取代，401(k)退休金計畫被虛擬錢包取代，工作保障被拼湊起來的個人品牌和零星的網紅團購取代。千禧世代中，有三分之一的人需要擁有副業來維持生計。

曾經不斷向上的夢想，像是更大的汽車、更大的房子、更高的教育（及其帶來的工作機會），以及比父母與祖父母賺更多、擁有更多、成就更多，這些短暫的願景已然在眼前破滅。

近期新冠肺炎疫情加速了崩壞，原本只是搖搖欲墜，現在全面崩潰。像勞力士和香奈兒等令人嚮往的奢侈品牌正在衰弱。過去以神祕和排外為賣點的私立大學，現在卻要努力證明每年五萬美元的線上課程學費很合理，而這些線上課程只需要點個滑鼠到其他網站就可以免費獲得。從這點來看，現在不只是國王沒衣服穿，而是整個皇宮都被剝光。這個畫面並不好看，但卻無法忽視。

當二十六個人（可以輕鬆坐滿一輛公車的人數）擁有的財富，和世界上最貧困的半數人口（近四十億人）一樣多時，我們就能知道世界正變得異常。這種不對稱的資源累積在人類歷史上從未出現過，在自然界更是前所未聞。而這一切都是在民主官僚的社會下，由「水漲船高」的涓滴哲學所主導產生。

難怪有些人已經失去了理智。

***

如果我們咬緊牙關，放棄我們神聖的信念，冷靜看清現況並為採取行動騰出空間，那麼就剩下最後一個關鍵因素需要調整，讓我們得以應對未來：我們面對失落的能力。

如果前面幾頁還未能讓你清醒，那就請你認真想想，若你無法讓你的孩子（或孫子）看到電影《海底總動員》（*Finding Nemo*）中整片魚群的珊瑚礁，或無法在冰河國家公園親眼看見冰川，又或是無法繼續享受自由公正的選舉、和平的街道、舒服的退休生活、優質的醫療保健等。如果這些都未能激勵你做出清醒的行動，那你就可能正處於「否認」或「絕望」這兩種情緒中，而這兩種情緒都無法幫助你前進。

如果一切難以承受，那麼「否認」不失為一個可靠的選擇。如果我們無法培養足夠的認知來應對一切，又因為放棄神聖信念而摧毀一切珍視的信仰，那我們將別無選擇，只能全盤否認。嘲諷、拖延、轉移話題、指責等，什麼都好，就是不要去想那個難以想像的問題。在經過演算法優化的智慧型手機生活中，否認成為一條尋常路。美國新浪潮樂團「臉部特寫合唱團」（Talking Heads）曾經很有先見之明的唱道：「當一切分崩離析時，沒有人太在意。」

另一方面，如果我們停止為理想化的未來討價還價，那麼「絕望」就會籠罩一切，使得問題嚴重化、自然之美和人類尊嚴也都受到威脅。任何試圖改變現狀的努力都是徒勞，我們不是心碎就是失去理智。但是，絕望並不比徹底否認更有效。

正如最高法院大法官奧利佛・溫德爾・霍姆斯（Oliver Wendell Holmes）曾建議：「若要簡化不複雜的概念，我不屑一顧；但我願意傾一輩子的力量，去簡化真正複雜的概念。」另一位麥克阿瑟獎得主溫德爾・貝瑞（Wendell Berry）則表示：「我們別無選擇，只能『在考量過一切之後，喜樂相對』。」

綜合這兩位溫德爾的話，或許能為我們提供一項計畫。我們不應太在意簡單的快樂，而是應該要願意為複雜世界所帶來的快樂獻出生命。這就需要我們面對所有的現實。

人文主義的群體力量

我們要面對的第一個事實是：我們並沒有為這個挑戰做足準備。你可能會以為，如果我們評估情況後，得出「正在經歷《聖經》中的大洪水」的結論，我們就會開始準備沙包、召集組建抗洪小組。但事實並非如此，從氣候變遷、地緣政治、社會動盪、流行疾病到意義的崩壞，這些龐大而壓倒性的問題，使得我們的認知和情感短路。

這是一種有害的組合，正在擴散成憤怒。正當我們需要發揮最佳表現時，我們卻處於最糟糕的狀態，迎接二〇二一年的文化戰爭。

正如保守派出版商安德魯·布萊特巴特（Andrew Breitbart）所言「文化是政治的上游」，但他忽略了生物學位於這兩者的更上游。因此，無論我們今天想要捍衛何種社會模式，都要從物種和過去的文明演進史去尋找證據，來證明叢林法則和人類法則，都建立在相同的自然真理之上。我們塑造過去，以便為現在的立場來辯護與解釋，這向來都會為政治帶來影響。

極端左翼和極端右翼都敏銳的意識到，控制西方遺產和演化生物學的敘事方式，對於他們實現更大的社會變革目標有著戰略意義。控制敘事，就掌握主導地位，進而決定過去是如何（和為何）變成現在的狀態，並指導未來應該採取的下一步。

左派想要推翻西方正典，因為他們認為西方正典是歷史和當代壓迫的溫床。他們想要譴責生物學，避免當代關於種族或性別的新發現被做為武器利用（平心而論，過去四百年來，從奴隸制度到對同性戀者的化學閹割，甚至是男女之間的工資差距，這些論點都得到了「科學」支持。因此，社會活動家對於「科學是一種純粹的知識追求，且完全沒受到意識形態影響」的說法抱持懷疑，就顯得相當合理）。

極端右翼也同意這一點，但比起害怕這些傳統權力的辯護，他們反而是在一旁邊加油歡呼，當酸民去嘲諷自由主義者，讓玻璃心的人們崩潰，在Reddit鄉民討論區發酸文，來支持他們狂熱夢想中的亞立安父權制度（極右翼的白人至上父權主義），並標註主題標籤「因為亞里斯多德」（#becuzaristotle）和「因為科學」（#becuzscience）。

在這場比爛的競賽裡，雙方或許都忽略了最關鍵的一點：對生物學的細緻研究，反而凸顯出人文主義實驗的脆弱、罕見且珍貴。

對文化戰爭熟悉的演化生物學家布雷特・韋恩斯坦（Bret Weinstein）提到：「『合作』實際上有兩種演化方式，第一種很古老，基於基因相關性……另一種則建立在各種形式的互惠上，這種方式新穎也脆弱（始於一萬年前）。當基於互惠的合作崩潰時，我們就會啟動預設的基因型合作……在絕境中以基因基礎來合作相當危險，因為歷史告訴我們，這種合作可能演變成種族大屠殺的威脅。」

這就是「群體」的力量來源。生物學往往會打敗心理學，當我們提倡要更共融或導正社會問題時，我們就必須把注意力放在生活所建構的基礎上。

＊＊＊

理解「人我連結」的神經化學機制是一個很好的起點，藉此了解危機時刻對神經化學的影響。演化生物學研究數百個世代的行為模式，而神經化學映射出我們日常生活的核心體驗。

失去社會地位、遭遇經濟困難與身處混亂之中，都會讓人經歷長期慢性壓力（而且這些情況在世界各地愈來愈頻繁），使得體內血清素（serotonin）會逐漸耗竭，進而促使報復行為。牛津大學的研究員茉莉・克洛克特（Molly Crockett）在世界經濟論壇演講時表示：「根據我們的實驗，當與自我調節相關的神經傳導物質的血清素濃度較低時，人們會更注意即時的報酬，變得更衝動、更好鬥。」

現今，多數身陷在文化戰爭裡的人都會堅持自己是在捍衛正義、倫理或其他道德原則，但克洛克特發現，神經傳導物質低下的人會不惜付出代價，也要報復別人，就算對方不知道自己正在被報復，他們的報復心態也依然存在。即使傷敵一千自損八百，他們還是感到愉悅。

不過，當我們在政治集會、抗議活動或運動賽事等大型人潮中相遇，身體就會有另一種變化，此時血清素和多巴胺（dopamine）會激增。我們感覺更好，這就是人群的力量。只是，多巴胺激增會扼殺我們的「超級利他主義」（也就是對陌生人的善意），如果你曾經在派對中遇到嗑藥的人，這就是極端的例子。在多巴胺的作用下，我們心情變得更好但行為變得更糟。

促進群體連結的最後一種神經化學物質是催產素（oxytocin），雖然催產素因為能促進慷慨、讓親子和戀人凝聚在一起，而被吹捧成「擁抱藥物」、「愛的荷爾蒙」甚至是「道德分子」，然而正如我們心理背後的生物學機制一樣，這並不那麼簡單。

克洛克特在TED演講時解釋：「雖然這些研究（指出催產素的正面效果）在科學上已經重複實證，但卻不全面。有些研究顯示，增加催產素會讓人增強嫉妒、幸災樂禍的情緒。催產素會讓人支持自己的群體，犧牲其他群體的利益。在某些情況下，催產素甚至會減少合作性，所以根據這些研究，我可以說催產素是種『不道德的分子』。」

哈佛免疫學家凱薩琳．吳（Katherine Wu）更進一步說明：「催產素在種族中心主義裡也會發揮作用，強化對已經建立的文化群體的愛，並讓那些和我們不一樣的人變得更像異邦人。因此，催產素和多巴胺一樣都是雙面刃。」

在這一切之中，有一個關鍵的暗示不容忽視：那就是「部落主義」是我們與生俱來的最後一層社會認同和歸屬感。在基因和催產素促使我們與所愛之人緊密聯繫，並強化我們將他人

「異化」的意願之後，其他我們所追求的目標則都是選擇性的，並非必然。

如果任其繼續發展，我們會在壓力下退化。簡單來說，部落主義是命運配給，而人文主義是選配。

沒有人可以置身事外

這就是身分政治危險的地方。我們打從基因裡就決定要和長相相近、味道相似、表達方式相符的人建立連結，並保護他們，這就是做為部落靈長類生存的基礎。這種互惠合作超越親屬群體的共同利益，但爬梳歷史來看，可以發現這種合作新穎且脆弱。

這種脆弱性常被利用。政治締結出奇怪同盟的例子不勝可數，但在身分政治中，這種現象則顯得離奇。不管有多麼正義或正當，任何想瓦解體制、獲取應得利益並報復敵人者，在結構面和意義上都屬於同一個陣營。極右翼的新納粹實際上和極左翼激進分子有更多共同之處，儘管兩方都不願意承認這一點。

昆士蘭科技大學（Queensland University of Technology）近期的研究證實，兩方不但有同樣的部落哲學，還存在一種令人不安的心理特徵。研究人員對五百多名美國居民進行比較，這些居民的觀點皆偏離主流，並將他們分為三類：激進左翼、自由進步派與白人身分認同。然後，研究人員評估每一組人的威權主義傾向，以及精神病學家所說的黑暗三角人格類型（The Dark Triad，自戀、馬基維利主義與心理病態）的程度。

有趣的是，持有親近社會價值觀也尊重他人選擇的中間派，並沒有顯示出與威權性的黑暗三角人格有任何關連，但激進左翼和極右翼都有。這就是基本的對比：「全面考量的雙贏」對抗「自我利益的輸贏」。

雖然這兩個群體在一般認知中被認為是「政治譜系的對立面」，但該研究的作者在《赫利翁》期刊（*Heliyon*）中表示，這兩個群體的心理取向其實相似得驚人：「我們的研究顯示，愈來愈多的主流政治態度（尤其是激進左翼和極端右翼），明顯具備黑暗三角人格和將特權做為個人使用。不管是政治正確或是右翼觀點，威權主義者在威權傾向和黑暗三角人格的程度都較高，從統計數據來看，他們在精神病態、自戀、馬基維利主義與權力欲望的評分，都高於平均。」

這項研究清楚的揭露我們共同面臨的風險，它為葉慈的觀察提供了二十一世紀的更新：「最好的人們缺乏信念，最壞的人們充滿激情。」那些擁有冷酷權力意志的人可以輕易滲透、劫持原本立意良好的運動。連最崇高的哲學也會被反社會者把持。法國獨裁者羅伯斯庇爾（Robespierre）就是黑暗三角人格的化身，把法國大革命的理想扭曲成血腥的恐怖統治。

透過披著身分與歸屬語言下的末日思維，這些暗黑藝術家在兜售末日意識形態時，得以利用動盪來推動自己的謀劃，駭入我們的部落生理系統來達成目的。

雖然正義感帶來的情緒宣洩讓人感覺良好，並使得憤怒與幻滅看似合理，但如果我們走上這條路，那就是自取滅亡。區塊鏈未來主義者、海上家園自由主義者、另類右翼加速主義者和社會正義倡導者等，經常幻想著摧毀現有的系統，進而能打掉重練，在一片空白之上建立烏托邦。但這是一種天真又危險的錯覺。一旦戰爭之犬被釋放，必然會反咬我們一口。

再從歷史角度看待這一風險，當東日耳曼民族汪達爾部落洗劫了古羅馬之後，我們直到美國發表《獨立宣言》後，才得以恢復同樣的生活水準。打破雞蛋比復原碎蛋要容易得多了。

***

若要理解當前的文化戰爭，我們需要回到數十年前。一九八七年，神學家詹姆斯・卡斯（James Carse）寫了一本小書，名為《有限與無限的遊戲》（*Finite and Infinite Games*）。他在書中將人類歷史的大部分描述為有限賽局，也就是一場又一場有明確勝敗的競爭，包括戰爭與征服，也包括商業交易、性別協商、國家政治，只要是有明確「贏家與輸家」的結果就算。

據卡斯所說，還有另一種賽局——「無限賽局」。沒有贏家和輸家，而是創造出一種目標不在於以勝利結束遊戲，而是要調整遊戲，讓每個人都能無限期的參與下去。

我們小時候都玩過不同版本的無限遊戲，例如，在踢球或捉迷藏時占主導地位的哥哥或鄰居，若看到較年幼的孩子感到沮喪並準備反叛時，往往都會同意調整規則。可能是提供提前起跑的優勢、加分或讓他們先選隊友，讓比賽更接近公平。大孩子還是喜歡贏，但他們願意讓步，讓劣勢的小小孩可以繼續參與，不要退出遊戲。這就是無限賽局的縮影。

儘管卡斯的書到了二十世紀後半才出版，但他所描述的無限賽局以深義來說，已經存在至少三百年。這觀念始於法國啟蒙運動，對人類不可剝奪的權利做出激進的承諾：自由、平等、博愛，不分種族、膚色或信仰。

這個精神在美國的實驗逐步推進，隨著邁向開放與包容的社會，累積了實績。這混亂而矛盾的文化遺產，結合了啟蒙運動讓人陶醉的理想主義，以及血腥且悲劇的權力、壓迫與和解，也是我們努力超越演化和生物學的部落印記，摸索前進的故事。

無庸置疑，那些有主場優勢的人還是會使出所有的招數來維持上風。變革很難，甚至根本不會來臨。廢奴主義者、女權主義者、工會組織者、黑豹黨成員（Black Panthers，致力於保護非裔美國人的組織）、石牆遊行者（Stonewall marchers，LGBTQ的權力運動社群）、查維茲的移工（Cesar Chávez's migrant workers，改善移工工作條件的團體）、反戰和平主義者、農場抗議者、山艾樹反叛軍（Sagebrush Rebels，美國西部土地管理的地方自治運動）、反墮胎倡議者、女子身體自主選擇權的捍衛者、占領華爾街的抗議者、茶黨運動分子、黑命貴的示威者，所有人都不得不將訴求帶到公共廣場上才能被聽到。

值得注意的是，無限賽局不是在保守的維護西方文明，無限賽局的概念還包括了：法蘭茲・法農（Frantz Fanon）對歐洲殖民主義的尖銳批判；麻省理工學院終身教授諾姆・杭士基（Noam Chomsky）對美國霸權的解構；康乃爾・韋斯特（Cornel West）在哈佛大學、普林斯頓大學和耶魯大學任教期間抨擊美國文化中根深柢固的種族主義的抨擊；國家圖書獎與麥克阿瑟獎得主塔納哈希・科茨（Ta-Nehisi Coates）在國會作證，表示國家應賠償過去蓄奴制度的受害者。

無限賽局包含了上述所有觀點，無論是傳統的、進步的，還是激進的，只要參與者致力於擴展賽局，就能讓所有人參與，不論輸贏。當我們背棄了這個理念，不僅是在摧毀那些有幸生活在對的時間、對的地點，並將理念付諸語言和行動的「已故白人男性」的遺產（也就是許多由白人男性所提出的自由、平等、博愛的思想），更摧毀了適合所有人的未來藍圖。

「讓我們說實話吧，」普利茲獎得主與麻省理工學院教授朱諾・狄亞茲（Junot Díaz）投書《紐約客》（*The New Yorker*）表示：「因為我們一直都知道這件事不會那麼容易，我們必須隨時隨地準備和殖民勢力、父權勢力、資本主義勢力鬥爭，因為這些權力永遠不會被既得利益者輕易放棄。我們必須繼續戰鬥，否則就沒有未來，一切都將會被吞噬……這就是我們民族的樂命（積極使命）——把道德宇宙的弧線深埋在正義中，使之永遠不會被逆轉。」

＊＊＊

這或多或少把我們帶回當下。各方的犬儒主義如此深厚，使得需要推翻整個體制的結論成為一個吸引人的選擇。為了打破這種僵局，我們可能不得不放棄尋找共同點，而在更高的層次上相遇。

「十八世紀的夢想是，有一套單一的、連貫的、根植於理性的價值觀，可以在地球創造天堂。」加州大學柏克萊分校的哲學家艾利森．高普尼克（Alison Gopnik）寫道：「二十世紀的烏托邦失敗，讓最近的哲學家清醒過來，主張一種更溫和的自由多元主義，為多種真正相互衝突的利益騰出空間。不論是家庭和工作、團結和自主、傳統和創新，甚至在個人生活與國家生命中都很有價值，也很緊繃。啟蒙運動目前面臨的挑戰是，如何在這些價值觀之間建立橋樑與平衡的社會制度。」

儘管革命者常常蔑視這種折衷妥協的方式，但是「相互保證的不滿」（M.A.D.，編按：原本翻譯為「相互保證毀滅」，是一種「同歸於盡」的軍事戰略。這裡用來描述一種社會或政治上的妥協狀態，即使各方都不完全滿意，但這種不滿反而可以保持一種平衡）其實蘊含巧妙的智慧。在最糟糕的情況下，這種戰略僵局會導致停滯和挫折；但在最好的情況下，這種對抗性的自由主義會贏來各種得來不易的妥協，這種妥協幾乎無人欣喜，且人人受挫，但卻神奇的擴大讓更多玩家繼續參與無限賽局的機會，比我們所能找到的各種選擇都還要好。

是凱因斯的供給經濟學比較好？還是米爾頓・傅利曼自由主義的自由市場比較好？建立一個公正社會，應該要倚靠安全網還是自力更生？要以大棒嚴懲還是用胡蘿蔔來維持國際秩序？該由聯邦政府還是地方政府來引導治理？應該投資教育或就業來為公民賦權？選擇政教分離還是政教合一？該推行的是多元文化大熔爐還是民族認同？興起革命比較好還是漸進演化就行？

唯一誠實的答案是：「這取決於情況。」而且我們完全無法確定。

如果將地球上所有生命的歷史壓縮成一天二十四小時，那麼現代解剖學意義上的人類會在午夜前的四秒才出現，而洞穴壁畫則在最後一秒才出現。換句話說，我們才剛剛開始文明的進程，時間僅是這一天中極短的一瞬。我們對世界的認識是多麼有限，舉例來說，我們甚至不確定雞蛋、奶油和咖啡究竟是對健康有益的最佳食品，還是會在不知不覺中危害健康的有害物。

所以這仍是我們當前最迫切的挑戰：我們能不能接受艾利森・高普尼克的建議，重新審視那個已被磨損和飽受打擊的啟蒙運動實驗（那個阻止政治光譜兩端倒退回部落主義的試驗），讓我們超越輸贏、邁向雙贏的無限賽局。

每當我們以壓迫來回應壓迫，結局總是充滿血腥與痛苦。而在那少數幾次，我們用內心良善的慈悲來回應壓迫時，就能重塑這個世界。

＊＊＊

一七七六年七月二日，第二屆大陸會議在費城召開時，所有與會代表都因為恐懼而陷入僵局。他們剛剛擬定脫離英國的《獨立宣言》，但沒有人願意成為第一個簽字的人。最後，賓州的班傑明．富蘭克林（Benjamin Franklin）打破了沉默：「各位，我明白大家對於簽署這份宣言的顧慮……但我知道一件事，我們一定要團結，否則就會逐個被絞殺。」

這種「集體毀滅」或「集體救贖」的觀念，到今日仍然適用。過去的三十年來，各式各樣的身分政治在結構層面可能會被推翻（種族、性別、民族或各種意識形態構成你的存在、經歷與本質，而通往正義的唯一途徑，就是要求過去那些剝奪你應得權利的人提供補償），尤其在未來的世紀中，可能為所有人帶來更多不穩定、可能有更多困難，而難以追究到底是誰欠誰。

如果我們在應該團結的時候決裂，固執己見的表示：「在我得到應有的一切之前，我拒絕合作，也拒絕承認那些他人具備和我一樣的共同人性。」那我們就會增加所有人都受傷的可能性，而且這個傷害甚至可能會是重創。

如果我們認為在地球勉強養活八十億人之際，退回暴力並追求輸贏的部落主義是個災難般的壞主意，那我們就必須承認，正如穆罕默德所說：「敵人的敵人就是我的朋友。」至少現在是這樣，也或許未來會是這樣。

我們必須要和解，再不情願也要合作，共同對抗迫切的威脅藉此維護文明與人類的生存。這不需要、也不必要有普遍的共識，更沒有時間等待達成共識。我們只需要找到共同關心的領域，找出最大公約數，在那裡相互認同並開始行動。

第三章
突破分裂，邁向全球一體

二〇一八年夏天，我和家人前往美國和加拿大卑詩省的邊界旅行，並打算再往北走去山裡拜訪老朋友。我們兩家的孩子都很喜歡對方，不過這趟旅程除了要讓孩子玩在一起之外，還有個很實際的任務：我們在找新家。十多年來，我們一直在尋找北美洲僅剩的理想家園，一個既有荒野可冒險又適合養育孩子的世外桃源。

只不過，到了接近國界的地方，我們就收到一則沙啞的語音留言，朋友說：「別來了，山谷裡煙太濃，我們要先離開了，等我們能呼吸再回來。」

這是美洲西部常見的現象。因為夏季乾燥、露營者粗心且雷擊頻繁，經常發生森林大火，卑詩省就算緯度較高、氣溫較冷，也只能讓森林野火的次數少一點點而已。但這次不一樣，楓葉的香格里拉尚未著火，瑞典倒燒起來了。美國太空總署的太空飛行中心研究員麗茲·霍伊（Liz Hoy）表示：「今年的燃燒量驚人，煙霧影響了北極地區數千英哩外的空氣品質。」

我們想像中的避難所根本行不通。就算是那些已在理想地點開闢花園、建立穀倉、打造社區的「早期先鋒」，也突然因地球另一端引發的事件而成為難民。

不存在的「世外桃源」

對那些末日準備者來說，他們拒絕了班傑明．富蘭克林「團結一致」的建議，堅持單獨行動。或許卑詩省的荒野仍不夠偏僻，所以他們更願意相信自己在愛達荷州、紐西蘭或夏威夷的私人領地，能做為遠離種種問題的純淨避難所。但請想想地球上最極端、最偏僻的地方，如北極和南極。

最近，一組研究人員發現，從廢棄物中分解出來的塑膠微粒已經進入北極冰芯，而且速度極快，就和歐洲城鎮裡出現塑膠微粒的速度相當。我們把這東西給吃進嘴裡、吸進鼻子裡、吸收進身體，不只聖誕老人和小精靈們受到影響，連南極那些可愛的企鵝都無一倖免。

地球上的最高點和最低點（也就是珠穆朗瑪峰和馬里亞納海溝）的狀況也不樂觀。登山探險隊留下的垃圾（如空氣氣瓶和廢棄的裝備），一直是喜馬拉雅營地幾十年來的悲慘景象。但是，在雄偉山峰上留下汙染的不只是登山客。

西華盛頓大學的約翰．歐（John All）在報告中指出，他的團隊在尼泊爾的珠峰大本營發現了深埋在積雪中的汙染物。他們在山上的臨時實驗室裡所處理的樣品，意外的充斥著許多汙染物。

歐博士在加德滿都說：「雪會在小塊汙染物的周圍累積，所以雪其實是捕捉了汙染物，並把汙染物從空氣中拉下來。」當高山強風呼嘯著吹過世界上最高的山峰，孟買和上海的霧霾也隨風而來，所謂「山間清新好空氣」早已不復存在。

在瑞典大火讓卑詩省居民必須逃難撤離的一年後，《國家地理》雜誌發表了馬里亞納海溝（地球上最深的地方）的深海探險結果。在海平面下三萬六千英呎處，如此偏僻、極端的所在，幾乎沒有任何生物可以存活，高科技潛水攝影機拍到了廢棄的塑膠購物袋。

這畫面相當震撼人心，但絕非偶然。《國家地理》報導：「去年二月，另一項研究顯示，馬里亞納海溝某些地區的汙染程度高於中國汙染最嚴重的幾條河流……海溝中的化學汙染物部分可能來自在不同深度的水體中逐漸分解的塑膠。」

我們可以把在偏遠地區發現的野火煙霧和工業汙染，歸結於兩種自然力量：高速氣流和墨西哥灣流。我們生活在一個會旋轉的行星上，空氣和水以強大且可預測的氣流和洋流在循環。從甲地開始的事情總會影響到乙地。而且，現代科技和全球化為人類帶來新的連結方式，這些方式正在使世界變得愈來愈小，不管我們是否喜歡或願意接受這種變化。

試想航空旅行和網際網路，使得病菌和網路迷因都會以病毒式傳播。

＊＊＊

早在中世紀歐洲的黑死病時期，學者就追蹤到相同的傳染病波動模式。病毒從某處開始，以可預測的速度擴散，也就是受到當時平均旅行速度的限制。在十四世紀，黑死病沿著絲路蔓延到克里米亞半島和黑海的港口。隨後，這種疾病以大約每天兩公里的速度（相當於馬車旅行的速度）在歐洲散播。

飛機、火車和汽車的出現，使這種熟悉的波動模式轉為隱蔽。乘坐飛機從北京起飛，十四小時後的你（和無意中攜帶的病毒）就可以抵達紐約；又或是前往波士頓開會、在倫敦參與政治集會，等回到家感覺不舒服時，成千上萬的參與者已經把疾病擴散到全球的每一處了。

這種近乎即時的瞬間移動，讓疫調的舊模式很難進行下去。但只要網路理論專家能修正這種加速傳輸的速率，演算法就又能開始顯示出熟悉的傳輸模式。

然而，近期還有一種虛擬的傳染病，透過非物理性的傳播，靠光纖電纜和無線網路訊號來傳遞。

為了理解病毒式傳播是怎麼擴散和突變的，我們需要研究一個經典的全球案例，這個案例讓其他的病毒都顯得很溫吞——即二〇一二年韓國流行歌曲〈江南 Style〉在 YouTube 的瘋傳。

在那年，這首奇怪、無調性且重複到讓人麻木的歌曲迅速走紅，成為YouTube史上第一支點閱率破十億次的影片。

研究人員一直認為不管是歌曲、推特短文、影片或笑話，這些各式各樣網路迷因的成長模式應該都與生物疾病相同。但直到最近，他們才有方法驗證兩者的傳播確實相同。

舉例來說，如果試圖用過去黑死病的疫調方式沿著地理軌跡追蹤，〈江南Style〉似乎是隨機的從韓國「發源地」傳播到全世界。但這樣的舊模式解釋，根本就說不通。

研究人員在麻省理工學院的《科技評論》中寫下：「地理距離不是資訊在社群網路傳播的關鍵因素，而是取決於一個地區和另一個地區之間的聯繫強度——社交往來較多的地方接收資訊的速度較快。」

當研究人員校正了社交距離與物理距離之後，發現〈江南Style〉風靡全球的路徑，其實完全吻合舊的波動模式。該影片上傳後，從韓國跳到鄰近的菲律賓，再從那裡傳到美國和其他英語地區。谷歌熱搜和推特提及這首歌的現象符合黑死病的漣漪效應：從馬車的速度到飛機的速度，直到今日，是網路路由器的速度限制資訊傳播的速度。

「現代迷因的傳播方式和古代疾病一樣，」研究小組指出：「因此，〈江南Style〉的流行和黑死病的傳播完全相同也不奇怪，這證實了實體世界和虛擬世界間異常深刻的聯繫。」

因為旅行、衛星和網路電纜讓世界縮小，這帶來的連鎖效應讓我們幾乎無法逃避挑戰，即使在地球的頂部、底部和盡頭也逃不過。汙染、疾病和另人厭煩又琅琅上口的舞蹈迷因，都只要點擊一下就能傳播。而事實證明，末日救贖意識也一樣。不管在天涯海角，都會找上門。問題不再是我們可以逃往哪裡，而是我們必須在何處立足。

「我們都是地球人」的共識

> 我們的忠誠必須超越種族、部落、階級和國家；這代表我們要發展出一種世界觀……我們必須學會如同手足般共同生活，否則我們就會像傻瓜一樣一起毀滅。
>
> ——馬丁・路德・金（Martin Luther King Jr.）

所以我們似乎注定被困在一起。

我們面臨的重大挑戰都需要協調應對。無論如何，我們需要開始以更全球化的方式思考、感受和行動。但是，要做到改變視角，並事事顧慮整個地球，相當不容易。

事實上，從來沒有人真正辦到過。在催產素誘導的部落主義下，所有更廣闊、更包容的事物，都是爭奪的目標。在歷史之中，確實有過一些和平、鴻運的時期，有一小群理想主義者試圖超越狹隘的部落與民族主義，提出平等和互助的概念，但這種概念往往無法持續下去，更不曾做為涵蓋每個人、每個地方的「全系統」計畫來推展。

在今日，這不只不是理想主義或浪漫主義的概念，而是理性的自我保護。正如伊隆・馬斯克最近被問到為何放棄電池背後的專利技術時的答覆：「孤身一人坐在救生艇上是毫無意義的。」而且軍政專家馬基維利和孫子也都會同意這一點。

如果我們要盡力提高集體解決問題和決策的能力，以達到我們需要的水準，我們就要成長——而且要快。但要做到這一點，我們必須先了解相關研究，知道如何成長。了解如何從一個發展階段進展到下一個階段，藉此提供我們可能錯過的洞見。

人生中有個簡單的事實：遞歸發展（recursive development）。指的是，我們在成長過程中總是前進兩步、後退一步。

最熟悉的例子，就是每個家長都恐懼的發展階段「兩歲豬狗嫌」。

嬰兒剛來到這個世界時，很難判斷媽媽和自己的界線。胚胎時期，母子的食物、體溫和心跳都融合在一起。可是當嬰兒到了十八至二十四個月大左右，情況開始有了變化。嬰兒有了深刻的體會：這世界有「我」，還有「不是我」。而「不是我」的東西（從媽媽開始）都服膺我的意志。我一哭，他們就會跑來；我伸手，他們就餵我；我撒嬌，他們就抱我。當我直直的看著他們的雙眼，把波浪鼓扔在地上，看他們會怎樣！嬰兒就是在這時意識到「他者」的存在，這個特定行為鞏固了他們對自己的認同。

我們從「自我中心」轉變為「民族中心」的生活時，也有同樣的經歷。為了和家庭與部落建立真正的聯繫，我們需要超越「我們」來定義「他們」。我們，做為一個建構中的概念，只能在與他們（那些長相、衣著、氣味、說話方式與敬拜的神明都和我們不一樣的人）的對比中存在。我們口中把「他們」嫌得愈糟糕，「我們」聽起來（和感覺起來）就愈好。這就是部落主義——「我們」對上「他們」。

那麼，要怎麼做才能從「民族中心」轉變為「全球中心」的視角，邀請所有的「他者」加入一個更大的、納入所有地區、所有人的「我們」？要體驗全球視角，最可靠的方法就是往前一整步達到宇宙視角。我們就像豬狗嫌的兩歲小孩，必須超越自身的處境。在這狀況下，我們要超越地球，進入宇宙。

在過去，這種跨越性很罕見。軸心時代的聖人和偉人，例如：耶穌、柏拉圖、索羅亞斯德（Zoroaster，祆教的創立者）、佛陀、老子都具備了超越部落和忠誠界限的普世智慧。實際上，當時幾乎沒有人真正領會他們的觀點，許多深刻的洞見都被人竄改或曲解。尼采曾挖苦的指出：「事實上，真正的基督徒只有一位，而他死在十字架上了。」

***

如今，當代最佳的全球中心視角來自那些真正離開過地球的人——太空人。一九六〇年代阿波羅太空任務才讓人首度真正離開母星，並回來討論這顆星球。

二〇一九年七月二十日，《華盛頓郵報》發表一篇紀念阿波羅十一號登月五十週年的報導，採訪了過去曾造訪太空的五百七十位太空人中的五十人，包括美國太空總署的太空梭艦長、俄羅斯太空人、阿富汗太空人、馬來西亞太空人和有錢的太空遊客。

大家都知道阿姆斯壯向來沉默寡言，即便如此，他在回顧經歷時也不禁驚嘆：「忽然間，我發現那顆漂亮的藍色小豆子就是地球。」他說：「我舉起大拇指，閉上一邊眼睛，發現只要一根大拇指就能遮住整個地球。但我不覺得自己偉大，反而覺得非常非常渺小。」

一九九八年，當蘇聯和阿富汗的戰爭正如火如荼進行時，阿富汗首位也是唯一一位的太空人阿布杜勒·阿哈德·莫赫曼德（Abdul Ahad Mohmand）和兩名俄羅斯太空人飛往和平號太空站。當他進入軌道俯瞰全景時，與阿富汗總統通了電話：「我認為戰爭應該結束，我們都應該團結起來。人們，尤其是阿富汗人，不需要這場戰爭。」宇宙視角帶來戰略性的洞見。

二〇一三年，加拿大太空人克里斯·哈德菲爾德（Chris Hadfield）在國際太空站打發時間時，就拿起在空中漂浮的吉他，對著攝影機錄影，演唱大衛·鮑伊（David Bowie）的老歌。

在五千萬次點閱後，他翻唱的這首〈太空怪談〉（Space Oddity）和經典歌詞「地面控制中心呼叫湯姆少校」，徹底擄獲大家的想像力。獨自一人在太空中，唱一首大家耳熟能詳的歌，哈德菲爾德讓世界靠得更近。

儘管這些證言鼓舞人心，但有個問題：為了獲得全球視角而成為太空人，只有少數人可以做到。太空總署的選拔和培訓非常艱難，能通過的屈指可數，而且也幾乎沒有人能有二十五萬美元的閒錢，可以來體驗這趟登月之旅（維珍銀河號〔Virgin Galactic's presale〕預售的價格）。

但同時，我們其他人仍需要盡快得到那些太空人擁有的視角。

***

有時候，只需要提示一下宇宙中還有別人，就能讓我們凝聚在一起。最近有項關於種族偏見的研究中，研究人員訪問了白人屋主，測試他們對有色人種按門鈴的反應。在保守地區，白人屋主看到有色人種的訪客時，明顯增加選用了中性到負面的詞彙，而且與白人訪客相比，他們的交談時間也縮短了。這報告讀起來讓人難過，但不意外。

後來，研究小組調整實驗設定：他們告知屋主，最近發現了外星生命。這敘述沒什麼複雜的地方，既沒有提到五十一區或電影《ID4星際終結者》（*Independence Day*）的情節，只簡單告訴受試者「我們在浩瀚宇宙中一點也不孤單」的簡單事實。

這個調整，讓我們透過面對更奇異、更「他者」的存在，將所有人類視為一體，顯著提升對陌生人的開放性和接受度。白人對黑皮膚與棕皮膚者的問候會變得熱情。「種族主義」輸給了「物種主義」，所以當人類要對抗小綠人（外星人）時，膚色就顯得沒那麼重要了。

＊＊＊

但是，指望靠著接觸外星人來刺激全球團結，並不是一個可行的策略，原因很簡單——單純是因為機率的問題。當然，如果真的發生了，這就會是終極的「黑天鵝事件」。儘管美國國防部和梵蒂岡等地都不時發出奇怪的暗示，但等待遇到外星人的機會仍遠低於目前的地球危機。在我們擁有自己的「第三類接觸」之前，不得不探索其他方法來拓展我們的宇宙觀。

要做到這一點，我們得先破解「費米悖論」（Fermi's paradox），著名的科學家恩里柯．費米（Enrico Fermi）曾提出：「如果有無限多的行星和星系，那為什麼我們是宇宙中的唯一？」有數十種互相抵觸的理論在解釋這個無法迴避的事實：「大過濾理論」（Great Filter thesis）暗示我們可能是唯一走到這一步的生物，或是其他更先進的文明已經消亡了；「黑暗森林法則」（Dark Forest theory）則認為宇宙中可能有高智慧卻具敵意的生命，那我們最好的策略就是躲起來。

但是，在一次與奇點大學的訪談中，未來學家約翰．史馬特（John Smart）又提出另一種看法：先進的外星生命可能從一開始就不會在我們的三維時空裡活動。

根據史馬特的說法，像「搜尋外星文明計畫」（SETI）這種向外太空發射無線電和微波訊號的項目之所以失敗，是因為思維過於天真和簡化。就像以前的單格漫畫《遠方》（*Far Side*）中，科學家試圖和海豚說話卻不成功，其中一人說：「馬修，我又聽到一句奇怪的『矮……芽……講中吻……』。」我們沒辦法和銀河系的同胞交流，是因為我們堅持要他們使用我們有限的交流方式。

「高等物種不會去殖民外太空——他們會認為這種想法太過時，」史瑪特暗示著：「相反的，他們會殖民內部空間……宇宙演化的過程可能會把先進文明引向同一個終極目標，也就是我們超越現有的時空維度，進入由我們自己設計的虛擬世界。」

先進文明創造出沉浸式虛擬世界的想法是由牛津哲學家尼克・伯斯特隆姆（Nick Bostrum）的「模擬理論」（simulation hypothesis）所推展出來的。這個概念是：人類生活在一個由更高智慧的存在創造的模擬器中。不過史馬特認為模擬理論還不夠到位。他認為我們不是被困在電子遊戲裡，而是我們所有的宇宙同伴很久以前就脫離了三維的實相，他們在宇宙中奔馳。據史馬特的說法：「我們一直在錯誤的地點找尋宇宙的派對。」

***

乍看之下，像「超越假說論」（transcension hypothesis）這樣瘋狂又帶有臆測性的理論似乎無法驗證，但研究人員還是進行了探索。倫敦帝國理工學院和美國約翰霍普金斯大學的科學家們開始繪製「超空間」地圖（hyperspace），這是服用強力迷幻藥二甲基色胺（DMT）後會進入的領域。這可能是所有超文明最可能涉足的地方之一。一九九〇年代末期新墨西哥大學的一項早期研究中，研究人員瑞克・史特拉斯曼（Rick Strassman）和他的團隊發現，在靜脈注射這種迷幻藥之後，五十%以上的受試者都曾接觸到外星生命，並且經歷「和日常清醒現實時一樣或更真實」的異界體驗。

就在幾年前，霍普金斯大學的同一個研究團隊還在小心翼翼的報告：三公克的迷幻蘑菇（psilocybin mushrooms）能幫助解決患者戒菸和緩解焦慮等日常問題。現在他們卻直截了當的問研究對象，他們在穿越時空時是否有與和其他存有接觸？有的話是哪一種？天使嗎？精靈嗎？幽魂嗎？還是有侵略性的巨無霸螳螂？

這讓人想起亨特・湯普森（Hunter Thompson）在電影《賭城風情畫》（*Fear and Loathing in Las Vegas*）所描述的嗑藥後幻覺。「沒必要提起那些蝙蝠，」他總結道：「那些可憐的王八蛋很快就會自己見到他們了。」客觀唯物主義科學和多維可能性之間的第四道牆，已經徹底被踢倒。神祕空間的拓荒探險已經開始了。

如果霍普金斯大學的研究過於荒誕，那麼帝國理工學院的研究團隊則提出更加匪夷所思的專案。「傳統的」迷幻藥體驗約可持續五至十五分鐘，但通常服用者都覺得才剛到異世界就得離開。要好好的探索超空間的地圖，就像一邊在彈跳床上跳躍、一邊畫人物肖像一樣困難。帝國理工大學的研究小組改進了一種技術，透過持續靜脈注射迷幻藥，讓受試者在超空間停留好幾個小時，希望透過延長的體驗，開始以更系統化的方式探索這領域。

美國中情局（CIA）有個惡名昭彰的「MK-ULTRA」心理操控實驗（美國中情局中一個心理戰項目，專注於所有奇怪和可武器化的事情）。他們希望測試受試者的預知和遙視能力。當這些做為受試者的精神病患走出傳統的時間和意識時，研究人員假設他們可取得非當地、非普遍的資訊，也就是「異世界的資訊」。

自從愛因斯坦首度進行其著名的「時空錯亂」（把過去、現在和未來交織在一起）思想實驗以來，我們至少在理智上知道，以前發生的事和以後發生的事都比我們願意承認的更主觀。帝國理工學院的研究小組希望他們的研究，能將這個問題從思想實驗的領域走出，進入物理實驗的世界裡。

更離奇的是，他們正試圖與超空間的存有建立聯繫並展開對話。這不禁讓人聯想到浮士德博士為了知識而出賣靈魂的故事，以及無數科幻恐怖電影的開場，都是從某個醫學院地下室的一場實驗開始。

與「他者」的決定性接觸，是否足以讓我們脫離部落主義的制約？就像那個兩歲的小孩需要意識到「媽媽的存在」，才能完全意識到「我」。部落必須定義出河流對岸的「他族」才能確立「我族」。那麼，透過窺見超越我們的「未知」來達成共同的人性，是否成為一種可能？

儘管有著誘惑性的線索和暗示，我們對三維空間中的外星生命（E.T.）的探索始終沒有達到預期的效果。既然我們不可能人人都成為太空人，去探索宇宙，也許我們可以成為向內探索多元宇宙的心理學家。套用史馬特的話來說：我們可以成為「內在空間的工程師」。

如果我們能更善於探索自己的心靈與現實本身，我們必然會重新建構自己在這整體大局中的重要性。對於人類這個總是聰明反被聰明誤的物種來說，一劑適量的敬畏、好奇和謙卑可能正是我們所需的解藥。

哈姆雷特說的沒錯：天地之間有許多事物，是我們的哲學思想無法想像的。

眾說紛紜的知識交雜

遺憾的是，有一半的麻煩都是哲學搞出來的。

當我們接近許多人想像中的歷史終結時，我們愈來愈不可能走向一個精心設計的「奇點」

（Singularity）。雷・庫茲威爾不會帶我們穿過天國之門，我們得自己想辦法摸索。

這狀況看起來愈來愈具有知識交織性（Intertwingularity，編按：用來描述資訊、概念和知識之間的複雜交織關係）。我們在這動盪的世界尋找某種連貫合理的解釋時，各種人們偏愛的神話也都在相互碰撞、混合、互融，讓人難以分辨訊號和雜音。

可以肯定的是，社群媒體的演算法放大了我們最糟糕的本能。地緣政治參與者拿影視內容當武器，邊緣主義者（Fringe theorists，編按：理論或想法通常與主流學術或社會認知相悖）把每件事都混為一談，而這些種子正落在我們思想中特別肥沃的土壤中，也就是我們微小的「杏仁核（amygdalas）、催產素和多巴胺」。

考慮到過去數年至數十年的衝擊和不穩定的發展，我們可以說人類的杏仁核（負責掃描威脅）一直處於超高的警備狀態。無論是令人詫異的選舉結果、自然災害或是全球流行病，發生在其他國家、其他州或隔壁鄰居身上的事，對我們而言都變得很重要。我們保持關注每一則即時新聞、每一條熱門評論、每一句「專家意見」的衝動一直在飆升。

在過去，我們會聽到叢林裡的鼓聲、煙霧訊號或村莊裡的流言蜚語。現在這些都變成臉書上的動態、在YouTube上的熱門影片和網路通訊群組的消息。我們不顧一切想掌握那些可能拯救或威脅我們的資訊。

每當我們聽到杏仁核的警鐘響起，並發現一些可能產生重大影響的資訊時（也就是史丹佛大學的羅伯・薩波斯基〔Robert Sapolsky〕所稱「顯著的」〔salient〕事件），就會分泌大量多巴胺。縱使消息是糟糕的，但我們會有一種扭曲的滿足感，因為我們找到了它。把「讚」、點擊或留言，輸入到大型科技公司的優化演算法裡，我們就開始了自我強化的人生之旅。

然而當我們體內的多巴胺過多時，就會發生怪事。我們會陷入「超聯覺」（apophenia），這是一種傾向，讓人們將原本無關的事件和事實之間連結在一起，看見其中的模式和意義。這種狀況好發於早發性精神分裂症患者和陰謀論者身上。

不只如此，當我們被隔離在家，無法與家人朋友擁抱、親吻、聚會時，我們的催產素濃度就會大幅下降。使我們變得不再信任對方，更容易懷疑他人，產生偏執的傾向。

在〈催產素、多巴胺和杏仁核：精神分裂症社會認知缺陷的神經功能模型〉一文中，佛蒙特大學（University of Vermont）的精神科學家安德魯・羅森費爾德（Andrew Rosenfeld）和同事指出：「多巴胺系統的異常獎勵、杏仁核的功能障礙和神經激素催產素之間錯誤的相互作用，營造在環境刺激下做出失當激烈情緒的神經氛圍。這種缺陷會反過來造成異常的社會認知，最終導致誤入歧途的社會反應，從退縮和孤立到懷疑和偏執。」

簡單來說，就是我們燃燒殆盡、超負荷的運轉，並逐漸失去理智。就算是那些熟悉又讓人安心的敘事也在崩壞。在這種真空中，各種瘋狂的故事湧現，試圖填補空缺。

＊＊＊

當我們討論末日救贖意識形態時，古代的莎草紙書卷、透明投影片和漫畫書裡的內容差異，其實比我們想像的要少。無論是現代還是歷史上的神話傳說，都是人類用語言和圖像在表達想像力，改變的只是形式而已。

以近年來最受歡迎的兩則史詩故事《星際大戰》（*Star Wars*）和《駭客任務》（*The Matrix*）為例，我們可以看到過去的英雄主義和聯合一統的故事如何在知識交織的張力下分裂。

《星際大戰》在一九九七年首映時，講述了路克・天行者（Luke Skywalker）、莉亞公主（Princess Leia）、韓・索羅（Han Solo）與反叛軍成員對抗邪惡帝國的熱血故事。在最後一刻，天行者朝死星的排氣管發射了一顆異常幸運的魚雷，為好人帶來了勝利。對數百萬影迷來說，整件事都能引起他們的共鳴，這是為太空時代改編的《奧德賽》（*Odyssey*）與《綠野仙蹤》（*Wizard of Oz*）。

但快轉四十年後的第八部系列作品《星際大戰：最後的絕地武士》（*Star Wars: The Last Jedi*），事情就沒那麼簡單了。我們熟悉的善惡黑白在斷裂。曾經讓觀眾團結在一起的故事，現在卻讓觀眾產生歧見。

當少女芮（Rey）取代天行者成為主角，她最要好的朋友是黑人帝國風暴兵。拉丁裔飛行員（代替愛說俏皮話的韓．索羅）和亞裔女性都有大量戲分，顛覆傳統好萊塢的角色分配。許多死忠影迷，特別是美國中產階級的男性觀眾，發現自己在這個故事中不再擔任主要角色，令他們感到不悅。電影剛上映的那幾週，在電影評價平台爛番茄網站上，專業影評人和影迷的評分差異分別是九十分和四十二分，這是星際大戰系列史上最懸殊的差距。

「善與惡不再那麼分明，」影評人戴夫．施林（Dave Schilling）在評價《星際大戰：最後的絕地武士》時寫道：「每個人的手都會沾染汙點，只是程度和原因不同罷了。貪婪、權力欲望、自私的犬儒主義勝出。《星際大戰》在一九九七年象徵的新希望正在退縮。當真正的納粹思想再次出現在國家政治對話中時，要怎麼製作出順利消滅太空納粹的影片呢？很簡單：拍一部希望凋零的電影。」

曾經激勵雷根總統把反核導彈命名為「星際大戰」、把蘇聯稱為「邪惡帝國」的團結敘事，如今皆已顛覆。前白宮顧問史蒂夫．班農（Steve Bannon）辯稱：「黑暗是好的……迪克．錢尼（Dick Cheney）、黑武士、撒旦。這就是力量。」同時，共和黨策略家也在慶祝他們打造出選舉的「死星」，用來挾持社群媒體、扭轉選舉風氣。

可以這麼說，情況與「很久很久以前，在一個遙遠的銀河系」裡凝聚我們一起沉醉的故事，已經截然不同了。

＊＊＊

最近脫軌的不只有《星際大戰》。《駭客任務》這個描述傳統世界的幻象背後，有一場更黑暗但更英勇的戰鬥寓言，也被「這一切究竟有什麼意義」的矛盾詮釋給綁架了。

這部電影為人樂道之處，在於表達了倡議者和無知者之間的鴻溝。主角尼歐發現自己從原本麻木的軟體工程師工作中，被拉進一個充滿危險和使命的替代現實中。

莫菲斯這個角色（致敬《奧德賽》裡的睡眠之神）要尼歐在紅色和藍色的藥丸中選擇。「這是你最後的機會，」他對尼歐說，「選了，就不能回頭。吃了藍色藥丸，故事就會結束，你會在床上醒來，相信著你想相信的一切。你若吃下紅色藥丸，就會留在仙境，我會讓你看看兔子洞有多深。記住，我提供的只不過是真相，僅此而已。」

這句話催生無數網路迷因。自電影一九九九年首映以來，紅色藥丸成為冥想、男性成長、啟靈藥（迷幻藥）、領導統御的建議、網路安全，甚至是各種需要激烈打破幻想、認知真相的產品或服務的象徵。

這種說法在過去二十年內始終成立。那些小綿羊、麻瓜、平民等無聊或懦弱的人，會選擇藍色藥丸尋求簡單的安慰；而那些勇敢、英雄、有志於尋找生活中更深意義的人，則像蘋果電腦廣告〈不同凡響〉中的「瘋狂分子」，都選擇紅色藥丸。

這就是「大帳篷」（big tent，包容各種不同意見和立場）版的《駭客任務》，廣納各種自由思想家和反叛者。二〇一六年，在 Reddit 和 4chan 上不斷成長的男性運動大大縮小了這個帳篷的大小，將「紅色藥丸」重新定義為白人男性終於意識到這世界對他們不利。這個運動社群表示，他們必須團結起來對抗全球主義、女權主義和針對他們的「反種族主義」的力量。

二〇一九年，《連線雜誌》編輯艾瑪・艾利斯（Emma Ellis）寫道：「用這種觀點來解讀尼歐的選擇如此普及，甚至傳到一些意想不到的地方，像是黑人饒舌歌手肯伊・威斯特（Kanye West）的推特帳號。」和她一起出書的另一位作者艾蜜莉・德萊芙絲（Emily Dreyfuss）寫道：「電影中這幕的意義徹底被扭曲……已經很難談論在亞里斯多德理想中，藍色和紅色藥丸代表著什麼，現在這已經完全是不同一回事了。」

「黑武士」成為白宮的無名英雄；反叛軍聯盟變成極權的思想警察；還有「黑人帝國風暴兵」、「白色面具」則指涉種族和身分的顛覆等。選擇紅色藥丸的人成為「對抗機器的自由鬥士」，也被指稱是「被蠱惑的厭女酸民」。這時，要找到幸福的結局，還不如當個宅在家的縮頭烏龜。

一種說法，各自解讀

考慮到現今情勢和知識交織下資訊錯亂的情況日益加劇，事情只會愈來愈激烈。畢竟，當影迷意見不一致時，最糟糕的情況不過是爛番茄網站和Reddit上的口水戰。然而，其他更古老、更神聖的故事呢？有些人甚至願意為這些經典犧牲生命。

解讀神聖經文時，須考慮到字面文字（text）、潛在涵義（subtext）以及社會文化背景（context）。威廉・布萊克（William Blake）就曾說過：「我們倆都日夜讀著《聖經》，你看到黑的，我看到白的！」

＊＊＊

二〇一八年五月十四日，以色列發生一件意義重大又有點奇特的事：經過多年的討論之後，美國將其大使館從首都特拉維夫遷到了歷史名都耶路撒冷。

這是意義重大的部分；而奇特之處則需要一些解釋。

數十年來，各屆美國總統候選人都想遷移大使館，可是一旦上任之後卻都沒無人履行。柯林頓在一九九二年和布希競選時提出這一點，他指責老布希「一再挑戰以色列統一後耶路撒冷的主權」。歐巴馬在二〇〇八年參選時更進一步：「耶路撒冷將繼續是以色列的首都，不可分割。」至少在這件事上，共和黨和民主黨似乎達成共識。

可是這些人一當選就縮手猶豫。因為這實在太難處理、風險太大。以色列是美國最強大、關係最持久的盟友，把大使館從特拉維夫遷出就表示美國向以色列發出明確的訊號：美國承諾以色列的過去和未來。然而，這也剝奪巴勒斯坦認為擁有這座聖城部分主權的要求，進而削弱美國做為阿拉伯和巴勒斯坦之間和平調解人身分的正當性。這是一個複雜的局面，難以平衡。

因此，當美國代表團在當年五月中出現於耶路撒冷的領事館時，這事確實非同小可。幾十年來的定位不明、裝腔作勢和模棱兩可終於畫下句點，遷址正式開始。

但事實證明，這些年來的猶豫不是沒有道理。在遷址儀式前二十四小時內，數千名抗議者和軍方在加薩與以色列邊界開始暴動，造成兩萬七千人受傷，五十六人死亡。以色列總理納坦雅胡（Netanyahu）和巴勒斯坦總統阿巴斯（Abbas）協同聯合國祕書長展開對話。

這就是奇特的轉折了。當催淚瓦斯和輪胎還在加薩焚燒之際，有一位約六十多歲、來自德州的浸信會牧師，在舊耶路撒冷上台演講。他站在大使館講台後面，調整麥克風，帶領現場齊聚的政要禱告。

「我們來到祢面前，亞伯拉罕、以撒和雅各之神，感謝祢把我們帶到民族和歷史的這個重要時刻。」他讚揚兩國政府的領導，並補充說明大使館的遷移：「勇敢的站在歷史正確的一方，更重要的是，這個決定符合以色列的『神的意志』。」

如果只是一位普通牧師，這段話可能顯得平淡無奇，但羅伯特．傑佛瑞斯（Robert Jeffress）不是一般的牧師，他是德州達拉斯市第一位浸信會牧師，經營價值數百萬美元的廣播、媒體、教育和敬拜事工（包括二〇一三年耗資一．三億美元建造巨型教堂）。傑佛瑞斯已經成為這十年來在文化和政治上較有影響力的福音派傳教士，既受到讚譽也引起不少爭議。

在大使館典禮的前一週，前共和黨州長、總統候選人和參議員米特．羅穆尼（Mitt Romney）公開反對傑佛瑞斯的出席，他在推特上說：「這樣一個宗教偏執者不應該為美國駐耶路撒冷大使館領禱……傑佛瑞斯曾說『猶太人不能得救』，還說過『摩門教是來自地獄深淵的異端』。」

這些尷尬的錄音並非斷章取義。傑佛瑞斯在推特上反擊羅穆尼的推特文章：「傳統基督教兩千年來教導人們，信仰基督才能得救贖。事實上，我和世界各地數以千萬計的福音派基督徒仍繼續信奉這一信仰，既不偏執也不值得占據新聞版面。」

但那天在耶路撒冷，這確實值得新聞報導。如果傑佛瑞斯認為猶太人、摩門教徒和穆斯林都會下地獄，那為什麼是他在大使館的開幕典禮帶領禱告？耶路撒冷集會的那些「非信徒」在傑佛瑞斯更大的野心中扮演什麼角色？

答案只有一個：基督教猶太復國主義（又稱基督教錫安主義）。這種主義認為，一旦以色列再次成為主權國家，耶穌基督就會重返地球。這就是為什麼傑佛瑞斯這麼熱切的紀念這時刻。搬遷大使館讓我們更接近《聖經》中的實現和世界末日的來臨。

基督教猶太復國主義可以追溯到數世紀以前，支持者有美國總統和馬丁·路德·金。但這一派在過去半世紀中，因為黎曦庭（Tim LaHaye）的基督教小說《末日迷蹤》（*Left Behind*）而面臨轉折。這部轟動的系列小說講述末日救贖之後的世界情景：忠實的基督徒被直接帶往天堂，而被留下來的人必須想辦法應對接下來的狀況。《末日迷蹤》這系列書籍的全球印刷總量超過一億冊，電視福音傳教士傑瑞·法威爾（Jerry Falwell）也表示：「以對基督教的影響來說，這本書只輸給《聖經》。」

根據基督教猶太復國主義的觀點，上帝在一九四八年將以色列歸還給猶太人（這並非巧合，距離上次大使館典禮的儀式恰好相隔七十年），重新建立以色列王國，並為《啟示錄》、《但以理書》、《以賽亞書》和《以西結書》中預示的末日闡述明確的道路。據典籍記載，基督徒和反基督徒進行災難性的鬥爭後，耶穌就將回歸，迎來千年的和平統治。而猶太人呢？他們會如傑佛瑞斯所說，皈依基督教。

但在基督教神學實現之前，以色列必須完整統治耶路撒冷，而整個中東地區也必須陷入一場「終結所有戰爭的戰爭」。回顧二〇一八年五月美國大使館的聲明所引發的緊張局勢，你會發現，讓基督教猶太復國主義傳教士上台是個令人困惑的外交決定。與會的每個人幾乎都在避免區域動盪，但是對傑佛瑞斯來說，卻巴不得騷動早日發生。

傑佛瑞斯並不是特例。根據皮尤研究中心的數據，五十八%的美國福音派信徒都相信耶穌會在二〇五〇年之前再臨。既然如此，那我們還需要存退休金嗎？沒意義啊。還要從化石燃料轉型？何苦呢。還要去拯救瀕危物種或解決世界饑荒？那只是在扮演上帝，而上帝很快就會自己再次降臨。

需要說明的是，美國公民一直享有極大的宗教自由，可以選擇自己的信仰對象、內容、時間和方式。政教分離原則一直是美國最大的優勢。

但是，當國家和宗教都受到基於幾千年前文字的強大信仰影響時，我們應該要認真注意，這些文本所處的時代和地點，幾乎完全不同於當前的世界，而且往往偏離主流。在當代許多議題的討論上，我們不僅不在同一頁，甚至不在同一本書上。

而且，基督教猶太復國主義並不是唯一對耶路撒冷最終決戰抱有期待的人。事實上，其他人在世界末日也預定了這座歷史悠久的城市。

＊＊＊

伊斯蘭國是伊斯蘭極端主義中最新、最為殘忍的組織，他們也有個關於末日的故事，基於先知穆罕默德的教誨或格言（hadith）。根據他們的解讀，伊斯蘭國正期待著要和「羅馬軍隊」（可粗略理解為土耳其、以色列或美國）進行一系列大規模的戰鬥，最終被屠殺到僅剩五千名戰士。《大西洋》雜誌的格雷姆．伍德（Graeme Wood）寫道：「根據這理論，就算伊斯蘭國碰到挫折也無謂，因為神已經注定其子民要被毀滅的命運。伊斯蘭國最好和最壞的日子尚未到來。」

這種思維方式確實令人難以理解，我們的傳統軍事參考通常基於是二十一世紀的觀念，像現實政治（realpolitik）、緩和政策（détente）、相互保證摧毀（mutually assured destruction）。但當對手的思維如此顛倒是非時，這種鼓勵或威懾就無法起作用了。

殲滅伊斯蘭國的士兵反而會激勵他們，因為這將使他們更接近預言中的大滅絕（以及最終的勝利）。用無人機空襲他們的領袖，他們就更進一步朝向慶祝「馬赫迪的到來」（Mahdi，是第十二位也是最後一位哈里發領袖，他的降臨將會帶來伊斯蘭世界的統一和勝利）。相較之下，儘管冷戰期間的局勢令人不安，但至少其行事邏輯是基於主要勢力的自我保護。

伊斯蘭國的終局之戰是什麼？根據他們的劇本，他們自己的瀕臨絕滅可迎來兩位救世主的降臨：一位是馬赫迪，他是神所降福的哈里發、穆罕默德的繼承人，他會團結伊斯蘭國；另一位先知則是擊敗敵基督者（Antichrist）的先知。

這位先知不是你所認為的穆罕默德，而是在《古蘭經》被譽為彌賽亞和活生生存在的「真主之言」的耶穌本人。在指定日的晨禱時，耶穌會用長矛刺死彌賽亞，然後「折斷十字架」，這個象徵動作讓基督徒發現他們信仰中所教導的死亡和復活都錯了，耶穌其實從未死過。基督教猶太復國主義者曾預言「所有的猶太人都會在最後一刻皈依基督教」，而伊斯蘭國則認為「屆時所有基督徒都會認知到信仰的錯誤，當場皈依伊斯蘭教」。

這讓我們陷入困局中，因為即使基督教猶太復國主義者和伊斯蘭國的作戰計畫截然相反，但對於耶路撒冷的設定和角色陣容有著很神奇的重疊，兩者都有同樣的結構和末日救贖意識。這種架構讓任何對和平未來抱有期望的人感到不安，不論他們身處何處或信仰何種宗教。

＊＊＊

知識交織已經變成一鍋濃稠混濁的迷因湯，完全失去任何的敘事連貫性。我們甚至可能會看著同樣的東西，以為眼前的東西很真實、很重要，但是對於這東西的意義和我們的下一步，做出完全相反的結論。

不論是億萬富翁慈善家要拯救世界或祕密計畫接管世界，還是地下政府要密謀劫持民主或維護民主、甚或是偽裝成彌賽亞的敵基督者——這一切都讓我們無法釐清真相，找不到可靠的結論。

知識交織性把我們吸進時間和空間的排水管，一切發展可能都不會完全如任何故事預言的那樣。世界末日的那頂「分類帽」，可能根本不在乎我們站在哪一邊（反叛軍或風暴兵、紅藥丸或藍藥丸），只在乎我們的意圖。我們所飄揚的旗幟、身穿的制服，都會讓位給一個更簡單的問題：我們是出於恐懼還是愛？我們代表所有人還是少數人？我們是在只為特定的群體或目標努力「有限的隊伍」裡，還是注重長遠影響並致力所有人共同福祉的「無限的隊伍」裡？

第四章

重新定義快樂與價值

這就是我們當前的處境：身處在「意義危機」中、面對著「時間的盡頭」。隨著「意義1.0」（有組織的宗教）的崩塌，在社會生活的核心中留下空洞，而且同時在其他領域面臨著指數型的變化，一切都在迅速翻轉。

此外，我們稱之為「古典自由主義」的「意義2.0」（相信自由市場和民主會引領所有人走向平等與繁榮的時代），也沒有達到預期的效果。諾貝爾經濟學獎得主約瑟夫．史迪格里茲（Joseph Stiglitz）等經濟學家指責這整場騙局時，可以說晚期資本主義已經失去了光彩。身分政治的分裂則顯示，如果人民的需求不能被涓滴效應的全球主義滿足，他們就會不惜打破體制，攫取他們自認應得的東西。

如果說「意義1.0」是為了信徒提供救贖，那麼「意義2.0」就是為了大眾提供包容。宗教一向承諾信眾能獲得靈感、療癒和連結，但這些好處往往只限於特定群體，把人分成值得領到好處的選民和沒資格的非信徒，造成切割的代價。而「意義2.0」將不可剝奪的權利普及到所有人身上，不分信仰和背景，提供了包容性，但其代價是拋棄了救贖，也就是尼采所說「上帝已死」的涵義：我們得到了選舉權、冰箱和智慧型手機，但我們忘了這一切是為了什麼，結果導致了「絕望症」的增加。

極端的基本教義在一端，虛無主義則在另外一端，而兩者都無法帶來真正的解答。因此，我們要思考的是：「意義3.0」應該是要什麼樣子？我們能不能建構出一種文化，在傳統宗教的救贖功能與自由主義的包容性之間達到平衡？我們能不能不靠從上而下的命令，而是由下而上的動員來建構這種文化？

我們是否可以期待，真正具包容性的全面救贖嗎？

遠水難救，需要「就地解決」

一九八九年九月，位於德州的美國太空總署強森航太中心，一位來自蘇聯代表團的成員希望見識「真實的美國」，所以請工作人員安排讓他逛逛休士頓的超市。

據《休士頓紀事報》（*Houston Chronicle*）當時的報導，此人「漫步在藍道超市（Randalls）的貨架之間，頻頻點頭，滿臉驚奇」。他似乎特別著迷於那些裝滿微波食品和布丁雪糕的開放式冷凍室。他對俄羅斯代表團說：「如果不得不大排長龍才能買到生活用品的莫斯科人看到美國超市的情況，『肯定就會發生革命』。」

他說：「不只中央政治局（蘇聯的最高領導階層）都沒有這樣的物資選擇，甚至連戈巴契夫（蘇聯領導人）也沒有這種待遇。」

後來，他感興趣的不再是太空中心裡的模型或太空總署的任務控制中心，而是那間超市。他之後在傳記中寫道：「當我看到貨架上排滿了成百上千的罐頭和各種商品，那是我第一次發自內心真誠的為蘇聯人民感到絕望。」

這位好奇的代表就是葉爾欽（Boris Yeltsin），兩年後，他在蘇聯解體的過程中扮演重要角色，後來更成為俄羅斯第一位後共產時期的總統。我們應該關注的是，他在休士頓所感受到的震撼，因為這會對我們未來的道路有直接影響。

超越他所見證的豐富物資，葉爾欽無法理解這一切是如何完成的。超市裡有成千上萬種商品，來自眾多不同的供應商，但所有商品都能新鮮、準時的送達，而且數量十分龐大。

對此，亞當．史密斯可能會回答：這是靠「看不見的人」完成一切，或者更準確的說是那隻「看不見的手」，也就是自由市場的奇蹟。成千上萬的小決策，由成千上萬的獨立行動者各自在無摩擦的環境中做出，最終共同造就出一場完美的「超市交響曲」。

一九五八年，保守經濟學家李奧納多・里德（Leonard Read）寫了一則短篇故事〈我這支鉛筆〉（I, Pencil），他在文中從不起眼的鉛筆視角，描述一支鉛筆的出現要靠多少人的協力和決定才能完成。

里德寫下：「我，一支鉛筆，複雜的組合了各種奇蹟，有樹、鋅、銅、石墨等。但是，除了這些自然的奇蹟，還有個更不尋常的奇蹟：我組合了人類的創造力——在沒有人為的策劃下，數百萬微小的技能自然而自發的形成，源於人類的需要和欲望！」

里德的自由主義寓言今日聽起來可能有點過時，但這裡面包含一個至關重要的事實：我們所有人都可以不受限制的做出選擇，這樣的選擇比起最聰明的政府官員所做的決策更豐富、多樣且更能適應環境。在我們尋找集體解方時，最好牢記那支小鉛筆帶給我們的啟示。

除了葉爾欽幫忙拆台的蘇聯之外，我們還要留意其他中央集權政體。諷刺的是，資本主義也產生了自己的突變。我們正處於「慈善資本主義」時代——比爾・蓋茲（Bill Gates）、埃里克・施密特（Eric Schmidt）、馬克・祖克柏、傑夫・貝索斯（Jeff Bezos）等人，都在無情擊敗競爭對手和利用境外避稅天堂之後，將其龐大無比的財富重新轉向，去解決他們製造出來的問題（以及一些和他們無關的問題，這樣講比較公道）。

儘管我們會忍不住期待，這些像鋼鐵人般的超級天才會跳出來拯救我們，但這種策略其實存在缺陷。

慈善資本主義之所以無法如我們所願般運作，是有原因的。

首先，慈善資本主義讓我們不必恢復失能的民主。處理社會需求的系統已經壞了，解決辦法是要在當地修復系統，不是當成路障繞過去。

第二，慈善資本主義用極沒有效率的方式在重新分配資本。有許多人道主義專案和土木工程都不具備吸引力，可能永遠無法引起主要捐款者的關注。等待「數位時代的大盜」分配專款來解決全面的公民需求，是一種很不合理的方式。

第三，葉爾欽逛超市的心得和鉛筆故事的啟示，也需要深入探討。集中決策無法與在基層進行的成千上萬微小決策相提並論。沒人那麼聰明，即使是比爾．蓋茲或貝索斯也一樣。而且，在一個領域「勝出」（例如科技領域），不代表其他領域也能成功。貝恩策略顧問公司（Bain and Company）的克利斯．祖克（Chris Zook）在著作《從核心擴張》（*Profit from the Core*）中寫道，當你離開賺錢出名的核心領域一步，你的成功率就會下跌三十三%，若離開四步，成功率只剩六%。

所以像比爾．蓋茲這樣的科技宅，他在一九八〇和一九九〇年代裡抓住機會，在對的時間出現在對的地方，實現他「每張桌子上都有微軟電腦」的願景，而現在要他出手協調全球的健康應對方式，以幫助地球最底層的十億人口？這不是說他毫無貢獻，而是說他的成功率沒有《富比世》雜誌和彭博社報導的那麼高。

社會大眾對此也愈來愈不安。二〇二〇年比爾・蓋茲倡導大家注射疫苗防範新冠病毒大流行，相關陰謀論暴增，引發了深層的問題：「一個非選舉產生的人物，在全球公衛議題上竟有如此巨大的影響力。」

還有另一個更簡單的例子，可以檢驗慈善資本主義意外造成的後果——比爾・蓋茲要根除瘧疾的計畫。他的基金會裡有很多聰明絕頂的人，他們分析大量數據得出結論：要在發展中國家盡量拯救生命，就要根除瘧疾，最好的辦法就是發蚊帳，愈多愈好。

簡單、優雅、高效率。

但實際執行狀況卻非如此。坦干依喀湖上漂流健康診所（Lake Tanganyika Floating Health Clinic）的創辦人艾美・雷曼（Amy Lehman）對《紐約時報》說：「宣傳一直說『捐十美元，用蚊帳救一條命』，但如果蚊帳被分發到一個靠水邊、糧食短缺的地區，可能根本無法降低瘧疾傳染率，甚至還可能傷害環境。」分析師發現，非洲坦干依喀湖的村民，有八十七・二%最後是拿蚊帳來捕魚。雷曼補充說：「這可不是什麼好拿來做宣傳的故事。」

麥克阿瑟研究員與健康夥伴組織（Partners in Health）創辦人保羅・法默（Paul Farmer）也

同意這點：「比爾·蓋茲是個靠發展新科技致富的人，他會在疫苗和藥物中尋找『萬靈丹』，我並不意外。但如果我們缺乏穩定的物流系統，這項工作就會困難重重。這對大型基金會來說是個挑戰……他們可以治療肺結核，但治不了貧窮。」

這並不是說用蚊帳防瘧疾的倡議考慮不周或執行不力。只是解決複雜的「棘手」問題是極其困難的，尤其距離基層響應愈遠，難度愈是加倍。我們必須要培植更多在地解法來應對全球挑戰。我們需要將市場無形之手的〈我這支鉛筆〉更新為〈我們這群人類〉，倚靠我們的集體智慧和應變能力。

也許是時候放下蚊帳，成為人類的「漁夫」了。

打造人人可以依循的信仰

克里斯多福·希鈞斯和理查·道金斯等新興無神論者，最初對宗教的崩解表示歡欣鼓舞，但在這個過程中，我們失去了許多信仰曾經帶來的「有利社會元素」，並因此受到損害。畢竟，如果宗教做為文化迷因仍得以在幾萬年間延續，那它必然具有某種適應性優勢。

宗教確實有適應性優勢。它的功能遠不只是「大眾的鴉片」，信教的人通常比不信教的人更富有、更健康、更快樂。皮尤研究中心在二〇一九年的報告《世界各地宗教與幸福、公民參與與健康的關係》（*Religion's Relationship to Happiness, Civic Engagement and Health Around the World*）中發現：「積極參與宗教集會的人，往往比沒有宗教信仰的成年人或不積極參與宗教團體的人更快樂，且更主動參與公民活動。」這與信仰的是毗濕奴、耶穌或佛陀無關。信仰的內容似乎遠不如信仰本身來得重要。

布萊茲．帕斯卡（Blaise Pascal）所哀嘆的「我們心中有個上帝形狀的空洞」，是真實存在的。如果我們不填滿這個空洞，虛無主義就會趁虛而入。但對於世俗的進步人士來說，談論信仰、談論意義，就像觸碰到社交禮儀中的禁忌話題。

這就是我為什麼在約翰尼斯堡參加「指數成長」會議時會感到驚訝。我們開心的討論著如何修補人類基因、用延長壽命的專案欺騙死神、把意識上傳到微晶片上——換句話說，我們在愉快的「扮演上帝」。但是，沒有人（至少在那個圈子裡）願意觸及「意義」這根帶高壓的電線，更不用說探討上帝或試圖理解如何與上帝交流。

表面上，這種克制很高尚。我們都知道聖戰充滿暴力與血腥：新教對天主教；什葉派對遜尼派；佛教徒對穆斯林。宗教是最早把部落力量從幾百或幾千人動員到數百萬人的工具，而結果往往是悲慘的。這可能也是促使啟蒙理性主義興起的主因。

但撥開表面這種不干涉的立場，還能發現這些新興無神論者的傲慢。瑞士達沃斯的經濟論壇可能這樣會有這種對話：「讓當地人擁有自己的迷信風俗吧，等他們有電燈、空調和購物中心時，就會摒棄他們古怪的信仰，加入我們的現代饗宴。」

事實並非如此發展。不是每個人都愉快的沿著進步的輸送帶前進。有些人正奔向相反的方向，回到部落歸屬的確定性中；而有些人則在齒輪中撒沙子，想毀掉整個啟蒙運動。伏爾泰（Voltaire）曾說：「如果上帝不存在，就有必要創造祂。」

現在，也許我們比任何時候都更應該傾聽這句話的意涵。是時候抓住「意義」這條高壓線，為了我們的價值而坐上電椅了。我們需要重塑宗教。

「以人為本」來設計意義

一九九一年，在美國加州帕羅奧多，史丹佛大學教授大衛·凱利（David Kelley）和同事聯手創辦設計公司IDEO。最初，凱利專注於消費產品設計，像蘋果電腦的第一個滑鼠和世楷公司（Steelcase）的辦公家具。接著，後來的執行長提姆·布朗（Tim Brown）和珊迪·史沛荷（Sandy Speicher）繼續推動這間公司，將創造過程應用於更加廣泛的領域。

二〇一一年，他們創造「IDEO.org」非營利組織，目的是擴大他們在貧困議題和弱勢族群的影響，制訂「以人為本的設計指南」。對於以人為中心的設計工具包，IDEO解釋道：「為了與設計對象建立深刻的共鳴，我們需要產生大量的點子、建立各種原型，並與設計對象分享設計成果，最終才能將這個創新解決方案推向全世界。」他們有數百個成功案例，從迦納窮人的室內廁所到為城市移民設計的數位金融應用程式，所有方案都是由需要解決方案的群體共同參與開發。

IDEO的方法根基於三個原則：靈感（Inspiration）、構思（Ideation）、實踐（Implementation）。在第一個「靈感」階段，直接向設計對象學習，漸漸深入理解他們的需求。在第二個「構思」階段，創造出可能的解決方案原型。在最後的「實踐」階段，將解決方案帶到生活中並推向市場。

這就是本書的內容——把以人為本的設計過程應用到探索意義的挑戰上。如果第一部分是要深入理解我們對「指數式意義」的需要；第二部分就是要打造出可能解決方案的原型；而在第三部分將闡述這些見解，探索各種方式在更宏觀的世界裡實踐這些想法。

要為「全球意義崩壞」規模這麼大的問題找到解方，除了需要有系統性思考，也必須擁有在地思考。從教育、成癮、永續發展等急迫的議題都已經有許多現成答案，但它們往往太昂貴、太特殊，或者太受個別限制，無法離開解決方案的出生地。畢竟，萊特兄弟在奇提霍克（Kitty Hawk）發現了飛行的奧祕，成功實現飛行，但要讓飛行成為全球普及的交通工具，可還需要像荷蘭皇家航空（KLM）和澳洲航空等公司。

如果「意義3.0」有機會幫我們解決當前的危機，就必須具備廣泛的通用性和在地的適用性。要做到這一點，就得從科學現代主義（意義2.0）借用三個設計標準，才能盡量全面的涵括所有——開源（Open Source）、規模化（Scalability）、反脆弱性（Anti-Fragility）。

開源：這表示我們不要堅持找一套適合所有人用的解方，而應該尊重不同文化、不同社群的各種價值和信仰，並因地制宜。這表示解決方案應保持內容中立，而非教條或教義，讓每個人都能自行填補空白。

例如：與微軟Windows用戶不能自行修改的專有平台不同，開源應該更接近Linux的軟體，想用的人都可以免費取得，想解決特定問題的人都可以無限修改這套軟體。實用的解決方案可以和別人分享、供他人進一步增強其功能，最終整個程式代碼庫從基礎開始成長，而不是自上而下的發布。

規模化：把每個人送到外太空來體驗「俯瞰效應」的方案已被排除，這個方法速度太慢、成本太高，更無法促進全地球人團結。多數最尖端的解決方案也有同樣的問題。有些解決方案可以在老鼠身上、在實驗室裡證實有效，可是最後只有位於頂層階級一%的人士可以用得上，更不用說全球底層的十億人口了。若要讓解決方法具備規模化，除了得夠便宜或完全免費，並且盡可能簡單易用、技術要求低。

反脆弱性：《黑天鵝效應》（*The Black Swan*）作者、紐約大學教授納西姆・塔雷伯（Nassim Taleb）表示，有一種解決方案會在情況愈糟的時候、效果愈好。面對下個世紀不穩定性增加的的情勢，我們必須設計出足夠強韌的文化解決方案來因應。我們面臨的複雜性、讓人安心的敘事喪失，以及當我們意識到局勢的嚴重性時，所產生失去一切的悲傷，都有可能破壞我們的努力。受過哈佛訓練的理論家札克・斯坦（Zak Stein）近期寫道：「我們或許正在進入一個時代，數十億人眼睜睜看著數百萬人死去。」我們從未如此需要韌性。

除了實際的生存困境之外，我們還要解決另一層次的反脆弱性：任何威脅顛覆現狀的文化運動，都會被那些想維持現狀的人鎮壓。歷史上有各種充滿快樂狂喜的實驗被當權者鎮壓的例子。你可以想像成祭司（權威和秩序的守護者）和普羅米修斯（挑戰權威的反叛和創新者）之間永無止盡的鬥爭。法律與秩序對抗自由戰士。當有人發現一條直達解放的途徑，威脅到既有的中間勢力時，自然不會受歡迎。試圖闖入天堂，總得付出代價。

西班牙宗教裁判所剷除了中世紀在法國和義大利十分興盛的神祕教派卡特里派（Catharism）。土耳其、伊朗和巴基斯坦的蘇菲派苦行僧（Sufism）因為拒絕向外部權威低頭，而被迫害了幾世紀。譚崔濕婆教（Tantric Shaivist）在印度經常和跟主流的保守領袖發生衝突。震教徒（Shakers）、貴格會（Quaker）教徒和摩門教徒都不得不逃離家園，去追求他們更直接和體驗性的信仰。

不只有宗教團體才經歷過壓迫。一九六〇年代末期至七〇年代初期，美國尼克森政府刻意把運動分子所青睞的藥品定義為毒品非法化，壓制那個時代朝社會正義邁進的步伐。水門事件的同謀約翰．亞列舒曼（John Ehrlichman）在生命將盡之前向《哈潑》雜誌（*Harper*）的記者承認：「我們知道我們不能將反戰或黑人的行為定義為非法活動，但我們可以讓社會大眾一看到嘻皮就想到大麻（和迷幻藥）、一看到黑人就聯想到海洛因，然後將海洛因與大麻定罪，藉此破壞這些團體。我們可以逮捕他們的領袖、突擊他們的住處、中斷他們的會議……我們知道我們在撒謊嗎？當然知道。」

應對這種轉型運動的預期鎮壓的方法，其實很簡單。廣泛分享能提升個人和集體主權的配方，用上容易取得的材料。在各地散播人本設計工具包，就不會被審查或壓制。換句話說，這些作法要開源，而且可以規模化，要永遠成為公共資源的一部分。分享是無限賽局的密碼，且將超越民主化，種下革命的種子，而不是領導革命。

＊＊＊

一旦我們確立了「意義 3.0」的設計標準——開源、規模化、反脆弱，並支持全員共容——我們就應該決定需要納入傳統宗教（意義1.0）中哪些觀念來促成救贖。

有許多方法可以歸納信仰的功能，哈佛神學院的「神聖設計實驗室」（Sacred Design Lab）濃縮出三個核心元素：超越（Beyond）、形成（Becoming）、歸屬（Belonging）。這三種滋養人類的重要營養素，換個方式也可理解為：靈感（inspiration）、療癒（healing）、連結（connection）。古希臘人稱為銷魂狂喜（ecstasis）、宣洩釋放（catharsis）和社群共睦（communitas）。儘管名稱不同，但在支持人類昌盛的作用是不可或缺的。這些元素幫助我們清醒、成長並積極參與，周而復始，直到我們真正找到生活的意義。

接下來，讓我們逐一討論這些要素。

靈感——是我們不可或缺的平衡力量，幫助我們對抗「人生就是活受罪」的單調生活。正如卡繆（Albert Camus）在《薛西弗斯的神話》（*Le Mythe de Sisyphe*）中所說：「真正嚴肅的哲學問題只有一個，那就是自殺。」當日復一日的工作快要壓垮生存意志時，靈感讓我們在某個瞬間找到存在的意義，給予我們放下沉重負擔並挺直腰桿的機會。哪怕只有一瞬間，我們也有了存在的理由。

研究顯示：敬畏天地的心流體驗可以減輕壓力、提高生活滿意度、減少身體疼痛並緩解消沈憂鬱。這種感受對我們的幸福至關重要，甚至某些靈長類近親也會經驗這樣的瞬間。例如，科學家觀察到，成群的獮猴會放下食物、停止打鬥和交配，只為凝望大草原上絢爛的夕陽。根據報導，能找到方法進入這種心流巔峰狀態的人生活滿意度較高；反之，未曾經歷過這些體驗的人則生活滿意度較低。

此外，這不僅僅是在敬畏和驚奇心流狀態下所產生的短暫靈感。有時，真正有價值的是人們關注的資訊。當這些體驗啟動神經生理學，洞察力、辨識模式和橫向連結等能力都會瞬間飆高。同時，我們的內在批判聲音會安靜下來：正腎上腺素（norepinephrine，INN）、多巴胺和內源性大麻素（endocannabinoids）會讓我們的注意力更集中，幫助我們獲得平時難

意義 3.0 的飛輪

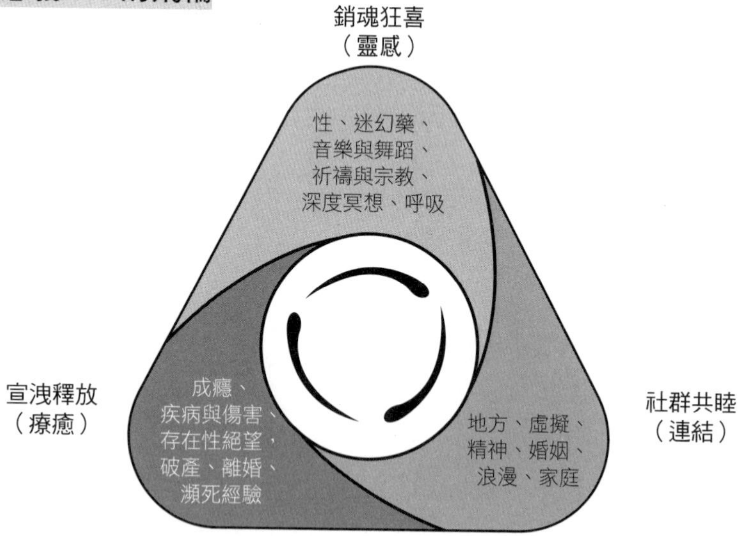

以察覺的結論。腦波從比較激動的 β 波切換為較慢、更具反思性的 α 波、θ 波或 δ 波，繞過大腦的守門人。在這些狀態下，我們比較不會分心、比較專注也比較有創造力。

心流的巔峰體驗如此強大，神祕主義者和極限運動員都竭盡全力想體驗更多。有些人從冥想的平靜或陶藝轉盤的重複動作中找到這種體驗，而另一些人則在舞池的群體共鳴或高速滑下山坡的刺激中找到它。然而，內在的體驗是相似的。

正如芝加哥大學的米哈里．契克森米哈伊（Mihaly Csikzentmihalyi）寫道：「在混亂的日常生活中，有些時刻會像閃耀的燈塔般脫穎而出。從某種意義上來說，人類幾千年來的所有努力都是為了捕捉這短暫的滿足時刻，並化為日常存在的一部分。」心流的巔峰體驗能穿透日常生活中的噪音和干擾，提醒我們什麼才重要。

療癒——是我們需要的第二種核心營養素。海明威說：「這世界會打擊每個人，但在那之後，許多人會在受傷的地方變得堅強。然而，那些沒有受傷的人會被世界直接殺死。」在這場「穿著衣服的猴子遊戲」中，我們被賦予了一個艱難的角色。

一方面，我們被賦予複雜且抽象的意識，可以洞察遙遠行星的軌道，也能寫下感人肺腑的詩句。另一方面，生命卻顯得脆弱，暴力和殘忍無處不在，而這短暫的生命體驗中幾乎沒有什麼真正能讓人完全理解。普立茲獎得主與人類學家歐內斯特．貝克爾（Ernest Becker）承認：

「人真的是分裂的，人類意識到自己的卓越獨特，而在自然界顯得突出，然而最終卻又回歸地下，盲目無聲的腐爛，並永遠消失。」要調和這種「嗜血爪牙」的叢林法則，和我們對崇高境界的洞見並不容易。在這兩個真理之間的掙扎，造成我們大部分的痛苦。

在我們的一生中，近十分之一人會被診斷出創傷後壓力症候群（PTSD），未被診斷出的其他人則幾乎一直有著輕度的創傷後壓力失調。此時，找到方法來消化我們的悲傷，而不要因此窒息，就變得非常重要。如貝塞爾・范德寇（Bessel van der Kolk）所著《心靈的傷，身體會記住》（*The Body Keeps the Score*）。我們的神經系統會累積壓力直到我們崩潰。一旦處於這種被劫持的狀態，我們的洞察力、適應力和足智多謀的應變能力就會降低，不只容易犯錯，更可能讓事情變得更糟。有個老派的笑話說：「受傷的人會傷害他人。」若這不是事實，這個笑話可能會更好笑。

無論是天主教徒在懺悔後被赦免，猶太人在贖罪日的儀式（Yom Kippur）上獲得寬恕，或是拉科塔人（Lakota）在太陽舞儀式（Sun Dance）時的痛苦淨化，宗教總是為我們提供彌補和贖罪的方式，藉此重新設定人生的敘事。人類經歷的悲劇太多，我們無法獨自處理一切。如果無法把過去一筆勾銷、抹去心靈的負擔，我們的生活就會陷入困境。但若此時我們擁有文化的支持，就可以把痛苦轉化為更深刻的意義。詩人暨馬雅長老馬丁・普雷齊特爾（Martin

Prechtel）解釋說：「悲傷就是讚美，因為這是『愛』在對失去的自然致敬。」

連結——信仰提供給信徒的第三種重要特質，就是連結社群。社交關係、同伴情誼和支持感，都對我們這樣的部落性靈長類動物非常重要。長達數十年的研究指出，「長壽和幸福」與一個人社交網路的豐富程度密切相關。

如今，我們發覺自己生活在一個矛盾的時代。雖然從表面上看來，我們比過去任何時刻都更緊密的聯繫在一起（想想那些在社群媒體上的「好友」已經達到五千人上限的人），但我們比過去任何時刻都更感孤單。我們和原生家庭分離、和鄰居分離，甚至與自我分離。

「雖然科技承諾要將我們連結在一起，但科技同時也令我們感到孤立，」美國前公共衛生署長維偉克．莫西（Vivek Murthy）在著作《當我們在一起》（*Together*）中寫道：「雖然我們愈來愈有機會追求個人的命運，但這也讓我們將自身目標放置於人際關係和社群之前；儘管我們在心理健康的討論上進步許多，但我們仍然為孤單的感受感到很羞愧。」

莫西想要探尋當前危機的核心所在，所以他在全球各地進行訪談。他得出的結論是：「孤獨是導致並強化酗酒、吸毒、暴力、憂鬱和焦慮等席捲全世界的許多流行病……但是在孤獨的核心，是我們天生就想要和他人建立連結的欲望。我們已經進化到可以參與社群，和他人建立持久的關係，互相幫助，並分享生活經驗。簡單來說，就是在一起會更好。」

芝加哥大學的人類學家維克多・特納（Victor Turner）稱這種深刻而療癒的團結為共同體（communitas），代表著超越個人分離感的集體融合。貴格會稱之為「聚會靈感」（gathered meeting），即一群靈魂共享一種精神連結。北卡羅來納大學教堂山分校的基思・索耶（Keith Sawyer）則稱之為「群體心流」（group flow），運動團隊和爵士樂團都有這種經歷，讓個人的決策和集體的智慧融合在一起。索耶表示，這種體驗非常深刻，回饋比孤單的巔峰體驗的滿足感還高三倍。

關於這三種核心元素：靈感、療癒、連結，它們的作用比較像是車輪上的輻條，而不是梯子上的每一階。這些元素不會以固定的順序依次展現，但一旦其中一個元素參與其中，另外兩項就會跟進，構成我們生活的循環。

不管從哪個分支進入——無論是深層的療癒、強烈的靈感、或是堅定的連結，這三個面向基本上就是我們生活的方式。我們很清楚，人生是無法減少悲劇，這就是為什麼療癒如此重要的原因，療癒讓我們得以修復傷口並繼續前行。不過有時候，療癒確實是不可否認的魔法，這往往容易被忽略。而這就是靈感的作用：靈感會提醒我們，只要我們張開眼睛，身邊就有美好和完美。當我們在這兩極之間被擺動時，就能與他人一同笑看凡人生命中的各種大災難，帶來喜劇的面向。這就是連結的作用：連結讓我們有機會和他人一起分享生活的負擔和荒謬。

如果我們不能哭泣、敬拜和歡笑，我們就無法見證這瘋狂的旅程。因此，這就是我們的目標：找到一種方式讓我們醒悟、成長並參與其中，以正好趕上生命的節奏。

＊＊＊

現在，是時候把我們從IDEO獲得靈感的那套設計流程，拿來實際應用了。

複習一下：「意義3.0」的方案必須實現傳統信仰「意義1.0」的親近社會的功能——靈感、療癒和連結。而且，為了有機會幫助全世界，還需要實現「意義2.0」現代主義的包容承諾，具備開源、規模化、反脆弱的特性。

但要同時滿足這兩個需求並不容易。如果這很簡單，我們就不會遭受這麼多存在焦慮、創傷和孤單。事實上，有一些可靠的工具可以用來滿足這些需求，只是過去一直被我們忽略。

就像文化在政治的上游，生物學處於心理學的上游。這表示在心靈和思想的戰爭中，我們應該更加關注我們的身體和大腦。

我們愈接近原始生存迴路，干預措施就愈簡單、愈有利且愈可靠。正如阿基米德有一句名言：「給我一根足夠長的槓桿，我就能翹動整個世界！」我們的身體必須進化，這就是改變世界時所需的最長槓桿。

要塑造意識和文化，並建構「意義3.0」，有五個最強效也最容易取得的生理驅動力：

- **呼吸**——我們天生就有能力，確保體內的氧氣供應穩定。因此，調節呼吸是改變身體和心理狀態最可靠的方法之一。
- **體現**——副交感神經和交感神經系統的核心調節，對於健康、幸福和抗壓性影響重大。它們是我們生理機能的節拍器，為我們的生活經歷設定節奏。
- **性**——若我們不繁衍生息，我們就會滅絕。所以我們的體內有大量的神經化學驅動元素來確保這一點，認識這些驅動元素可以讓我們重新定位這個創造生命的核心活動。
- **迷幻物質**——人類及多數動物都會有意識的尋求狀態的轉變，這是其學習、成長和療癒的一部分。加州大學洛杉磯分校的羅納德·席格（Ron Siegel）甚至把刻意追求酒醉的感覺稱為「我們想要感受不同的欲望，想要迅速改變自己狀態的『第四驅動力』」，並認為這與性、飢餓和口渴一樣是人類制約的一部分。

除了上述事項，我們還可以加上最古老、最有效的體驗放大器：

- **音樂**——不管是古代的營火吟唱、大教堂或演唱會，音樂陪伴著人類文明的旅程，就算是被鏈子拴在一起服役的囚犯，也會創作音樂。音樂不但能「安撫野獸」，還能形塑我們的生理機能、連結感以及敬畏天地的能力。

這五大驅動力，每一項都對人類生物學和意識影響深遠，即使是微小的調整也能帶來顯著效果。透過聚焦於我們的身體，而不是更複雜或更昂貴的技術，我們就更有機會滿足我們的設計標準——開源（任何人都可以嘗試，不需要昂貴的醫療設備或虛擬實境頭戴裝置）、規模化（沒有比身體更便宜、更容易取得的材料了）、反脆弱（掌握這些工具後，抗壓性會增加，且無法被他人奪走），發展出「意義3.0」。

呼吸、體現、性、迷幻物質和音樂，可用來支持靈感、療癒和連結。這是一個簡單的協議，數千年來反覆流傳在世界各地。如果你研究過任何傳統宗教，就會發現這些驅動力確實有作用。新興的神經人類學領域不僅研究習俗和儀式，還深入了解其背後的功能生理學，為古代的習俗提供全新的理解。一旦我們拿這些例子來進行逆向工程，就可以運用所學知識來創造更有效的版本。這就是文化建構的實踐。我們可以淘汰掉對我們無用的神話，保留對我們有用的技術。

喚醒新時代的覺察與連結

即使只是快速瀏覽這個路線圖，也可能引發懷疑、評判或不合宜的熱情。畢竟，我們和這五大驅動力的關係（尤其是身體、性和迷幻物質），有很多文化禁忌和習俗在影響著我們的態度（乍看之下，呼吸和音樂好像沒那麼有爭議，但這兩者也有自己的問題）。

我們不應該因為這些主題有爭議就避而不談，而是應該把爭議當成一種訊號，表示我們觸及到重要的部分。畢竟，禁忌之所以存在，通常是因為其中涉及某種強大的力量。幾乎所有社會都將「出神技術」（techniques of ecstasy，借用米西．伊利亞德〔Mircea Eliade〕的經典用語），嚴格限定在某些管制的形式下：性是為了繁衍，但不可為了娛樂；使用迷幻物質是為了消除壓力，但不是為了頓悟的驚人體驗；音樂是用來加強秩序（如軍隊進行曲和教堂讚美詩），但是不可用於狂歡（如貓王和死之華合唱團〔Grateful Dead〕的靡靡之音）。

所有的文明都曾經嚴格規定這五種力量的使用，無一例外。如果沒有規範，人類就無法保持「文明」的樣貌。早在舊約時代，摩西逃上西奈山，讓他的子民自行度過四十晝夜。當他回來的時候，他發現他的子民們沉浸在一場充滿放蕩與酒色的狂歡中，把摩西氣得把刻有《十誡》的石板摔在地上（上頭寫著「不可貪戀」的禁令），由此開始了將一群荒漠中的異教徒塑造成西方文明棟樑的過程，而這個文明的發展至今仍未終止。

你以為十九世紀的摩門教是如何設法在猶他州沙漠定居和灌溉的？縱酒狂飲、縱情跳舞、縱欲橫流——對於後世的虔誠信徒來說，這些事是完全被禁止的。摩門教的長老們把所有被壓抑的能量，都引導去挖掘溝渠才能把沙漠變成花園。

所以，讓我們回到最初的問題：如果依照IDEO的設計思維來建構「意義3.0」，它會是什麼樣子？儘管這個領域可能充滿許多不穩定，但如果我們忽略這些進化驅動力的力量和潛力，那就太可惜了。我們對這類主題的舒適度因人而異，但大致上我們的反應可以歸類為三種類型：享樂主義者（Hedonist）、墨守成規者（Conformist）和純粹主義者（Purist）。若能理解每一種處境的優勢和弱勢，就能幫助我們找到前進的道路。

享樂主義者面對可以提升愉悅體驗的機會，通常會全然投入。對他們來說，嘗試新事物不是挑戰，要如何樂在其中並停止，才是他們的挑戰。

面對心流覺醒的三種類型

	享樂主義者	墨守成規者	純粹主義者
核心身分	感官追求者	規則遵守者	身分保護者
口號	如果感覺對了，那就去做	如果醫生說可以，那就去做	我的身體是我的聖殿
缺少的要素	煞車	方向盤	油門
選擇的物質	古柯鹼、香檳和大麻	安眠藥、利他能（聰明藥）和酒精	小麥草萃取物和可可
致命弱點	成癮	服從	驕傲
抗拒	「你不是我的老闆。」	「如果我這麼做，我還是我嗎？」	「我不需要這些輔助。」
核心價值	全面的體驗	專家建議	身心的神聖性

心流覺醒的「享樂工程」

榮格曾警告：「不是自己證得的智慧，要小心。」享樂主義者深陷其中，他們的座右銘是「如果感覺對了，那就去做」。性、迷幻物質、搖滾樂都是他們的選擇，但往往會過度沉迷。不忠和上癮是他們致命的缺點，他們少了煞車（沒辦法減緩追逐的速度）。他們的暱稱可能是「蜥蜴腦享樂猴」。

純粹主義者面對新奇的心流覺醒技巧時，尤其是那些和瘋狂放縱有關的技巧，通常就會封閉自己。他們傾向透過冥想、瑜伽或祈禱等「獲得智慧」，對於較激烈的轉化方式抱有懷疑，認為是投機取巧或捷徑。小麥草和長生不老藥是他們首選的迷幻物質，口號是「我的身體是我的聖殿」。驕傲是他們的致命弱點，且缺少加速成長的力量。他們的綽號可能是「加密清教徒」。

墨守成規者面對這五大驅動力時，不一定知道該如何思考。他們傾向於聽從既定的權威，像是醫學、法律或宗教權威，來告訴他們哪些是在界線之內、哪些在界線之外。或許每天喝三杯雞尾酒，再加一顆安眠藥對他們來說不足為奇，可是派對中有人傳著大麻輪流吸的時候，卻會讓他們臉色發白。他們願意讓孩子服用治療注意力不足及過動症的甲基安非他命，或讓配偶服用鎮定劑、安眠藥來克服焦慮，但卻覺得迷幻療法很恐怖。他們嘴上可能會說「如果醫生說可以，那就去做」，順從是他們的致命弱點，他們缺少的是引導（缺乏走出共識意見的窠臼）。他們的暱稱可能是「正經派」（Straight- Edge）。

所以當讀到這些人物角色時，請留意哪種最符合你的生活經歷，並注意這些特質是如何幫助或妨礙你體驗心流（巔峰體驗和敬畏）、宣洩傷痛（深度療癒和整合）和社群連結（和別人的深刻連結）。我們既不能像享樂主義者一樣沉迷感官刺激，也不能像純粹主義者一樣拒絕不符合理想的方式，更不能像墨守成規者一樣，忽略可能帶來巨大利益的創新解決方案。

雖然他們各自有盲點，但這三種取向都具備其他兩者可以借鑑的核心價值。享樂主義者價值觀從生活中汲取精華，盡可能追求最豐富的體驗；純粹主義者重視精神和身體的神聖性；而墨守成規者重視專家的建議和證據。

如果能整合這三個方向，我們將變得更強大、更有效率。我們可以成為比單一取向更卓越的心流覺醒「享樂工程師」——神聖的技術人員。我們可以透過崇高的心流體驗來找回自我，透過釋放性的療癒來修復自身創傷，並選擇與他人連結：夫妻、社群或公民。

這就是我們面臨的挑戰：在追求至樂中避免「渴求」上癮狀態，在促進情感釋放時避免「尷尬」的自我放縱，在創造共融時避免「崇拜」不可靠的領袖或追隨者。這就是值得我們活在其中的「意義 3.0」，它無法取代未來我們必須做出的無數個人和集體決定與行動，但它或許能讓我們有機會重新尋回心靈的共鳴，即時避免陷入末日救贖的意識形態，帶著堅定的信念和勇氣共同完成我們的使命。

第二部分

覺醒心流的鍊金術

我走進愛情的花園，見到了從未見過的景象：
在那片我曾嬉戲的綠草地中央，一座小教堂聳立著。

教堂的門緊緊關閉，門上寫著「汝不可」
所以我轉身回到愛情的花園，那裡曾經滿載甜美的花朵。

然而我看到的是墳墓填滿了花園，
花朵應在的地方矗立著墓碑：
身穿黑袍的神職人員繞圈而行，
用荊棘束縛著我的歡愉與渴望。
——《經驗之歌》（Songs of Experience），威廉．布雷克（William Blake）

一九七七年，有個名叫威廉．鮑威爾（William Powell）的英國青年，將自己關在紐約公共圖書館裡，開始翻找各種自製的食譜，嘗試土法煉鋼，從土製炸彈發展過監視戰術，甚至後來在浴缸自煉迷幻藥。他把這些過程編寫成一本篇幅一百六十頁名為《無政府主義者的食譜》（*The Anarchist Cookbook*）的書，然後交給了唯一一位願意幫他出版的編輯。

《無政府主義者的食譜》文如其名，裡面既像童軍手冊，又像「諜對諜須知」或革命家切格瓦拉的同人誌。鮑威爾希望這本書能賦予「沉默的多數」權力，讓他們可以利用這本食譜為自由和正義而戰，反對那些面目模糊的暴政勢力。但他的計畫沒有奏效。這本書隨即就被禁，還受到胡佛政府的聯邦調查局、中央情報局和其他及情報機構的監視。年輕的鮑威爾受到了驚嚇，公開聲明與書本決裂，卻沒有阻止該書在地下流行。經過多次印刷，售出超過兩百萬冊，這本書成為圖書館有史以來被盜次數最多的書。

本書的第二部分並未承襲《無政府主義者的食譜》的暴力和無政府傾向，而是刻意顛覆書中的方法：我們將學習如何利用日常物品，將自己「引爆」到極高的自我提升狀態，而非對他人造成傷害。這一次的目標不是革命，而是轉變。不是為了傷害別人，而是為了幫助自己。不過，要「為那些願意為自由與正義，而對抗無形暴政的沉默大多數，創造公平競爭的機會」的目標，依然沒變。

注意事項也一樣。《無政府主義者的食譜》對不良分子有如貓薄荷一般誘人，不只落入槍手和炸彈客的手中，也經常落入激進分子的手中。這部鍊金術士的配方同樣具有不穩定性，既可能被政府和反社會者利用，也可以被聖人和賢者所採用。

***

我們的任務，是要由淺入深、逐一認識「覺醒心流的鍊金術」的每一種材料。我們先從最沒有爭議但最強大的工具開始：呼吸。只要調整我們呼吸的頻率和深度，甚至改變所呼吸的氣體，都會對意識產生深遠的影響。

接下來，我們會繼續研究生理學的調整方式，愉悅和痛苦可以被直接連結，而且效果強大。多巴胺和腦內啡（endorphins）讓人感覺愉悅並減輕疼痛；迷走神經（vagal nerve）和內源性大麻素似乎在調節自主神經系統上有某種交互的作用，這些相關研究才剛起步。

然後我們會討論音樂，音樂經過刻意的編排，就能創造出聲音和歌詞的特定狀態，讓我們陶醉並產生連結。音樂比其他任何一種干預方式，都更能夠豐富我們的環境和體驗。音樂就猶如我們心靈的「背景」，既深遠又無處不在。

討論完音樂之後，我們會在比較莊嚴慎重的脈絡下討論迷幻物質。對某些人來說，這是一個很敏感的話題，但就像我們所看到的，過去和現在有很多例子，幫助我們超越單純的安慰劑效果，進入真正有效的神聖領域。

最後，我們會討論「性」在文化和意識中的作用。情欲、吸引力和依戀的神經化學，對我們意識的形塑具有強大的影響力。性高潮對於我們的心靈、思想和人際關係都有好處。這部分的主題非常豐富，我們會用兩章的篇幅來闡述這個主題，希望這些論點能夠讓人信服。

鍊金術，通常被認為是將鉛變成金子的追求，不過，還有另一層不太常見的含義，那就是數千年來，專家就一直試圖把一般凡人生活中的「鉛」轉化成「覺醒的黃金」。在希臘和猶太基督教傳統中，能達成這項成就會被稱為「完人」（anthropos），代表著完整與平衡，就像達文西那張著名的人體素描。

今天，我們不需要將其表述得那麼神祕或特殊。只要把這部「覺醒心流的鍊金術」的五個方法，視為一系列將我們不成熟的生活轉化為「土生土長、自行養成的完人」的配方。這些人為這個星球、這些身體、這段生命而奮鬥。需要全體一起，否則不如放棄。

第五章

從呼吸開始，開啟心流之門

天地萬物皆在呼吸。呼吸是連結萬物的線。

——合氣道始祖　植芝盛平

很久很久以前，澳洲原住民阿南古部落（Anangu）的長老會坐在聖石烏魯魯（亦稱艾爾斯岩）旁邊，把嘴唇靠在一個木製管的吹口上，開始演奏。早期的歐洲移民稱這種樂器為「烏魯巴喇叭」（ulbura trumpet）。現在更廣為人知的名字是「迪吉里杜管」（didgeridu），用以形容它發出的低沉、嗡嗡作響的聲音。

挖掘吐納的古老智慧

當時和現在一樣，迪吉里杜管創造出一種超凡脫俗的嗡嗡聲，伴隨著聲音的顫動和波動，持續不斷的演奏下去，宛如在向烏魯魯這座巨石祈禱，向銀河與星辰以及祖先之靈傳遞著聲音。最終，演奏者被這樣的聲音引入一種連結祖先意識的恍惚狀態。不再是他們在演奏迪吉里杜管，而是這個樂器在操控他們，使他們放手進入猶如「夢境」的狀態之中。

「祖靈之明……關乎深層的投入，連結到一種超越時間的心靈狀態，也就是所謂的 α 波腦部狀態，這是最適合學習的神經狀態。」阿帕克萊族（Apalech Clan）與墨爾本大學原住民族知識學系教授泰森・雲卡波塔（Tyson Yunkaporta）寫道：「這種狀態的特徵是完全專注、投入，令人忘記線性時間。祖靈之明可以包括沉浸式視覺和超認知學習，像是在夢中獲得啟發知識和細胞記憶中的遺傳知識。」

這位長老透過一種被稱為「循環呼吸」的特殊技巧來持續演奏。這種技巧是透過鼓起臉頰來儲存額外的空氣，然後在吐氣的時候，把儲存的空氣透過樂器「噴射」出去。當學會幾乎不間斷的吸氣和吐氣時，就能不停演奏。小號和其他管樂演奏家也會用同樣的技巧，但是沒有人能像澳洲北部的原住民那樣精通掌握這項技術。

雖然迪吉里杜管是有紀錄以來最古老、最簡單的樂器之一，但做為一種催眠誘導的工具，其作用卻出奇的複雜。迪吉里杜管的頻率在六十到一百赫茲之間。舊金山音樂學院的教授克里斯托夫・伊茲德布斯基（Krzysztof Izdebski）寫道：「這種音調是由嘴唇震動調節而產生的，由循環呼吸所支撐，才能不間斷的發出聲音。吸氣引起聲音脈動……包括有意識的震動，這一切都被用來豐富聲音及演奏樂句的藝術意義。」

這些「有意識的震動」還有其他的作用，可以釋放一種有效的神經傳導物質，減輕壓力、改變生理狀態，並強化進入如心流般恍惚意識的能力。瑞典卡羅琳斯卡學院（Karolinska Institutet）的科學家發現，鼻腔呼吸比口腔呼吸增加十五到三十%的氧合效果。如果在呼吸的時候和迪吉里杜管演奏者一樣震動鼻腔，一氧化氮（nitric oxide，化學式為NO）的產量就會增加十五倍。

一氧化氮是一種強大的分子，可以穿過血腦屏障，讓我們從警戒和緊張的狀態進入更平靜、更機智的狀態。哈佛大學的赫伯．班森（Herbert Benson）表示：「分子研究顯示，鎮靜反應會釋放出少量的一氧化氮，而一氧化氮與腦內啡和多巴胺的神經傳導物質的生成有關。」班森發現，神經系統中大量的一氧化氮能觸發轉變，讓人從清醒意識進入猶如心流的巔峰狀態。在通常不會互相溝通的大腦部分之間，一氧化氮是一種訊號分子，在這些不交流的區塊之間來回傳遞訊息，減少壓力反應並增強深度放鬆和連結感。他把一氧化氮稱為巔峰狀態體驗的「靈魂」或催化劑。

迪吉里杜管帶來的一氧化氮增加，還有各式各樣的健康好處：從減輕哮喘和睡眠呼吸中止症等呼吸困難相關的問題，到降低心理壓力。有一項研究發現：「在自我察覺負面念頭、疲倦感和精神消耗等方面，迪吉里杜管音樂冥想和靜坐冥想一樣有效。而且在放鬆和緩解急性壓力方面，迪吉里杜管音樂冥想比靜坐冥想更有效。」

近來，瑞典傳染病控制研究所的醫生發現，吹奏迪吉里杜管的健康好處，甚至有助於對抗新冠病毒等急性呼吸道病毒。「我們的研究結果顯示，一氧化氮抑制了SARS等冠狀病毒的複製週期，特別是在感染的早期階段，這表示一氧化氮……產生了抗病毒的效果。」

在聖石烏魯魯山腳下的聖地篝火旁，長老吹奏迪吉里杜管使自己進入恍惚狀態，進入夢幻時光。在那個神話般的空間裡，超越常規的時間，長老和代代相傳的神聖歌曲連結在一起，並且和祖先在「永恆中」交流。儘管這種經歷深受場景、文化和背景的影響，但他們進入夢境的能力仍依賴於一種簡單的循環呼吸、鼻腔震動，以及一種關鍵神經傳遞物質的過度產生。

上述這些都是在說，像呼吸這樣簡單、基本、幾乎無意識的行為，可以對我們的身體和大腦產生深遠的影響。只要調整呼吸的頻率、深度和節奏，我們可以有效的改變我們的感受、促進療癒，甚至改變我們的視野。

「呼吸福音」的啟示

如今，呼吸吐納的練習正掀起一股浪潮。瑜伽工作室、強化訓練營和播客主播都在討論呼吸法和生物駭客技術（biohacking，編按：指運用科學方法，升級人類大腦、提升身體素質、達到巔峰表現的技術）。頂尖的大師們巡迴授課，從墨西哥圖盧姆（Tulum）到印尼峇里島、再從紐約布魯克林到倫敦，帶著人們進入超脫的境界，這已成為週五夜晚的流行活動。

但再仔細觀察，你會發現每個人的呼吸法都略有不同。有些指導甚至讓人愈聽愈糊塗，有些則像是《聖經》般神聖隆重的傳授，宛如「喘息的福音」（the Gospel of Gasp）。簡單來說，呼吸是我們每個人都會做的事，從來到這個世界的第一刻到離開的最後一瞬。

無論是用武術、運動或身心靈的語言來說，呼吸訓練可以總結成這三樣：氧氣、氮氣和二氧化碳。只要改變我們呼吸的速率、深度和節奏，就能改變我們體內這三種氣體的比例，進而影響我們身體和大腦的表現，以及心靈的感受。

現在請先深吸一口氣，盡量憋住、堅持下去，直到感覺腹部抽搐或喉嚨出現吞嚥反應，而不得不吐氣為止。請記錄下這段時間。大多數沒有經過訓練的人，通常可以努力撐個三十至九十秒，這就是所謂的靜態閉氣（Static Apnea，其實就是把「憋氣」找個花俏的術語）。

現在問問自己，當憋到不行的時候，為什麼必須吸氣而無法再堅持久一點？大多數的人都會很合理的認為：「我快沒氣了。」他們的意思是「缺氧」了。但事實並非如此，體內其實還有足夠的氧氣，讓你不適且渴求空氣的原因，其實是因為體內二氧化碳的累積。這就像是大自然的早期預警系統，避免我們在最後關頭才知道自己窒息了。

這一次，再深吸一口氣，然後把氣都吐出來，接著用拇指和食指捏住鼻子，看看肺部空無一物的情況下能閉氣多久。這可以測試你的二氧化碳耐受性（CO_2 tolerance）。不必把自己逼到指節泛白，只要把這當作是你第一次的不自主呼吸運動（IBM，Involuntary Breath Movement）就好了。把你閉氣的時間記下來。可能很短，剛開始或許是二十到四十秒不等。優秀的運動員則可以輕鬆維持在六十到九十秒或更長的時間。這是一個測量最大攝氧量（VO_2 max）和有氧適能（aerobic fitness）的好指標。

閉氣是可以訓練的。由於二氧化碳累積所引起的「渴求空氣」，其實是一種恐慌經歷。對於要在水下度過大量時間的海豹突擊隊人員來說，恐慌會致命，因此所有海豹突擊隊人員會採取「箱式呼吸」（box breathing）的方法訓練。我們也可以學著這樣做。先吸氣五秒，然後閉氣五秒，吐氣五秒，再閉氣維持五秒，形成一個箱子。當掌握竅門之後，可以將每個階段延長到十或十五秒，難度也會增加。而最困難的通常是第四個階段，也就是在完全吐氣之後，精準的測試自己如何應對二氧化碳的耐受性。一旦愈能熟悉自己的生理極限，就愈能控制自己的心理極限。

現在我們經過練習，知道如何面對二氧化碳過量時的不適，就可以來玩弄一下這個系統了。當我們刻意降低血液中的二氧化碳含量，就能延遲第一個不自主呼吸運動的出現。先吸一大口氣，然後像吹熄生日蠟燭般用力吐氣，重複五十次，在吸氣的時候讓腹部充滿空氣，並噘起嘴唇用力吐氣。你可能會覺得臉頰或手指有刺痛感，甚至出現不由自主的手部抽搐，這是因為過度換氣讓血液酸鹼值偏向鹼性。同時，二氧化碳的大量呼出，降低了血液中的二氧化碳濃度，能讓你再次吸氣時，延長屏住呼吸的時間。

當處於輕度麻刺與鹼中毒的狀態時，重新測試被動閉氣的時間。慢慢吐氣，充分吸氣，憋住。現在你知道那些早期的呼吸衝動還在你的舒適範圍內，並且你剛剛透過過度換氣降低了基礎的二氧化碳濃度，所以應該能閉氣得更久。把所有身體緊繃的地方都放鬆，讓自己安靜下來，集中注意力，保持閉氣直到真的無法再忍受。成效如何？許多人都表示，該數值與他們的基礎指數相比，提高了二十五至五十％（重要提醒：雖然自由潛水者會用這種技巧來延長在水下的時間，但這可能會導致潛水昏厥而溺水，因為他們已經抑制超過身體的自然安全機制。不要在無人監督或無安全措施的情況下於水中進行此技術）。

希望到目前為止，你已經更能自如的控制二氧化碳了。下一步，是要減緩我們的氧氣消耗。我們可以透過降低心跳的速率來達到這個效果。心跳加速會消耗更多的氣體。「迷走神經呼吸法」（Vagal breathing）透過將吐氣的時間延長到吸氣時的一倍，向身體發出「世界一切正常」的訊號，並調節我們的副交感神經系統。吐氣十秒鐘，停兩秒，然後吸氣四秒，就是一個不錯的呼吸節奏。

史丹佛大學的神經科學家安德魯．休伯曼（Andrew Huberman）發現，當你把目光移到視野的邊緣（讓眼睛飄向十點鐘與兩點鐘的方向），呈現失焦狀態，並透過一邊哼氣一邊從鼻子呼吸，就能獲得更深沉的放鬆。如果在吸氣的最後階段，再激烈的吸進更多空氣，就能打開肺部的肺泡（肺裡的小氣囊），使其膨脹起來獲得更多氧氣。練習這種迷走神經呼吸法五分鐘後，請溫柔的檢查脈搏，應該會比正常靜心的速率慢了十到三十%。

雖然這個技巧最早是由自由潛水者開發出來，以便能在潛水時少消耗一點氧氣，但這個方法在塞車、公開演講前，或面對吵鬧的孩子時非常有效。俗話說得好：「別在盛怒中做出回應，先慢下來，做幾個深呼吸！」這其實就是迷走神經呼吸的民間說法。添加鼻腔呼吸、哼氣和失焦的視線，我們僅僅是在此基礎上加入科學層面的解釋。

掌握呼吸節奏的日常應用

現在，我們已經對呼吸的化學原理有了基本的認識，透過改變呼吸模式的速率、深度和吞吐量，藉此調整體內氧氣、二氧化碳和氮氣的比例，產生深遠的影響，主觀的體驗可以讓人從警覺、放鬆到超然的狀態。

儘管存在各種繁瑣的方法名稱和技術，但這些不同的呼吸練習大致上可以分成三類：加速、煞車和領航。

- **加速**——這類練習旨在激發或「提升」我們的神經系統。想像一個游泳選手在奧運會場，走上跳台的時候大口吸氣吐氣；或是高海拔的登山者在攀登珠穆朗瑪峰的時候噘起嘴唇，增加肺部裡的空氣交換。
- **煞車**——這些練習旨在減壓或「降低」我們的神經系統。想像一個緊張的表演者在上台之前緩慢的深呼吸，以及自由潛水員所使用的迷走呼吸法。
- **領航**——這類練習旨在將意識從正常的清醒狀態轉移到接近冥想、沉思或薩滿體驗（意識轉換到與遠古人類和大自然溝通）。可以想像成瑜伽修行者在一邊念誦咒文的同時交替用每個鼻孔呼吸，或進行「轉化式呼吸法」（transcendent breath work）。

前面已經簡單的介紹過「加速」和「煞車」的機制。現在要來仔細討論「領航」這項技術，以及如何整合這三種技巧，創造最完整豐富的體驗。

捷克精神科醫師史坦尼斯拉弗．葛羅夫（Stanislav Grof）是轉化式呼吸法的現代先驅之一，但這是他被迫所開發研究的。當美國聯邦政府在一九六八年禁止迷幻藥（LSD）的醫療研究時，這位霍普金斯大學的研究人員被迫尋找一種合法的替代品，來提供同樣有效的治療和狀態的轉換體驗。經過一番實驗，他發現了「整體自療呼吸法」（holotropic breath work，意為「朝向整體性的運動」）：這是一種快速呼吸技巧，基於前面練習吹熄生日蠟燭的過度換氣方式，並將其延長到三小時。

葛羅夫還在該呼吸法中加入刺激性的音樂，來引導體驗的節奏。大腦受到這種長時間過度換氣的呼吸影響，在處理視覺處理、身體感知和平衡感相關的區塊會開始經歷化學變化。有些人會跳脫「預設模式網路」（default mode network，編按：指一個與大腦各區塊有高度交互作用的大範圍網路。一般而言，該網路當人沒在做有意識的活動如發呆或做白日夢時開始活躍），使人經歷「自我消融」（ego dissolution，編按：指的是自我意識逐漸流失，忘記「我」的存在，與宇宙合而為一的術語）體驗，進入非日常的意識狀態中。研究表示，這對精神分裂症和躁鬱症等難治的疾病，都有顯著的改善效果。

如果想嘗試用簡單一點的呼吸法來轉換狀態，而且自己也沒有任何已知的身心禁忌，你可以找一個夥伴來協助，找一個安靜舒適的地板躺下，計時一小時，戴上高品質的耳機和眼罩來加強體驗，並刻意選擇能強效激發情緒的音樂，將音量調整至舒服的最大值。此時，呼吸的時候盡量快且深、並持續進行，看看會有什麼反應。

你可能會感受到呼吸鹼中毒時的刺痛和緊繃，也可能發現自己進入白日夢般的狀態，甚至是經歷更激烈、意義更重大的夢境。不管發生什麼，都讓這一切來去自如。

呼吸方式

模式	機制	作用
緩慢呼吸 深沉、平滑且對稱	全面空氣交換，改善氧氣輸送，抑制反應	壓力管理、專注力訓練、一般健康
快速換氣 快速、深沉且持續	鹼化作用， 減少二氧化碳	自由潛水準備、 心理防護、創傷反應
迷走呼吸法 呼氣與吸氣時間比例 10:4	調節神經系統，增加迷走神經張力，減慢心率	自由潛水準備、 壓力管理
箱式呼吸法 吸氣、呼氣與閉氣時間相等	產生二氧化碳耐受性，降低「戰或逃」反應	壓力管理、正念訓練
壓力呼吸 嘴唇收縮呼氣	增強心血管迷走神經的張力，提高氧氣飽和度	高山運動訓練、無氧運動、慢性肺阻塞疾病肺病（COPD）
鼻腔呼吸 帶有震動	增強氧氣輸送，一氧化氮產生，抑制反應	耐力運動訓練、循環呼吸、誘發心流狀態

如果感覺不夠，你可以透過更快更深的呼吸來提升體驗。如果體驗太強烈，則可以放慢節奏來踩剎車，調整音樂的類型和音量來引導你的主觀體驗。當結束呼吸法後，再檢視一次自己的身體，觀察自己的感受，並以筆記或錄音記錄下來，或者與夥伴分享討論。

在數十年中，葛羅夫記錄了數千名參與者的報告，觀察到一些值得注意的現象。哈佛大學著名的「聖週五實驗」（The Good Friday Experiment）中，神學院學生在服用迷幻蘑菇的裸蓋菇素（psilocybin）之後，其體驗和神祕狀態難以區分，而葛羅夫發現轉化式呼吸法的參與者往往也有類似的深刻體驗，且與迷幻藥治療（LSD Therapy）有同樣效果，但不需依賴藥物。現代瑜伽的創始者巴坦加里（Patanjali）說：「呼吸是連接宇宙的臍帶！」一旦掌握加速、煞車和領航的基本原理，呼吸就能帶你去任何想去的地方（史坦尼斯拉弗·葛羅夫擔任了一項專案的顧問，該研究由「心流基因體計畫」〔Flow Genome Project〕與約翰霍普金斯大學聯合主導，旨再驗證對於患有難治型創傷症候群的退伍軍人，運用整體自療呼吸療法的效果。此研究遵循跨學科迷幻學研究協會〔MAPS〕針對相同人群所使用的治療方案，但以呼吸技術取代迷幻藥物。若對這項研究有興趣，請至 www.recapturetherapture.com/PTSD）。

肺的冒險，探索身體極限

幾年前，我在巴哈馬群島的一艘船上，遇見世界冠軍自由潛水教練柯克．克拉克（Kirk Krack）。他除了訓練世界冠軍嫚蒂．庫克漢克（Mandy-Rae Cruickshank）和馬丁．史提潘尼克（Martin Stepanek），還幫助湯姆．克魯斯（Tom Cruise）在電影《不可能的任務》（*Mission:Impossible*）中準備水下特技，協助高爾夫球手老虎．伍茲（Tiger Woods）提升表現，並指導魔術師大衛．布萊恩（David Blaine）在《歐普拉秀》（*The Oprah Winfrey Show*）中打破世界紀錄的閉氣表演。

那天，他帶領我們進行一系列自由潛水的準備：即在沒有氧氣筒的情況下潛入水中，能游多深就游多深。我們穿著潛水服，兩人一組，學習基本的呼吸練習：吐氣十秒、停兩秒、再吸氣四秒的迷走神經呼吸法，然後做五十次快速換氣的呼吸。接下來，我們完全放鬆，臉朝下漂浮閉氣。每隔幾分鐘，我們就要朝隊友打手勢，確保自己仍然清醒，並由他們負責計時。

在那個空間裡，世界變得非常安靜。把臉浸入冷水會觸發哺乳動物的潛水反射（dive reflex），進一步降低心跳（和降低氧氣消耗速率），將血液從身體四肢回流到核心。那種感覺就像回到子宮，沒有思想、只有感覺。時間就也一分分的過去：兩分鐘、三分鐘、四分鐘。

克拉克建議我們放鬆肌肉，因為任何肌肉緊張都會消耗更多氧氣。隨著我們更加放鬆，那些偶爾不由自主的吸氣衝動，就變得容易克服。閉氣達到五分鐘、五分半、六分鐘，甚至再久一點。

當我們最終浮出水面，感覺時間彷彿靜止，又彷彿已經流逝好幾小時。這很難用言語說明，但我很肯定，這是我經歷過最接近全身冥想的體驗。

對我來說，坐在墊子上找尋心無雜念是無效的。給我一支船槳讓我在水裡划、給我雪杖讓我在雪地滑，或給我自行車讓我踩動踏板，都還比較能達到正念無心（mindful mindlessness，有意識的放空，或在不專注的情況下仍保持某種正念的狀態）的狀態。我需要仰賴身體才能擺脫腦袋裡的思緒。

自由潛水的呼吸法讓我具備達到「心流」狀態的所有條件——深度體現（身體和情感的強烈投入）、高風險（挑戰的難度）與豐富的環境（提供刺激與需要集中力的複雜場景）。這是一種讓身心進入「無壓中立狀態」的完美方式。

在我們輪流練習延長閉氣時間時，克拉克不斷分享他的故事——關於創下紀錄的潛水紀錄和他訓練過的所有名人。他開始描述魔術師大衛．布萊恩在《歐普拉秀》挑戰世界紀錄前所做的準備。克拉克告訴我們：「無輔助下的靜態暫時停止呼吸的紀錄是八分五十八秒，但如果有

『氣體輔助』，這時間能超過一倍以上。」

大衛．布萊恩在嘗試打破世界紀錄前，已經練習數月的閉氣技巧，並在空腹下進行「肺部填氣」（lung packing）練習，也就是在肺部已經充滿空氣的情況下，再額外吸入一公升的空氣。但真正改變遊戲規則的是，他在入水前的二十三分鐘內不斷吸入純氧。當他爬進曼哈頓林肯中心那個巨大的有機玻璃箱子，並下沉至水下時，他藉由超飽和的紅血球，達成長達十七分四秒的閉氣，建立新的世界紀錄。

克拉克在描述的時候，不經意提到「氣體輔助」的呼吸練習，讓我印象深刻。如果我只是閉氣幾分鐘，就能用最輕鬆的方式進入靜心狀態，那麼延長這種體驗會是什麼感覺呢？讓無念的狀態延長一倍甚至三倍？

雖然我非常尊重自由潛水者，但他們的冥想是一種極端且不容錯誤的運動。即使是最優秀的潛水者也面臨死亡風險。那麼，如果有一種版本可以更適合並讓更多人體驗呢？我們能不能把自由潛水的基本要素，包含降低心率、釋放二氧化碳、讓肺完全充氧、屏住呼吸、進入「心流」的境界，帶回陸地上？

那次旅行回來後，我就開始進行研究。我們已經注意到：呼吸狀態的所有改變都來自三種氣體的比例。魔術師的例子，讓我們看到用純氧使肺部和紅血球超飽和的威力。那氮氣和二氧化碳呢？調整這兩種氣體的比例是否有什麼好處？

如果說自由潛水者是極簡主義的肺行者（pulmonauts，字意為「呼吸的旅行者」），帶著蛙鞋和面罩就能下水，那帶著氧氣筒的潛水者就是極富主義的肺行者，有充分的資源可以為不同場景調節氣體的比例。對於特別長時間或深度的水肺潛水者來說，最大的兩個挑戰就是氮麻醉（nitrogen narcosis）和潛水夫病（decompression sickness 或 the bends），氮麻醉是在高壓力的氮氣下所引起的中毒狀態，而潛水夫病則是因為浮起時速度太快引起的減壓不適。

只要增加氧氣筒內氧氣的百分比，你就可以更快的浮出水面，而不會有潛水夫病的危險。氧氣筒內其實是高濃度的氧氣（代表「額外的氧氣」）混合物，減少了氮氣的容量，用另一種惰性氣體如氦氣或氬氣來代替，進而減少在深海中昏迷的可能性。

氮麻醉會致命，卻有個浪漫的名字「深海銷魂」（the Rapture of the Deep），它是一個狡猾的敵人，總是悄悄降臨，讓人感到平靜、自信、甚至愉悅。對於那些喜歡在水下度過時光的人來說，這就是他們愛潛水的原因，但這會默默殺死他們，潛水員稱此為「馬丁尼效應」。根據他們的經驗，每下潛十公尺，就相當於喝下一杯烈酒。潛得太深會讓人感到醉意，忘記安全和程序，增加事故風險。但如果能留意這些症狀，回到較淺的水域，這些症狀可以自然消退。

這就是為什麼潛水員有時在陸地上訓練時，會用一氧化二氮（nitrous oxide，N_2O，俗稱笑氣）代替氮氣。吸入這種氧氣和氮氣的化合物，可以幫助他們練習在接近氮麻醉的狀況下自我管理，避免深海的致命危險。這種效應的神經化學十分有趣，會在本章的後面繼續討論。

水肺潛水員透過改變氧氣罐裡的氣體化合物，有效解決氧氣和氮氣在高壓下的副作用。那二氧化碳呢？我一直以為二氧化碳是一種廢氣，只要盡量減少就可以用定量的空氣做更多事。直到後來我看到蘇聯醫生康斯坦丁・菩提格（Konstantin Buteyko）的研究，他透過增加二氧化碳的濃度來提升血液中可用的氧氣。菩提格主張應該維持「剛剛好的舒適區」（Goldilocks Zone），不多也不少，以達到最佳的健康和表現。這就是為什麼有人恐慌發作、呼吸急促的時候，會讓他們用紙袋呼吸。這麼做能幫助他們重新平衡血液中的二氧化碳含量，恢復平衡。這也是為什麼深層的瑜伽腹式呼吸，有時可能會適得其反，因為有些人可能會過度換氣，排出過多二氧化碳，反而降低體內可用的氧氣含量。

但如果我們超出這個舒適區會怎樣呢？我們知道過度換氣會排出二氧化碳，改變血液的酸鹼值，同時導致意識的變化。那換個方向呢？當二氧化碳急遽增加會發生什麼？

一開始，我的研究沒找到太多資料，但後來偶然發現了一些值得深究的事情。加州大學戴維斯分校的醫學博士羅傑・沃許（Roger Walsh）也是超個人心理學（transpersonal psychology）領域的創始人之一，將他的書《高等智慧》（*Higher Wisdom*）寄給我。他在書中訪問許多一九五〇年代末期和一九六〇年代初期的迷幻藥研究先驅，並且記錄下他們的故事。當時，山德士藥廠（Sandoz）生產的迷幻藥LSD-25被用於各種難以想像的研究中，包括：在加州大學洛杉磯分校兒科病房用來治療精神分裂症兒童，還有在腫瘤診所緩解疼痛。史坦尼斯拉弗．葛羅夫在匈牙利的原始研究還結合閃燈視覺誘導、皮膚電擊反應和腦電圖測量，再加上高劑量迷幻藥，相比之下我們當前的迷幻「復興」看起來太過平淡了。當時的這些學者充滿好奇、無所畏懼，並且全力以赴。

但真正吸引我注意的是，書中反覆提到一種名為「梅杜納」的混合氣體，也就是以史坦尼斯拉弗．葛羅夫的同事、匈牙利神經病理學家拉迪拉斯．梅杜納（Ladislas Meduna）所命名。這種氣體是二氧化碳和氧氣的混合物（carbogen），從濃度來說，最常見的混合比例是七十%的氧氣和三十%的二氧化碳。

梅杜納是痙攣療法的先驅之一，他率先嘗試讓精神分裂症患者吸入這種氣體，觀察這是否有助於緩解癲癇的大發作。這相當於呼吸系統的電擊療法。讓病人呼吸這種七十比三十的碳氧混合氣體之後，他觀察到值得注意的現象。儘管他們吸到的氧氣是普通空氣的三．五倍，但他們呼出的二氧化碳是普通空氣的七．五倍。因此，雖然他們體內的氧氣比他們需要的氧氣多，但他們的大腦還是欺騙了他們，陷入即將窒息而死的體驗中，感受強烈而且不愉快，達到一種精神脫離肉體的解離狀態。

雖然梅杜納用此氣體治療痙攣療法未能成功，但葛羅夫和其他使用迷幻藥物的治療師卻發現，這有助於患者的「發洩」（abreaction）或觸發過去的創傷。如果比較患者在服用迷幻藥前對梅杜納氣體實驗的描述，就會發現該混合氣體實驗比後來的迷幻藥治療，能為患者提供更深刻的突破和洞察。

這讓我開始認真思考。迷幻藥雖然是目前發現最能改變意識的物質之一，但如果我們能透過調節呼吸的氣體比例來產生類似的效果，那就值得更深入研究。啟動一個像上述實驗的危機狀態，然後由氮氣傳遞狂喜的感受，就可以有意識的重置身體和大腦，而且這一切只需要重新調整氣體的比例。既然我們已經知道調整氧氣和二氧化碳可以做什麼，那就該探索氮氣和其他衍生物的可能性了。

從療癒到覺醒的呼吸革命

一氧化二氮是一種無機化合物，已經在大氣、土壤和海洋中逸散了數百萬年。它是氮氣家族中比較有趣的成員。雖然它只是構成我們呼吸空氣中約八十％的惰性氮氣的一個小變異，但這種氧化物對我們的神經系統有完全不同的影響。它可以舒緩神經、緩解疼痛，同時還可能引發一些比大多數列入第一級管制藥品，更為奇特且潛在具治療價值的體驗。

現今，我們從神經科學領域對笑氣有了新的見解。因此，在我們調查呼吸如何影響身體和大腦時，如果不詳細討論當兩個氮原子和一個氧原子結合並吸入體內會發生什麼，實在是說不過去。

***

一八三三年十月十四日，紐約州北部的一家小鎮報紙《奧巴尼阿古斯報》（*The Albany Argus*）代表當地博物館，刊登了一則奇怪的廣告，邀請忠實的顧客參加一場「來自倫敦、紐約和加爾各答的克特博士（Dr. Coult）」的「快樂氣體」（Exhilarating Gas）展演。廣告還宣傳，這種物質能對神經系統產生「最驚人的影響」，包括引發大笑、跳舞，甚至是摔跤與拳擊。廣告還繼續向想報名的人保證，這位博士是一位「經驗豐富的化學家，不必擔心會吸入不純的氣體」，並強調與會的先生女士都可以享受高度愉悅的效果，而不會有虛弱的後遺症。廣告最後有句俏皮話：「展場會有張網子將吸入笑氣的人和觀眾隔開，以確保觀眾完全安全無虞。」而且，這場展演的門票只要二十五美分。

兩週後，克特博士出現在座無虛席的觀眾面前。緊張的男女志願者走上前從他的裝置裡吸氣，隨後便開始相互抓著對方、大聲喊叫，甚至無法抑制的咯咯笑。接下來數週，小鎮居民都在談論這場展演。雖然沒有人在乎，但「來自倫敦、紐約和加爾各答的克特博士」其實根本不是一位有經驗的化學家，他是隔壁麻薩諸塞州的十九歲青年，甚至「克特」也不是他的真名。他的名字是山謬・柯爾特（Samuel Colt），後來成為那個時代最著名、最富有的企業家之一。

在柯爾特去奧巴尼的幾年前，他被阿默斯特學院（Amherst Academy）開除。他的父親認為這個桀驁不馴的兒子需要接受「實踐教育」，所以將他安排在一艘船上當見習船員，因此他才去過倫敦和加爾各答。根據柯爾特的回憶錄，他對船舵的操作原理產生了濃厚興趣，因為「不論船舵轉向何方，每根輻條總是和離合器保持直線」。這啟發他將這種機制應用到手槍上，創造出一個可以裝載多顆子彈的旋轉槍管，並在航行期間用木頭削了兩個原型。但當他回到家後，他的父親對此不以為然。山謬意識到，如果他想要實現自己的構想，就必須獨自籌募資金。

就在這個時候，這個上進的年輕發明家建構了自己的替身「克特博士」。不到兩年之內，他透過在奧巴尼舉辦的一系列展覽籌到種子資金，守護了經典柯爾特手槍的專利。這把快速上膛的手槍扭轉德州遊騎兵隊對抗卡曼奇隊的局面，從此每一位警長、槍手和騎兵的胯上都有這把標配。而笑氣，這個兩種常見元素的簡單組合，使吸入者產生奇怪的反應，最終為「征服西部的槍」提供了資金。

正如我們後面將看到的，柯爾特的故事在笑氣的歷史中，甚至算不上最奇特的案例。

***

一氧化二氮在柯爾特發現其潛力之前，已被一些實驗家所熟知。一七七二年，英國化學家約瑟夫・普利斯特里（Joseph Priestley）首次合成這種氣體。數十年後，後來因蒸汽機而聞名的詹姆士・瓦特（James Watt）發明了一台能製造人造空氣的機器。一八〇〇年，漢弗里・戴維（Humphry Davy）發表了他的權威著作《化學哲學原理》（*Researches, Chemical and Philosophical*），這本書正確指出該氣體可以做為一種外科手術中的止痛劑，並為其創造一個流傳至今的名字：笑氣（laughing gas）。

十九世紀前半葉，笑氣派對在英國上層階級中很受歡迎。社會名流聚集在鄉村莊園和倫敦的連棟別墅，輪流吸入氣體，享受彼此的靈感和見解。詩人塞繆爾・泰勒・柯勒律治（Samuel Taylor Coleridge）、羅伯特・騷塞（Robert Southey）和《羅傑特同義詞典》（*Roget's Thesaurus*）的彼得・羅傑特（Peter Roget），以及著名的瓷器富二代湯瑪士・韋奇伍德（Thomas Wedgwood）也都在其中。

當這些派對跨越了大西洋傳入美國後，山謬・柯爾特就利用了這個趨勢。但直到奧巴尼的展覽結束四十年後，笑氣才真正遇到一位真正能看穿其潛力的人，超越了歡笑，發現了它做為嚴肅洞察工具的潛能。

哈佛大學心理學家威廉・詹姆斯（William James）在一八七〇年代首次接觸到這種氣體，隨即發覺它具有啟發性。當時，他正在對抗差點毀了事業和生命的嚴重憂鬱症。詹姆斯做為一位醫生，逐漸被哲學和宗教所吸引，他崇尚一種稱為實用主義的思想流派。這種世界觀建立在一個極端的觀念之上：世界上沒有普遍的真理或常數，只有或多或少實用的工作假設。他的初次笑氣體驗，使他從黯淡的物質主義和絕望的情緒中解放出來。按照他自己的描述，他成為一個「理性的神祕主義者」。

「我強烈建議其他人重複這個實驗……對我來說，就像我聽說過的每一個人一樣，基本上每個人都會經歷強烈的、形而上學的啟示，體驗這種啟示所帶來的極度興奮感，讓真相在幾乎令人眼花繚亂的證據之下，向人敞開心扉。心靈以無與倫比的奇妙和即時性洞察到存在的所有邏輯關係，這是正常意識所無法比擬的。」

這些洞察對詹姆斯產生巨大的影響，讓學者們將其作品區分為「接觸笑氣之前」和「接觸笑氣之後」兩個階段。他在一九〇二年出版的《宗教經驗之種種》（*Varieties of Religious Experience*）中承認：「自從接觸一氧化二氮以來，我對真理的印象一直沒有動搖。那就是，我們正常清醒時的意識……只是一種特殊類型的意識，儘管被最薄的屏幕隔開，仍然存在著完全不同的潛意識形式。」

這種信念促使他成為美國最偉大的哲學思想家。詹姆斯對笑氣的探索促成他對學術圈的兩項重要貢獻：第一，直接經驗比宗教教義或教條更有價值；第二，唯一和絕對的真理不存在，只有眾多的視角。這種神祕的多元主義預示了我們在一個多世紀後仍在探索的許多主題，並為我們在這本書所尋求的東西，提供了令人興奮的線索：有一種方法可以駕馭狂喜的心流巔峰，而且不會偏向確定性的教條。詹姆斯比我們搶先一步發現這一點。

儘管詹姆斯在探索氣體的過程中獲得靈感，但有個問題持續沒有解決——許多領悟稍縱即逝，根本記不住。他感嘆道：「清醒過來的時候，頓悟的感覺就消失了，自己只能茫然的盯著幾個不連貫的單字和短語，就像凝視著剛失去夕陽餘輝的死寂雪峰，或是一塊燃盡的黑色煤渣一樣。」

看到的不等於能記住的，由於這種持續的差距，以及擔心同事會嘲笑他的「不科學」幻想，最終詹姆斯不再使用這種物質。他在接下來的職業生涯中，試圖用理性來描述他在啟示中的發現。

詹姆斯並不是唯一一位發現這些洞見難以留存的著名探險者。這種情況也曾在英國首相邱吉爾身上發生過，而且是以意外的形式。一九三一年，邱吉爾在紐約巡迴演講時，在第五大道上被車撞倒，因為他忘記美國的交通車流方向與英國相反，他下了計程車就直接走進迎面而來的車流中。他被緊急送到勒諾克斯山醫院，當時查爾斯．桑福德醫生（Charles Sanford）在那裡值班，他是一九三〇年代早期極少數專攻麻醉學的醫生。這可能是邱吉爾第一次接觸笑氣——但顯然也不是最後一次。邱吉爾經歷了和詹姆斯相似的體驗。

邱吉爾後來告訴《每日郵報》：「對我來說，吸入一氧化二氮的恍惚狀態就像是被外星力量占據內心。我看得到絕對的真理和事物的解釋，但是，這超越了人類思想所能掌握的一切。」他以典型的黑色幽默補充：「深不見底、不斷展開的真理令人難以忍受。因此，我還以為這種一氧化二氮的恍惚，是用精神上的痛苦來代替身體上的痛苦。」

儘管有像詹姆斯和邱吉爾等學者和政治家的公開揭露，一氧化二氮的祕密依然仍未明朗，不得見光。因為這種氣體的啟發總會隨著清醒而消失，這讓大多數人認為一氧化二氮不適合當作嚴肅研究的工具。

第二次世界大戰結束時，「笑氣」已經成為一種常見的無害麻醉劑。牙醫、內科、產房裡，這種化合物可以安撫孩子在補牙時的神經，緩解母親分娩時的疼痛，放鬆手術病人的心理。世界衛生組織（WHO）發現這個氣體非常實用，甚至將其列入《基本藥物標準清單》（*List of Essential Medicines*）。世界衛生組織解釋：「這是一種中樞神經抑制劑，能產生輕度麻醉效果，但不會明顯抑制呼吸或血管收縮中樞。雖然可能會出現短暫的興奮，但誘導過程快速，且不會造成不適。」

從那時開始，一氧化二氮就有種精神分裂的特徵，既是一種無害的鎮定劑，由穿著白袍的專業醫療人士使用，也是那些尋求短暫刺激的人的休閒娛樂，且往往接近濫用。二〇一六年，《全球毒品調查》（*Global Drug Survey*）報告指出，在所有被研究的十九個國家當中，英國的非法使用情況最嚴重。整體來說，笑氣是現在世界上第七大最受歡迎的娛樂性藥物。

在美國，《鄉村之音》（*The Village Voice*）調查了笑氣黑手黨（Nitrous Mafia），這是一群在音樂節向觀眾兜售裝有「嘻皮快克」（hippie crack）的巨大氣球。樂迷賈斯丁・海勒（Justin Heller）告訴《鄉村之音》：「這是一瞬間的純粹快感，但這種快感只能持續三十秒或一分鐘，然後你就會想要再來一次。」當被問到為什麼要買氣球時，另一位狂熱者解釋：「因為笑氣是我此生體驗過最棒的高潮。」

在有用的麻醉劑或無意識的娛樂這兩個極端之間，笑氣最有趣的特質總是被人遺忘。山謬・柯爾特宣稱笑氣是「最高的一座天堂」，威廉・詹姆斯說「這是強烈的形而上學啟示」，邱吉爾承認這是「絕對的真理和事物的解釋」，我們一次又一次的錯過顯而易見的問題。

這些氣體迷醉的探險家們究竟在笑什麼？

確切的說，這並非氦氣帶來的尖銳笑聲，也不是大麻的滑稽快樂，甚至不是幾杯啤酒下肚後那種發酒瘋的喜悅。如果我們從表面的敘述來看早期探險家的經驗，笑氣的笑聲源自於純粹的驚訝與驚嘆，這或許是我們頓悟時唯一的理性回應。

一氧化二氮的沉醉感，其作用機制與酒精或其他常見的麻醉劑不同。首先，我們有六種與非尋常意識狀態密切相關的神經化學物質，而一氧化二氮會觸發其中的三種：正腎上腺素、多巴胺和腦內啡（另外三種是血清素、催產素和名為花生四烯乙醇胺〔anandamide，AEA〕的內源性大麻素）。光是這一點，就足以讓它成為我們研究改變意識狀態工具的「重要分子」。

我們體內有多巴胺的受體和苯二氮平類藥物的受體，一氧化二氮的抗焦慮的特性，主要就來自這種氣體和這兩種受體的結合（類似煩寧和贊安諾等鎮靜劑）；陣痛或止痛的特性，則來自於這個氣體會釋放腦內啡和鴉片類物質（類似嗎啡和奧施康定），讓我們無憂無慮、沒有痛苦，感覺棒極了。這種組合讓一氧化二氮完全進入安慰藥物的行業，但並不能解釋笑氣如何啟發了塞繆爾．泰勒．柯勒律治（Samuel Taylor Coleridge）的詩歌、威廉．詹姆斯的哲學或邱吉爾的白日夢。

幸好，在過去十年內，我們對笑氣體驗的生物學和化學有了比過去兩個世紀更多的認識。

神奇力量來自「氮氣家族」

世界衛生組織只輕描淡寫的說一氧化二氮會產生「短暫興奮」，若我們想沿線追查下去，就要連接更多的線索，回溯到威廉・詹姆斯在哈佛醫學院的時期。當時，赫伯・班森是哈佛中研究人體在極致體驗下生理反應的領軍專家。他的探索引領他深入研究氮家族和一氧化二氮的近親：一氧化氮。這種神經傳導物質帶走大腦中的壓力化學物質，並在身體內擔任血管擴張劑（威而鋼正利用了這小小的副作用，透過促進一氧化氮的生成來達到效果）。

一氧化氮和一氧化二氮只差了一個氮原子，根據其主要研究人員所述：「一氧化氮是身心靈體驗的催化劑。」這和前幾世紀前使用過一氧化二氮的人所做出的主觀描述非常接近。值得注意的是，這兩種氣體在進入我們的肺部和大腦之後，表現很相似。當使用者吸入一氧化二氮時，大腦中的酶會將其分解成一氧化氮，使其穿過血腦屏障，並沿著脊椎上下傳遞，速度比我們想像中要快得多。

在班森的實驗室附近，麻省理工學院的研究人員發現他們可以用神經電路來解釋這種分子的獨特作用。根據《臨床神經生理學》（*Clinical Neurophysiology*）期刊報導，艾默里・布朗（Emery Brown）博士發現：受試者吸入氮氣和氧氣各半的混合氣體時，腦電圖上看到的腦電波發生了奇妙的變化。他們從高頻 β 波（十二．五至三十赫茲，通常和警覺思考有關）轉變為極低頻 δ 波（〇．一至四赫茲，通常是深度無夢的睡眠狀態）。這些數值還有一個不尋常的地方：這些 δ 波的振幅或高度是平常睡眠時的兩倍。

「我們確實看到了，而且很驚訝，因為這完全出乎意料。」布朗在接受麻省理工學院新聞採訪時表示：「一氧化二氮對大腦的控制是其他藥物無法達到的程度。」這是一個非常大膽的說法，來自世界級的研究人員，而他的醫藥箱裡面其他的藥物可多了。

這樣的發現如此出人意料，因為在腦電圖研究中，δ 波通常不受重視。僅有睡眠研究人員注意到，但他們把更多注意力投注到快速動眼週期上，快速動眼是多數人作夢的階段。清醒時的腦電圖研究則比較側重 β 波（我們在解決問題和思考時的腦波狀態）或 α 波與 θ 波（這些頻率會讓我們體驗到心流狀態、半夢半醒狀態或深度冥想狀態）。但清醒的 δ 波呢？這是個被忽略的故事，可能正是解開一氧化二氮之謎的鑰匙。

布朗說：「如果你看到緩慢的腦電圖震盪，那就表示腦幹發生了一些變化。」如果沒有這些來自腦幹的興奮訊號啟動更高等級的大腦活動，人就會失去意識，進入深層的 δ 波睡眠（或麻醉狀態）。但是在一氧化二氮的作用下，我們不會睡著，而是清醒的，意識到這個經歷，甚至還能開車，就像「清醒夢」一樣。

布朗的團隊還發現另一個細節，解釋了為什麼詹姆士和邱吉爾都經歷過突然的頓悟，然後又不記得自己悟到了什麼。δ 波只會持續幾分鐘，隨後大腦就恢復正常。布朗解釋：「這種緩慢的 δ 震盪大約在吸入五十比五十的混合物氣體之後的六分鐘後出現，持續三至十二分鐘，然後恢復到 β 和 γ 的震盪。」即使持續吸入氮氧混合氣體，在大腦活動適應和恢復正常之前，也只會體驗到清醒的 δ 波約三至十二分鐘。

布朗推測，一氧化二氮透過結合視丘（thalamus）和皮質層（cortex）的受體，來發揮這種顯著的控制作用。這阻斷來自大腦更深層的喚醒訊號，讓整個系統重新啟動。就像服用迷幻藥DMT和K他命之後有會有 δ 波的活動，大家都知道這兩種經驗可以進入異世界並獲得大量訊息。

史丹佛大學在《自然》期刊上發表了一項新研究，δ 波腦電圖上觀察到解離或異世界的效果，和K他命療程中抗憂鬱的作用有直接相關。這項研究的主要作者卡爾．戴瑟羅斯（Karl Deisseroth）說：「這種狀態的表現通常是，你覺得自己站在外面，從外往操縱你的身體和思想的駕駛艙裡看，而你所看到的並不是你自己。」當這個團隊可以用電脈衝刺激患者的大腦進入 δ 波狀態時，即使沒有藥物也會帶來同樣的解離體驗。而那些「站在外面看裡面」的時刻，似乎能緩解憂鬱的效果。換句話說：δ 波愈多，憂鬱愈少。

最近的一項研究還顯示 δ 波活動的另一個正面效果。在一項睡眠研究中，研究人員發現只有在緩慢 δ 波震盪期間，顱內壓（ICP）才會低到足以讓腦脊液進入，並「清洗」腦組織中的 β- 澱粉樣蛋白斑塊。如果睡眠質量不好，或 δ 波循環不足，研究顯示罹患早發性阿茲海默症和其他神經退化性疾病的風險會增加。

無論我們使用什麼方法來達到這種狀態，像是 K 他命、冥想、大腦刺激或一氧化氮，一旦我們發現自己處於清醒的 δ 波腦電圖狀態，結果都令人印象深刻。δ 波顯然可以治癒我們的大腦、激發我們的思維，並撫慰我們的靈魂。

***

綜上所述，麻省理工學院、哈佛大學和史丹佛大學的研究，已經可以解釋威廉·詹姆斯多年前的驚嘆。到目前為止，我們只有使用者的片段描述，他們堅持自己在這些氣體的影響下有了一些深奧的體驗，但又始終不確定那是什麼，也不知道為什麼會有這種狀況。正如詹姆斯的喟嘆：「人們只能茫然的盯著幾個不連貫的單字和短語。」

但今天，我們有了更多工具。詹姆斯本人啟發比較宗教學、最優體驗心理學和神經藥理學領域，讓我們有更精確的語言和框架來解釋這些經驗。語音紀錄和醫學測量讓我們能夠捕捉到更多以前轉瞬消失的夢幻般洞察。

一氧化二氮會影響意識，加速模式辨識，並把我們思考速度的訊號強化到最大。這並不是說一氧化二氮無害，就像濫用聖餐會上提供的葡萄酒，還是會導致酒精中毒或器官衰竭一樣。但如果我們要從「安慰劑般的聖禮」（placebo sacraments）轉向更可靠的神聖體驗來尋求洞察和靈感，一氧化二氮確實指出一條明路。

「來自倫敦、紐約和加爾各答的克特博士」決定用笑氣來取悅無聊的旁觀者觀眾，他不可能知道他所兜售的東西會超越自己的宣傳。透過將空氣中的氮氣轉換成稍微不同的成分，我們得以解鎖通常無法接觸的訊息與靈感世界。對於那些經歷痛苦、焦慮和創傷的人，以及想要探索人類體能界線的人，也都是有效的。威廉．詹姆斯曾反思：「對宇宙整體的任何解釋，都不可能是最終極的解釋，否則這些其他形式的意識就會被完全拋棄。」

這是種可能性，應該會讓我們大吃一驚。

生命氣息的交融

那麼，將我們剛剛所研究的所有呼吸練習整合成一個綜合的「生命呼吸法」（Vital Respiration Protocol）會是什麼樣子呢？可以先用箱式呼吸熱身，來增加我們的二氧化碳耐受性並提升橫膈膜控制力。然後，試著掌握自由潛水員的迷走神經呼吸法，來降低我們的心率

（如果想誘發自己的哺乳動物潛水反射，甚至可以在臉上戴冰面罩）。接著，用葛羅夫的整體自療呼**吸法**排出多餘的二氧化碳，並在預先吸入純氧的情況下讓紅血球過度飽和，再用七比三的一氧化二氮與氧氣混合物或三比七的二氧化碳與氧氣混合物，來練習氣體輔助靜態閉氣。

如果還想發揮創意，我們可以從梅杜納的混合氣體得到啟發，在你的呼吸練習中增加一個思考實驗。在最後一次吸入純淨的、賦予生命的氧氣與一氧化二氮混合氣體時，想像自己是嬰兒，第一次吸到空氣。然後，當你保持閉氣至極限、再也無法抗拒時，把它當作你在世上的最後一口氣吐出。

透過結合傳統和現代的呼吸技巧，是否有可能走出時間的限制，像古代迪吉里杜管吹奏者一樣，進入某種夢幻時間？如果我們把習慣性和無意識的

高效呼吸

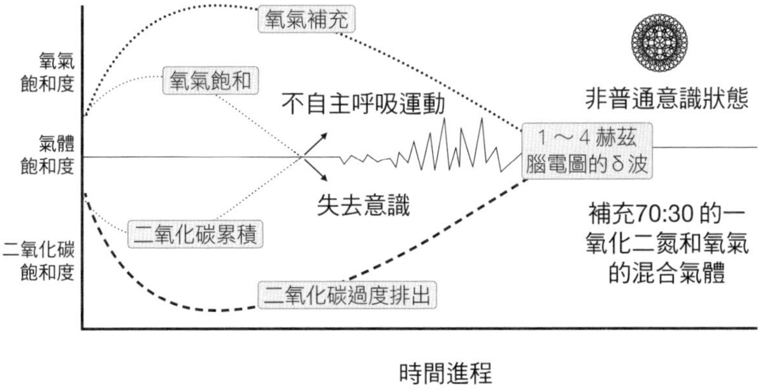

呼吸，轉變成有意識的呼吸，又會讓我們窺見到什麼樣的深度體驗？我們會在本書第二部分的結尾看到，這套「生命呼吸法」可以做為一種大膽探索的基礎，當其結合體現、驅動音樂、迷幻物質，甚至是有意識的性行為時，我們就掌握點燃自我體驗的要素。

詩人瑪莉・奧立佛（Mary Oliver）寫道：「氧氣：一切都需要氧氣，骨頭、肌肉、只要仍棲息於地球時，靈魂也需要它。」她說得對，但重要的不只有氧氣。還有地球大地中的所有元素，包括二氧化碳和整個氮氣家族。只要改變我們的呼吸方式，就能調節意識清醒的程度。我們的骨骼和肌肉會因此感激我們，或許靈魂也會如此。

第六章
製造高峰體驗，解放創傷

在西方歷史中，自亞里斯多德和奧古斯丁以來，我們一直重視頭腦勝於心靈、強調認知高於情感。頭腦是思想的主人，相比之下，身體充滿飢渴和欲望，被視為不可靠的僕人。

隨著時間演進，這種偏見變得愈來愈根深柢固。今天，日益抽象和數位化的生活，讓我們像是漂浮的「頭顱」，失去了身體的連結。難怪現代生活讓人感到支離破碎、情緒低落。

但這種情況最近有了變化。體現認知（Embodiment，或稱體化認知）這個新興領域，正開始精確描繪我們的感覺和思考如何相互作用，並揭露我們的感受和療癒如何連接在一起。貝塞爾・范德寇曾經在波士頓大學和哈佛大學擔任精神醫學家，他是率先連結生理學和心理學的先驅。在他的著作《心靈的傷，身體會記住》中，他認為，創傷會在身上留下印記，如果我們想要療傷，就必須釋放創傷的印記。

麗莎・費德曼・巴瑞特博士（Lisa Feldman Barrett）是哈佛醫學院的心理學家，也是《情緒跟你以為的不一樣》（*How Emotions Are Made*）的作者。她用情緒建構的理論，瓦解大部分的神經心理學理論。她認為，在有意識的情緒之下藏著「內感受」（interoception），也就是我們的身體內部試圖預測接下來會發生什麼事，並據此做好準備。巴瑞特建議，如果我們能夠管理好內感受，就更能對情緒負責。

這些研究人員和其他上百位專家。提供許多的證據讓我們可以重新連結身體和大腦。從呼吸、冥想、運動到生物反饋，我們有愈來愈多的方法可以釋放創傷，提高身心整合的程度，而這些方法都不需要躺在沙發上聊自己的問題。

除了這些學術研究外，在體現認知領域還有一些奇妙的發現，讓我們理解身體如何塑造自己，以及我們如何反過來塑造身體。相較於亞里斯多德或奧古斯丁鼓勵去馴服身體或超越身體的極限，我們可以學會更充分的、毫無歉意的安住在自己的身體內。

「痛到爽」由身至心的安撫

> 大自然讓兩個至高無上的主宰來統治人類：痛苦和快樂。
> 只有它們才能指引我們應該做什麼，決定我們將要做什麼。
>
> ——傑瑞米・邊沁（Jeremy Bentham）

這是一個真實的故事，有太多曲折，聽起來不可置信。所以我會直述我所聽到的故事，這個故事中的角色有：一名孟加拉裔德國貴族變身成聯邦調查員的女性，她的保守情報人員丈夫，以及真實存在的吸血鬼與地下性俱樂部，還有受到創傷的九一一救護人員。這個故事會讓我們了解到身體療癒對心靈創傷的力量。

這件事從去年開始，當時我被邀請到紐約的哈佛俱樂部，為我剛出版的書《盜火》（*Stealing Fire*）發表演講。

這間俱樂部擁有一百三十四年的歷史，外觀是雄偉的石磚，即使在曼哈頓中城也獨樹一格。對文化人來說，這是「新世界的霍格華茲」，配有陳舊的動物標本、滿是灰塵的肖像畫，樓梯上還有一隻絨毛大象。

演講結束後，我受邀與活動的贊助商共進晚餐。其中一位是哈佛校友，名叫娜敏・艾哈邁德（Nermin Ahmad），另一位是退休的海豹突擊隊成員伯納德・勞倫斯・馬多夫（Bernie Madoff）兒子的遺孀。酒流不息，話題也隨之展開。接著，話題無可避免的問及關於我的下一步計畫。我提到「心流基因體計畫」與霍普金斯大學的合作中，關於呼吸練習和創傷後症候群的研究。

「啊！」娜敏慧黠的眨眨眼睛說：「那我一定要跟你說，我丈夫和我在吸血鬼社區臥底的事情。」

那一刻，當晚的寒暄正式結束，接下來要聊大事了。有人幫我們的酒杯斟滿了酒，大家坐了下來。

娜敏說九一一之後，她在國土安全部工作，先在華盛頓特區處理炭疽熱恐慌事件，然後在紐約市接了一個案子：潛入紐約地下組織，追蹤國內恐怖組織。

她第一場簡報的內容，就是吸血鬼。不是《嗜血真愛》（*True Blood*）的角色扮演，而是接近真實吸血鬼的東西：血肉之軀（還有真正的獠牙）。「我先生和我很感興趣，」她解釋說：「這個吸血鬼社區是什麼？組成分子是什麼？是另外一個邪教嗎？是從有錢人家那裡撈錢的方式嗎？可以用來控制人類嗎？有政治意圖嗎？」

「我們的分析是，當時紐約市大約有七萬五千名自稱是吸血鬼的人……其中許多是在夜店或餐廳做門衛的人。觀察他們很有趣，上一眼，他們還長著普通的牙齒，下一秒他們就露出了獠牙。」

用「獠牙」召喚深層意識

這場運動的其中一位關鍵人物，是一位名為塞巴斯提安的神父（Father Sebastiaan）。「他是一位紳士兼牙醫，為吸血鬼社群創造可收放的獠牙，賺了很多錢。」顯然需求很熱烈，他把這些獠牙高價賣給美國、德國、蘇格蘭和英國的吸血鬼。

這些人不只有華麗的服飾和假牙。「吸血鬼確實會喝血漿，」娜敏承認：「他們每年都有一次『重生』儀式，一位吸血鬼女性會從滿是血漿的浴缸中現身，而所有人會喝掉剩下的血漿。但我們真的只是訪客。」當她看到我們臉上的表情後，澄清說道。

過去兩年內，每週五的晚上，娜敏和她的丈夫都會去市中心的熱門景點，像是La Nouvelle Justine（一家與BDSM〔束縛、懲戒、施虐與受虐〕次文化相關的俱樂部餐廳）和Lucky Cheng's（一家以變裝秀〔Drag Show〕聞名的俱樂部餐廳）這類氣氛奇特的俱樂部餐廳。雖然他們原本的任務是要滲透一個可疑的恐怖組織或撒旦邪教，但他們夫妻倆發現自己被這種次文化的原始人性打動了。

娜敏解釋說：「兩年後，我們判定這些吸血鬼對社會沒有威脅。」她的丈夫確實提交了一份報告，並在報告中澄清「這些人對公民社會沒有威脅」。「實際上，我們愈來愈喜歡這些社群，他們是我見過最善良、最熱情的人，他們真的以靈魂包圍著我。」

雖然冒險的觀光客可以走進這些俱樂部，坐下來，欣賞表演、感受刺激，但這些場所也是一個祕密社群的集合點。娜敏說：「這些餐廳大多都有地牢和相連的祕密隧道。附近還有地獄火俱樂部（露骨的性虐待場景）。」

她和丈夫注意到這些俱樂部還吸引了另一群完全不同的人。從雙子星倒塌的悲劇中倖存下來的消防員和護理人員，開始以驚人的數量出現。從一群似乎永遠看不夠血的人到那些見過太多血腥場景的人，BDSM 的世界似乎超越追求刺激的目的，還發揮了其他作用。

「當我開始減少對吸血鬼社群的研究時，我們注意到愈來愈多救護人員有倖存者的愧疚感，」娜敏說：「有人打電話給幾位願意和他們一起訓練的專業施虐者，為他們提供『釋放靈魂的鞭打』。不是要把人打到哭，而是透過毆打讓他們的靈魂釋放，超越哭泣。」

「這是與最基本的自我和解。不是虐待，而是治療。我很好奇，他們是在胡扯嗎？」她說：「這是一種極端形式的虐待，還是實際上可能真的有用？」

娜敏問了幾位紐約消防局的成員，是什麼原因驅使他們尋求這種強烈的體驗。她說：「許多救護人員都體驗過倖存者的愧疚感，他們在被鞭打的過程中得到解脫，獲得了再次快樂和重新生活的權利。」

由於娜敏自己從未目睹過大規模傷亡事件，也未接觸過 BDSM，但她仍試圖理解一切。她的先生於第二次世界大戰期間在歐洲服役：「他可以理解這些人的動機，這不是一件壞事或錯事，這是一種處理創傷後壓力失調的方法，深入體內去克服愧疚感……如果你能自己解決問題，就會有更好的治療效果。」

他和妻子分享，倖存者最痛苦的地方，就在於自己會反覆思索當初是不是可以有不同的選擇。「當你眼睜睜看著你的朋友被殺或死去，你會想知道自己是否能拯救他們。隨著他們已經離開人世，你就需要確認自己有活著的權利。而大多數的人只需要在一個安全的地方哭泣。」

我對於鞭笞、皮革和地牢的認識很有限，在BDSM的脈絡中，彷彿帶有色情的、聳人聽聞的成分。但是在剛剛的描述下，情況並非如此。娜敏解釋說：「這一切中從未涉及到性。首先，在紐約任何提供酒精的地方，公開的性行為、男性或女性的高潮釋放都是違法的。其次，這些人並不因毆打而產生性欲。他們一絲不掛，所以你一眼就能看出來。」

那麼，到底這些俱樂部裡發生了什麼事？究竟為什麼要故意施加更多的痛苦，來提供如此深刻的療癒體驗、超越創傷的疼痛？這不僅僅是倖存者的贖罪或懲罰，這和大多數治療創傷的方法截然相反——在治療過程中，一般的療法都是盡力減輕痛苦而不是加劇痛苦。

如果那些悲傷的救護人員所言不虛，這種活動提供了一種「與最基本的自我進行和解」以及「靈魂的釋放」，那麼這又是怎麼辦到的？

＊＊＊

在曼哈頓的地下活動結束十年後，荷蘭堤堡大學（Tilburg University）研究人員進行一些研究，證實了娜敏的報告內容。荷蘭研究人員調查一千名 BDSM 從業者，來確認 BSDM 參與者的心理健康程度與普通人群的差異。一般的假設是，會被這些社群或作法所吸引的人，在某種程度上是受過傷了，他們是在重演早期創傷的強迫行為。甚至在二〇一四年，如果有人被發現是 BDSM 玩家（他們自稱的方式），就可能會在離婚官司中被剝奪孩子的監護權。

堤堡大學的研究得到值得注意的結果。具體來說，當用「五大人格特徵」（Big Five Personality Traits，包含開放性、嚴謹性、外向性、親和性和神經質）來衡量時，參與 BDSM 活動的人比對照組更開放、更嚴謹、更外向、更不神經質。他們對被拒絕的敏感度也較低，而且根據報告顯示，他們擁有更高的幸福感。他們的親和性也不受影響，受試者通常性格都較為「直接」。

然而，在刻意感受疼痛和故意失控的體驗中，似乎存在一種促進健康的效果。這些人並不是「有問題」的，他們所做的一切似乎讓他們比正常人更健康。

另一位研究人員，社會心理學家布萊德．薩格因（Brad Sagarin）想要超越主觀的自我報告，深入研究癖好體驗的神經生物學。首先，薩格因證實了 BDSM 參與者已經知道的事情——練習將注意力集中在疼痛上，同時放棄對身體和情緒的控制，就能可靠的導致意識的變化。對許多人來說，這正是驅使他們參與 BDSM 的最核心動機。薩格因說：「我們確實聽到很多人描述他們得到一種夢幻、飄逸、愉悅的感受，他們感覺不到人我之間的區別、自己和宇宙之間的區別……他們的執行力會暫時下降，這種下降產生令人愉快的副作用是：人們發現自己處於一種改變的意識狀態。」

薩格因假設，紐約救護人員尋求的體驗中，最關鍵的部分是「暫時性額葉功能低下」（transient hypofrontality），即背外側前額葉皮質（dorsolateral prefrontal cortex）的活動減少，以及意識自我的執行功能也隨之減少。薩格因在接受《大西洋》採訪時表示：「當大腦的這個區域被往下調整時，我們就會失去自己和宇宙之間的界限。」這是一種解剖學上的解釋——我們大腦中最複雜的部分被關閉了，這時可以脫離痛苦的念頭和記憶。

因此，無論是尋求解脫的救護人員，還是參與超馬的跑者、進行艱苦訓練的混合健身愛好者，或是忍受九天痛苦靜坐的內觀冥想者，他們都在追求相同的最終結果。薩格因說：「因為血流和神經元訊號的減少，馬拉松運動員和這些有特殊癖好的人，都會發現自己的意識狀態改變了，他們通常將其描述為如夢似幻且愉快的狀態。」

***

利用疼痛來改變心理狀態的例子，在許多宗教傳統中都有記載。傳統的拉科塔人太陽舞儀式就是個著名的例子，這是一種殘酷的啟引儀式，除了禁食還要在身上穿刺懸掛，直到血肉模糊。一九七〇年理查・哈里斯（Richard Harris，他扮演過《聖城風雲》（*Camelot*）的亞瑟王和《哈利波特》的鄧不利多）所主演的《太陽盟》（*A Man Called Horse*），讓大眾對這種神祕的儀式產生想像。

世界各地都有類似的作法。在北歐，扮演奧丁的祭司為了模仿他們的神，必須忍受可怕的折磨，在宇宙之樹上吊掛九天九夜。密特拉教（Mithras）的追隨者從少年到成年都要參與一種祕密的入會儀式，包括進入恍惚狀態、鞭笞、剝奪睡眠和其他經典的狀態誘導技術。斯巴達人在黛安娜神壇上舉行祭典，男孩們會在圍觀的人群中被打到幾乎失去意識（但他們得默默忍受懲罰，才能榮耀家族）。

直到今天，新墨西哥州北部的懺悔者（Penitentes）每一年都要重演「拿撒勒人耶穌」（Jesus of Nazareth）受難的場景，扛著沉重的木十字架，帶著鋒利的荊棘冠，忍受浸泡過鹽水的鞭子在身上鞭打。有些人甚至被選中在耶穌受難日當天，象徵性的被釘在十字架上面。

剝奪、痛苦和折磨與療癒之間有著古老又令人費解的關係。早在紐約的消防員到地下俱樂部尋求救贖之前，信徒們就已經有意識的利用這些技巧來分離身體的感受與情緒的體驗。

人類是唯一能這麼做的動物，只有人才會在痛苦中得到樂趣。辛辣的食物、雲霄飛車和恐怖電影表面上都令人不快。但是，我們卻因此更愛這些東西。科學家試圖在老鼠身上模擬人類對辣椒的偏好，但都失敗作收。動物可以被訓練進行自殘來獲得食物等正向增強的獎勵，但「一般來說，當動物經歷過某種負面事情之後，就會迴避」。賓州大學的保羅．羅津（Paul Rozin）解釋說：「如果動物搭過雲霄飛車，並感到害怕，那牠就再也不會再搭了。」

在動物王國裡，人類似乎獨一無二，可以透過疼痛來體驗愉悅感甚至療癒感。

＊＊＊

除了可以用神經生理學來解釋，這些疼痛體驗還有另外一個共同的特徵：幾乎所有這些社群（包括吸血鬼地下組織、太陽舞儀式、懺悔者）都被周圍更龐大的社會所誤解、恐懼和壓制。這些儀式中蘊含的奇異力量，讓那些想要壟斷痛苦權來做為懲罰的人感到不安，也讓那些想直接體驗靈性的人感到不安。

天主教教會在十四世紀譴責西班牙和義大利的鞭笞兄弟會為邪教。修道士似乎把教會勸誡「過基督的生活」給實踐過頭了。美國政府在一八九〇年代禁止原住民的太陽舞儀式，因為擔心會煽動一場精神復興和革命起義。我們之所以可以把紐約九一一事件救護人員的地下活動給寫出來，那也是因為他們的社群被反恐戰爭期間所僱用的線人滲透調查。

不過，這些作法和維繫它們的社群之間有一個共同點：儘管我們無法掌控生活中痛苦的程度，但如果我們有意識選擇面對痛苦，它或許就能成為療癒的關鍵。

也許最深刻表達這種轉化性苦難力量的，就是藏傳佛教的自他交換法（Tonglen）。在多數冥想訓練中，學員要麼培養淡定或慈悲等正面情緒，要麼尋求平靜和心無雜念。但是在自他交換法的修行中，作法剛好相法：修行者要陷入自己的痛苦和整個世界的痛苦中。

你要把自己的痛苦和悲傷想像成黑色、黏稠的焦油或煙霧，想像著自己把這道煙霧吸入體內，接著在吐氣時，轉化成白光和愛。一旦你能消化自己的痛苦，就可以把注意力拓展到朋友和家人，進而擴展到社群和國家，最後是整個世界。這是一種學會將集體的痛苦轉化為滋養愛的原料的修行。

愛麗絲．華克（Alice Walker）的著作《紫色姐妹花》（*The Color Purple*）在全球大獲成功之後，經歷了母親離世、和萊姆病激烈鬥爭，以及她在書中因對非裔美國南方家庭暴力的直言不諱而遭受的猛烈批評。在她心碎痛苦的時候，她結識了藏傳佛教老師佩瑪．丘卓（Pema Chodron）。「自他交換法要接受別人的痛苦，並送出你所擁有的正能量。幫助我度過這段艱難時期的正是自他交換法。」華克分享：「在我的經驗中，苦難是永恆的，苦難永遠存在，我曾經認為苦難毫無用處，但現在我知道苦難的價值了。」

丘卓自己也有心痛經歷，她回應：「我們可以將痛苦的那一刻翻轉過來，變得堅強。讓我們痛苦的事物也能使我們溫柔，讓我們變得更柔軟、更仁慈。但是，這需要很大的勇氣。」

因此，無論救護人員透過身體上的痛苦來改變心理上的痛苦，或是太陽舞儀式者和懺悔者透過痛苦來尋求與神的連結，或是華克與丘卓透過冥想所有人集體的痛苦來理解他們個人的悲傷，我們都有一條前進的道路。就是這種矛盾：擁抱我們的苦難，我們最終就不受折磨了。

就像華克所說：「我的心已經破碎了無數次，現在可以像行李箱一樣敞開了。」

超越痛苦，極樂來自內在

幾年前，進步派的眼中釘、另類右翼的守護神喬丹・彼得森（Jordan Peterson），寫了一本自我成長書籍《生存的十二條法則》（*12 Rules for Life*）。他在書中描述了關於龍蝦、血清素，以及為了不被支配而必須自我爭取的故事。彼得森認為，弱勢的龍蝦被修理之後，血清素會下降，讓牠們變得順從，結果會招致更慘的攻擊。他對於這些屢遭壓迫的各種甲殼類（以及那些追隨彼得森的二十幾歲男性）提供的解決辦法是：勇敢的迎戰世界。

「從戰勝的龍蝦身上尋求靈感吧，龍蝦擁有三・五億年的實用智慧，」彼得森鼓勵讀者：「站直挺胸，肩膀往後收。」龍蝦迷因流傳下來，出現在汽車保險桿貼紙上、社群媒體貼文上，以及他狂熱書迷的衣服上。然而，他以甲殼類動物為例的說明，卻讓海洋生物學家不以為然。他們指出，人類與龍蝦共同的祖先是古代的海蠕蟲，從那時候開始，血清素對不同的動物行為有非常不同的影響。

雖然彼得森的加油打氣可能經不起科學的推敲，但他在海底尋找智慧，這點並沒有錯。他只是找錯了地方，時間也晚了兩億年。

海綿是最原始和最古老的無脊椎動物之一，出現在五．五億年前的化石紀錄中。最近生物學家已經證實，海綿有一種鮮為人知的神經傳導物質受體「內源性大麻素」。這些訊號分子的受體在所有更複雜的脊椎動物中皆有發現，幾乎所有地球上的生命（包括海洋生物）的神經系統都依賴這些訊號傳遞分子。但是，如果不是因為一位美國參議員的兒子吸毒，我們永遠不知道海綿有內源性大麻素系統，也不知道其會影響到人類的幸福和健康。

首先，前情提要一下。

一九六四年，希伯萊大學的生物化學家拉斐爾．梅喬勒姆（Raphael Mechoulam）發現醫療紀錄中有個奇怪的斷層。早在一八〇五年，普魯士化學家費德里奇．史特納（Friedrich Sertürner）成功從罌粟種子中提取出嗎啡。一八五九年，另一位德國科學家艾柏特．尼曼（Albert Niemann）從古柯葉中提取出生物鹼「古柯鹼」（alkaloid cocaine）。確定這兩種化合物，讓我們更了解系統控制快樂和痛苦的腦內啡和多巴胺系統。

但梅喬勒姆發現，雖然大麻是世界上最廣泛和最古老的藥物之一，卻沒有人知道大麻的化學組成。燒焦的大麻種子最早出現在新石器時代的歐洲洞穴中，考古學家最近證實，這種植物的起源來自兩千八百萬年前的青康藏高原。由於植物學上的偶然性，這種頑強的雜草產生的化合物，能與我們大腦最古老部位完美契合。因此我們精心培育這種植物，帶往世界各地。如麥可·波倫（Michael Pollan）所言：「大麻取悅了我們的大腦，從而驅動我們的雙腳。」儘管這種植物遍布全球，且已使用好幾世紀，但是在科學紀錄中卻是一片空白。

回到一九六四年，梅喬勒姆甚至不知道要從哪裡入手才能研究大麻。在耶路撒冷很難取得。所以他聯繫上一個軍隊裡的朋友（當時已是高階警官），偷偷獲得五公斤的違禁大麻樹脂，製成每塊兩百克的鞋形磚塊，並貼上伊斯坦堡的標誌。

梅喬勒姆把大麻偷偷帶回實驗室，並用一種新技術分離出核心化合物。他發現了兩種：四氫大麻酚（THC）和大麻二酚（CBD）。現在這兩種成分更廣為人知了。有了這些發現之後，他開始著手申請經費。

但事情卻不順利。

美國國家衛生研究院藥理學部門的負責人直接拒絕了他，並解釋：「大麻不是美國的問題。它只對墨西哥和少數美國的爵士音樂家造成影響，僅此而已。」國家衛生研究院主任鼓勵梅喬勒姆選個更適合的研究領域再重新申請經費。

梅喬勒姆感到沮喪，但不久後，他迎來幸運的轉機。不到一年的時間，這位曾經拒絕他的國家衛生研究院主任打了一通緊急的越洋電話，要求和他談話。一位知名的美國參議員發現他的兒子在抽大麻，而且抽得很多，當時南茜．雷根還沒有開始展開禁毒戰爭，但已經是《大麻狂熱》（*Reefer Madness*）上映後的事情。這位政治人物想要請教世界上唯一一位可能對此有所了解的科學家。

第二天，這位國家衛生研究院的官員從華府直飛以色列，私下會見了梅喬勒姆。四十八小時後，他回到美國，透過機場走私十公克極純的四氫大麻酚，這幾乎是當時全世界全部的純化存量了。而且由於美國海關人員不認識這種物質，所以無法對其進行扣查。

從一九六五年的那一刻直到今天，國家衛生研究院一直很謹慎的撥款給梅喬勒姆的實驗室。以色列成為大麻研究的主要中心，梅喬勒姆自己就出版了四本書，撰寫了四百多篇論文，並獲得二十五項專利。

最終，梅喬勒姆的實驗室找到了他們一直在尋找的東西——內源性大麻素系統。到一九八〇年代末期，他們還分離出其中一種模仿大麻素的自然神經化學物質——花生四烯乙醇胺（anandamide），其英文名稱來自梵文的「極樂」，但是把這種物質稱為「極樂分子」可能還是客氣了。

內源性大麻素系統是整個生理網路的名稱，這是人體內最大的訊號系統，在調節血糖、荷爾蒙、疼痛、心率、消化、代謝和骨骼生長時都有核心作用。它可以預防發炎，並擔任大腦和所有重要器官之間的溝通系統，對兒童的健康發育也很重要，支持母親和嬰兒之間的吸吮和溝通，可允許我們釋放痛苦的記憶，甚至有助於治療創傷性腦傷。

一九九八年有個研究發現，當士兵遭受鈍器造成頭部創傷後，如果醫療人員能夠在事故發生後的四小時內，將大麻素注入患者的血液中，就能有效減少大腦在撞擊後所釋放的「麩胺酸風暴」（glutamate storm）。過量的麩胺酸會造成口齒不清、震顫和認知混亂，如果不加以處理，會造成持久的傷害。內源性大麻素系統讓麩胺酸突擊部隊撤退，減緩大腦的緊急反應。

不過內源性大麻素還有其他有趣的作用。艾思特・蕭哈米（Esther Shohami）博士是大麻素和創傷性腦損傷領域的專家，他發現內源性大麻素可以「引導幹細胞轉變為腦細胞，促進復原」。直到近十年，大多數神經學家都認為幹細胞只在胎兒發育期活躍。而蕭哈米的研究表示，幹細胞一輩子都有助於癒合和成長。所有的幹細胞都在等待內源性大麻素系統的訊號，以利開始重新活動。

這項研究的意義不容忽視。二〇〇三年，美國政府申請了一項將大麻素做為神經保護劑和抗氧化劑的專利，甚至讓諾貝爾獎得主、多巴胺的發現者簽署了協議。同時，大麻在法律上仍被歸類為一級毒品，被認為沒有治療價值，但政府卻採取了精心的步驟來申請專利。

康乃爾大學的精神藥理學家理查・富利曼（Richard Friedman）已經證實：內源性大麻素系統不僅能治療我們的身體，還能治療我們的心智。雖然每個人的體內都有大麻素，但有些人因為基因變異，讓大麻素失效的酶較少。富利曼說，就像自然生成的百憂解會抑制身體再攝取血清素一樣，這種突變導致「大腦沐浴在更多的快樂分子中」。

康乃爾大學的研究小組發現，擁有這種基因突變的人，其焦慮與恐懼的神經迴路會發生變化。具體來說，他們在前額葉皮質層（執行控制中心）和杏仁核（處理恐懼的關鍵部分）之間有更強的連通性。當這兩個大腦區塊之間有更強烈的聯繫時，就能降低焦慮感，具更強的情緒控制。簡單來說，就是會更快樂，更不焦慮。他們對大麻和鴉片類藥物上癮的可能性，也降低了五十％。

由於他們大腦中已有更多快樂分子，顯然就不需要外來物質來補充。這點很重要，儘管很多人可能很容易從這些關於內源性大麻素系統的積極研究中，推導出大麻是一種萬靈丹，但事情從來沒有那麼簡單。富利曼解釋：「問題在於，大麻會淹沒並壓制大腦中的大麻素系統。證據指出，長期使用大麻雖可緩解焦慮，但也會干擾學習和記憶。」正如文藝復興時期的鍊金術士提醒我們：「藥與毒之別，永遠在於劑量。」

雖然以色列人率先研究了大麻素在大腦創傷和身體創傷中的保護和治療作用，但康乃爾大學的研究小組發現，這些益處也可用於心理創傷。「結果很清楚，具有大麻素突變的人類強化了消除恐懼的能力。也就是說，他們更有效的學會了如何不害怕。」

創傷後壓力症候群的患者無法做到這一點。退伍軍人看到國慶煙火，會立刻被傳送到炸彈爆裂的現場；在擁擠的俱樂部裡，性侵受害者若感覺到別人把手搭上肩膀，會立刻回想起被侵犯的那一晚。我們的內源性大麻素系統可以幫忙柔化這些揮之不去的記憶。

我們常常為自己的感知帶來許多包袱，內源性大麻素系統讓我們「暫時忘記這些包袱」。麥可．波倫解釋說：「內源性大麻素系統讓我們對世界的認知恢復至一種純真……大麻素開了一扇門，讓我們更接近直接體驗的純粹感知……而這種極致的注意力有一個名字，那就是『奇蹟』。」

這些化合物存在於我們體內，並能幫助我們。控制這些化合物的神經網絡是調節神經系統的核心，然而，九十%的美國醫生完全不知道這些化合物對健康和幸福有何作用。艾琳．豪利特（Allyn Howlett）博士因為發現了一種關鍵的內源性大麻素受體而聞名。她認為「亞當和夏娃被趕出伊甸園後，追求的就是內源性大麻素。你無法設計出比這更完美的藥物，來幫助夏娃度過分娩的痛苦，或幫助亞當忍受一輩子的體力勞動。」

大麻素讓我們忘記痛苦，療癒我們的心靈和思想，幫我們記住更深刻的東西，記得更久。我們可能被趕出了伊甸園，但我們每個人都能享受到活著的奇蹟。這正是那些海綿在很久以前就告訴我們的事情。

觸發平靜與專注的迷走神經

幾年前，美國海軍海豹突擊隊悄悄聯絡「感官替代之父」保羅・巴赫・瑞塔博士（Dr. Paul Bach-y-Rita），因為他們的戰鬥潛水員需要一些協助。保羅・巴赫・瑞塔多年來一直在為不同的身障人士重新連接大腦，他發現盲人所用的點字系統和白手杖都是低科技的感官替代品。隨著時間演進，盲人學會觸碰凹凸的點字或用手杖感受凹凸的路面來代替視覺。但他不滿足於此，提出疑問：「為什麼要停在這裡呢？若能使用數位技術進行感官替代，會是什麼樣子？」

當時，海豹突擊隊面臨一個不同的問題：他們的潛水員不是因事故而失明，而是因任務需要而必定看不到。他們需要找到更好的方法，在水下活動一片漆黑下執行關乎性命的任務。

保羅・巴赫・瑞塔的實驗室當時已開發出一種低電壓的電子壓舌板，可以向盲人的嘴裡發射電流脈衝。我們舌頭上的神經末梢和指尖一樣敏感，所以這就像是高科技的白手杖一樣，患者可以學會在環境中透過壓板發出的訊號來定位。

海豹隊員希望潛水員可以根據舌頭不同部位的電流刺痛感來代替視覺。如果感覺到舌頭左側麻麻的，就知道該往左邊游；舌尖若有麻感，就知道要往下游；舌頭後面麻麻的，就必須往上。這樣一來，指揮官可以在遠離危險區域的橡皮艇上，透過這個裝置更精確的指揮潛水員，讓他們不必再在水下盲游。

然而，他們在實驗中注意到一些意料之外的狀況。以前，潛水員長時間夜間潛水後，浮出水面時經常會迷失方向、感覺噁心和眩暈，需要一段時間才能重新恢復平衡和空間感——就像是空間版的潛水夫病。但是配戴這些電子壓舌板的潛水員卻安然無恙，電流的刺激似乎幫助更加適應水下眼前發黑的奇怪感受。

幾年後，保羅·巴赫·瑞塔的同事遭遇一場幾乎致殘的車禍。出於直覺，這位同事決定在康復療程期間，自己進行舌頭刺激療法。結果同樣奏效，他的恢復時間比外科醫師預計的縮短了一半。但保羅·巴赫·瑞塔想知道的是：這背後的機制到底是什麼？

快轉到近十年，這項技術現在已進入第三期臨床試驗。最新版的神經調節刺激設備（PoNS）已經可用於大腦創傷和多發性硬化症的療程，且研究人員已梳理出可能治療這些疾病的原因了。

舌頭之所以如此敏感，是因為上面布滿神經末梢。這些能讓我們品嚐食物、咀嚼和吞咽

（以及在水下導航）的神經，全部連接到重要的腦神經。人類有十條主要的腦神經，當中許多都可以透過舌頭進行刺激，包括調節顏面表情、進食、和許多感覺和運動功能的神經。它們還可以透過迷走神經調節自主神經系統，迷走神經的分支會從大腦一直延伸到脊椎底部。

從舌頭表面到腦幹（包括中腦、橋腦，以及迷走神經起點的延腦）的路徑是直通的。腦幹幾乎是神經系統的中央車站。只要刺激舌頭的特定部位，就有一條可以直接通往腦神經的熱線，進而控制身體其他部位。舌頭與常見的生物駭客頭戴裝置（biohacking headsets）不同的地方是：透過舌頭進行的刺激會直接到達目標神經，不會受到厚厚的頭骨影響而走偏。

這種「經舌神經刺激」（translingual neurostimulation，TLNS）有許多比促進傷後復原的益處更好的效用。在過去的二十年裡，大量的論文表示，經舌神經刺激不僅能保護大腦，還能改善我們的運動和平衡，甚至有如刻意的復健或鍛鍊一樣，增強活力，提供一種相當於「自下而上全腦功能的神經調節」。

萊恩．達西博士（Dr. Ryan D'Arcy）專攻創傷性腦損傷，是全球頂尖的神經科學家，也是神經調節刺激設備的首席研究員。當我問他這是怎麼一回事，他提供了生動的比喻：「這東西的運作方式，就是將神經系統整個重新開機，就像是開啟太多應用程式或作業視窗而讓電腦出現問題時，有時候只需要關掉電源，讓機器重新啟動，就能恢復正常。因此，即使我們只是針對三叉神經的路徑進行刺激，但我們看到的是觸發其他神經和身體功能的全體連鎖反應。」

達西和他的團隊正在開始測試經舌神經刺激對於巔峰表現（peak performance）的影響。達西說：「尤其是當它與神經調節技術相結合時，即有意識的視覺、運動、呼吸和平衡的訓練方案，我們開始看到一些值得注意的結果。」有幸的是，在一次造訪他們位於溫哥華的實驗室時，我成了這些非紀錄實驗中的一名白老鼠。

我們的行程多了一天，達西曾是一名優秀的登山自行車賽車手和高山滑雪愛好者，他堅持要我們去惠斯勒體驗山地小徑。但其實，這是個陷阱。這些自行車看起來就像是沒有馬達的摩托車，且這些小徑跟我以前走過的登山小徑完全都不一樣。我們搭乘纜車到山頂，低頭看到的是巨大的傾斜軌道，有十英呎高的彎道、大型跳台，還有各種「會讓人摔斷腿」的地方。這看起來就像是個泥濘的雲霄飛車，只是沒有車廂。我們熱身了幾次，我不斷的對自己說：「唯一的目標就是，平安的活著回到歡樂時光。」

但是當我們坐在山頂，準備開始第三趟時，萊恩咧嘴笑著看我：「準備好覺醒心流了嗎？」他拿出神經調節刺激設備遞給我，要我把壓舌板放進嘴裡，然後調大電流。我感覺像是吃下一大把跳跳糖，臉頰收縮，舌頭貼著上顎，甚至像一隻聖柏納犬般不停流口水。我戴上頭盔，率先滑下賽道。

只是這一次，我什麼都沒想，也沒有控制方向。我只是在盡力把握路徑，感受離心力，並順從賽道流暢的邏輯滑行。當我抵達山腳下，準備轉身和其他隊員擊掌時，竟發現他們還沒抵達。在前幾趟中，我們幾乎是撞著自行車龍頭一起下山的。但這一次，我居然率先抵達終點。

接下來的一週裡，每當我快要入睡時，我都會再次陷入那次越野滑行的感覺中。就像有時我們會在夢裡感覺自己踏空或從電梯往下墜而驚醒一樣，我會感受到在彎道和跳台之間的節奏擺盪。我以前只會在滑雪或衝浪的時候經歷這種體感的餘韻，但這次，讓我有這種感覺的是登山越野自行車，以及直擊腦幹的電壓九伏特電流。

***

一九九五年的德州休士頓，高島次郎（Jiro Takashima）面臨了大問題：他的前列腺沒那麼聽話了。醫生為他開立一些藥物來控制這個問題，但他還是每個晚上都要起床數次去小便，睡眠受干擾，還伴隨著漏尿，實在很不好受。

醫生給他兩個選擇：進行手術（有神經損傷和終身勃起功能障礙的高風險），或者每週接受護理人員的直腸指診。做為一名頗有成就的機械工程師，擁有許多獎項（還有一些自尊心），讓他不禁心想：「嘿，如果這是我自己就能做的事情，我寧願不要去診間，讓陌生人每週都用手戳我的屁股。」

於是，他利用一些金屬絲和醫療級熱塑型黏土，動手設計一個符合解剖學結構的前列腺按摩器。經過幾年的反覆實驗，他在自己身上進行測試，最終開發出具實際功能性的設備。「我創造出來的東西還真有點來頭，這玩意真的很好用。」他意識到，並申請了專利，開始在休士頓報紙刊登廣告，邀請用戶提供回饋（並不高科技，只是手寫的問卷調查）。用戶的反應都很相似：「嘿，我六十七歲了，患有前列腺肥大，一直在尋找類似的東西，這改變了我的生活。」患者表示狀況改善了八十五到九十％。

高島成立的新公司Aneros，除了收到手寫的問卷調查結果，也開始收到用戶令人驚訝的回饋：「我不知道這是否正常，雖然我的前列腺問題有所改善，但我也有些刺痛感。」有些人來信表示：「這改變了我的生活。我感覺像女生一樣體驗到多重高潮。」還有些病患描述了欣快的感覺，甚至還有靈性的體驗。用戶將這種現象稱為「超級高潮」（Super O），相關的回饋則不斷湧現。

這股潮流迅速擴散開來，Aneros論壇上因此累積超過十萬名註冊會員。雖然高島最初的客戶是前列腺肥大的老年男性，但論壇現在包括各個年齡層的男性。到目前為止，該公司已售出超過一百五十萬件商品。這原本只是用於緩解尷尬病症的設備，竟意外幫助男性找回敏感度和身體連結。

當我深入研究相關科學並閱讀論壇內容時，愈加感到興趣。是否真的有可能只靠一個形狀奇特的小工具，放在我們通常不會注意的地方，就能達到性心理意識的巔峰？「超級高潮」似乎不是刺激前列腺唯一的效果，還有其他機制在運作。「直腸的擴張……會觸發迷走神經放電，帶來一種極致的放鬆感。」普林斯頓胃腸病理學家安尼詩・謝思（Anish Sheth）表示。而且它還能降低血壓和心率，引發雞皮疙瘩，以及令人振奮的感覺。

「迷走神經負責調節內臟器官功能，如消化、心跳速率和呼吸速率，」伯恩大學分子精神病學家西格莉德・布瑞特（Sigrid Breit）在《精神病學前線》（*Frontiers in Psychiatry*）期刊上寫道：「此外，還有血管收縮活動和某些反射行為，如咳嗽、打噴嚏、吞咽和嘔吐。」嘔吐、打噴嚏、排便和性高潮這些我們認為身體最原始、最脆弱甚至最尷尬的反應，也能提升我們的平靜感和歡愉感。這些全身上下的反應正是由迷走神經引發，從我們的腦幹開始，沿著脊柱延伸而下。

這種效果並不僅適用於男性。研究表示，脊髓損傷的女性可以重新連接上她們的性覺醒迴路，學會用迷走神經體驗高潮。迷走神經從子宮、子宮頸和陰道直通大腦的快感中心。謝思說：「對一些人來說，這可能像一次的宗教體驗，對另一些人來說，這就像高潮，而對少數幸運的人來說則是兩者兼具。」

＊＊＊

在這一章裡，我們一直輕輕拉扯的線索，與疼痛以及如何療癒有關，並通往神經系統最深層的結構，特別是「腦幹」，進而做到神經科學家萊恩．達西所說的「全面開機」。拉斐爾．梅喬勒姆發現中樞調節功能的內源性大麻素系統，高島次郎偶然發現迷走神經的全身性作用，以及娜敏在紐約前線人員中所觀察到快樂和痛苦的交叉作用的現象。

一旦我們脫下衣服，砍掉手臂和雙腿，從本質來說，我們不過就是連著脊椎和性敏感區的前額葉皮質。更直白的說，我們就像是有嘴巴、生殖器和肛門的蠕蟲。儘管人類的體驗充滿抽象、複雜和自我意識，但在生物層面上，單純到令人吃驚。理解這種古老線性神經迴路的運作方式，就能為我們的感受和療癒提供真正的洞見。

《死亡否認》（*The Denial of Death*）一書贏得普立茲獎，而作者歐內斯特．貝克爾（Ernest Becker）對人類精神自我的至高體悟，與我們動物本能的不可避免過程進行了對比：「為了塑造人類面孔的崇高奇蹟，那種奧祕的偉大力量（mysterium tremendum）……要做到這一切，還得配上一個會排便的肛門！這太過分了，大自然在嘲笑我們，使人生活在折磨中。」

但是，當貝克爾詩意的描繪人類狀況時，卻忽略一個可能更深奧的神經生物學真相。從我們的腦幹到肛門，都渴望完整，甚至希望超越完整。當我們讀到貝克爾所渴望的「崇高奇蹟、奧祕的偉大力量」時，我們會發現它就存在於我們神經系統最原始的抽搐中。無論我們如何迴避，試圖壓抑我們的核心身體本質，這都是人類體驗中必不可或缺的一部分。這並不是在說我們的動物自我和人類自我相矛盾，事實上，動物自我是我們通往天堂的的階梯。

儘管貝克爾對人類許多方面都有深刻的見解，但在這一點上，他錯了。大自然不會嘲笑我們，大自然會解放我們。

第七章

音樂節奏引領進入心流

禱告詞有十種等級，在這十種之上的是歌唱。

——哈西迪猶太教（Hasidic）格言

一九八五年七月十三日的週六，在倫敦溫布利體育場，愛爾蘭歌手鮑勃・格爾多夫（Bob Geldof）碰到了大問題。他正試圖舉辦一場空前絕後的慈善演唱會，這是為衣索比亞饑荒募款的全球活動。該場演唱會將向一百五十個國家直播，預計籌措數百萬美元援助款項。然而，一切都未按照計畫進行。

保羅・麥卡尼（Paul McCartney）的麥克風在播放披頭四的經典歌曲〈順其自然〉（Let It Be）前兩分鐘突然失靈；U2樂團表演超時，最後只好放棄其招牌歌曲〈以愛之名〉（Pride In the Name of Love）；何許人合唱團（The Who）的保險絲炸了而中斷演出；齊柏林飛船（Led

Zeppelin）在其瘋狂的鼓手約翰・博納姆（John Bonham）去世後首度合體，卻醉醺醺上台表演，還走音掉拍。

隨著這些失誤和波折，讓募款的進度陷入停滯。衣索比亞所需要的捐款遲遲未到，募款專線也靜悄悄的。此時，臨時加入的表演者上台了——皇后樂團（Queen）。他們看起來也不太好，樂隊的主唱（充滿魅力但性格多變的佛萊迪・墨裘瑞〔Freddie Mercury〕）最近才結束休息而回歸舞台。先前他陷入放縱和吸毒的生活，那時他剛被診斷出患有愛滋病（AIDS），那在當時等於被判了死刑。所以，這個樂團的表演情況同樣前景堪慮。

轟動全球的踏腳聲

但在接下來的二十一分鐘裡，這些都不再重要。倫敦時間傍晚六點四十一分，皇后樂團登台演奏。皇后樂團的吉他手布萊恩・梅（Brian May）回憶道：「我記得當我走上舞台時，腎上腺素激增，觀眾開始大聲尖叫，佛萊迪是我們的祕密武器。他能夠毫不費力的和體育場裡的每個人交流，我認為那個晚上他是主秀。」

佛萊迪・墨裘瑞爆出一句「耶——哦！」的顫音，觀眾立刻回應他，音準驚人。聽起來就像是電影《第三類接觸》（*Close Encounters of the Third Kind*）中的場景，印度的山坡上爆發出的單音吟唱。整個世界都起了雞皮疙瘩。

然後，他開始演唱〈我們會撼動你〉（We Will Rock You）。

踏踏拍、踏踏拍、踏踏拍。直到今天，依然能讓孩子和老人都在足球賽或游泳比賽中站起來，跟隨節奏拍打。這是能讓人動起來的節奏。

在這首歌結束時，體育場裡將近八萬名英國人，以及世界各地數十億人的觀眾，都隨著皇后樂團的節奏站起來、跺腳、拍掌。全世界四十%的人口都在聽、在動、在跳、在唱。二〇〇五年的一項音樂產業調查將其譽為「有史以來最偉大的現場搖滾演出」。那天晚上結束時，涓涓細流的善款變成了洪水，共募得近一．五億美元。至少在那一天，皇后樂團統治了世界。

「踏踏拍」如此簡單的節奏、如此輕而易舉的動作。正如吉他手所回憶的：「這是人們心中一直存在的東西。」但事實上，這首歌差點難產。

一九七七年收錄的原版〈我們會撼動你〉節奏更快，而且沒有和觀眾產生互動。一直到某個特別喧鬧的晚上，梅和墨裘瑞在伯明罕演出時，才發現一些不尋常的現象。「我們不管做什麼，觀眾都會跟著唱。」他說：「我當時想：『顯然，我們不能再抗拒了，這種互動得成為表演的一部分』。」

對梅和墨裘瑞來說，這是個互動的新境界，但其實這種互動由來已久——和音樂一樣悠久。「綜觀時空，在地球大多數的人類歷史中，音樂創作就像呼吸和走路一樣自然，每個人都會參與其中。而音樂廳這個專門為演奏而設的場域，則是直到這幾個世紀才出現的產物。」麥基爾大學（McGill University）神經科學教授丹尼爾．列維廷（Daniel Levitin）在其著作《迷戀音樂的腦》（*This Is Your Brain on Music*）中提出上述解釋。

梅在伯明罕演出結束後的隔天早晨，腦中響起了那個「踏踏拍」的節奏。梅對全國公共廣播電台（NPR）的主持人泰瑞．格羅斯（Terry Gross）說：「我那時在想『觀眾站在那裡的時候，你能要他們做什麼？』他們可以踏腳、拍手，並且跟著唱。」他說：「對我來說，這就是團結的表達，一種力量的展現。」

《人的音樂性》（*How Musical Is Man?*）作者暨人類學家約翰．布萊金（John Blacking）表示：「音樂聲音和人類運動之間的關聯，是在最近這一百年才被弱化。音樂的可體現性、動作和聲音的不可分割性，橫跨文化與時代，構成音樂的核心特質。」

這就是為什麼梅能憑藉這種直覺，讓觀眾用隨手可得的工具，也就是自己的手腳，來演繹最簡單的節奏。這招很有效，不只第一次就見效，更是每次都奏效，而且對所有人都有效。

「我們的文化，甚至我們的語言，把專業表演者與其他人區分開來。像爵士樂第一夫人艾拉．費茲潔拉（Ella Fitzgeralds）、保羅．麥卡尼、佛萊迪．墨裘瑞，被視為專業表演者。而我們其他人要花錢請這些專業表演者娛樂我們。」丹尼爾．列維廷說：「而且金額還不小。美國人花在音樂上的錢，比花在性和處方藥上的總額還要多。」

但皇后樂團敏銳的意識到，人們願意為參與表演而付出更多。他們在伯明罕第一次經歷到「雙向互動」，這其實不是一種創新，而是恢復音樂本來的樣貌。所以在伯明罕的演出之後，皇后樂團去到一座廢棄教堂所改建的錄音室，重新錄製新版的〈我們會撼動你〉。他們把周圍散落的木板疊起來，用腳在上面踩踩模擬人群拍手的效果。音效聽起來不錯，但梅在成為吉他之神前可是帝國理工學院的物理學家，他還想要更多。

「我們錄製每個音軌的時候，都加入了一定長度的延遲。」梅解釋：「這個時間間隔都是質數，彼此間沒有和諧關係，所以不會有回音，但拍手的聲音會在音響的立體聲裡擴散，也會讓聲音像是從身邊不同的距離傳來，讓人感覺置身於一大群踏腳拍手的人群中。」

憑藉著這種物理學霸的錄音技巧，皇后樂團實現了一個神奇的效果：創造「置身於一大群踏腳拍手人群中」的永恆體驗。所以，當他們走向賑災募款的現場演奏舞台時，所有聽眾早已清楚知道自己的角色。

根據民族音樂學家的說法，這種透過節奏和歌曲的力量來連結他人的感覺，甚至比語言更古老。「在所有人造文物中，樂器是最古老的。在人類歷史上，它們甚至比農業出現的時間更早。」列維廷寫道：「我們可以很保守的說，沒有具體的證據可以顯示語言比音樂更早出現。事實上，實物證據的表示情況剛好相反。骨頭做的笛子就有五萬年歷史了，音樂肯定更早，因為笛子不太可能是人類的第一項樂器。」

想想看，在人類的文明史中，我們把語言和製造工具、用火的能力並列，都視為從人猿進化為人類的基礎。物理學家史蒂芬・霍金（Stephen Hawking）寫道：「數百萬年來，人類的生活方式就和其他動物一樣。然後，發生了一件事，釋放了我們的想像力。我們學會說話，學會傾聽。語言使思想得以交流，使人類能夠共同努力，創造不可能。」

但如果列維廷是對的，我們可能更早之前就學會了說話和傾聽。當我們還在發出咕噥聲和比手劃腳，還沒有發展出任何類似正式語言的複雜語法之前，我們就已經透過節奏、旋律和聲音的原始力量，在呼喚、回應、傾聽和說話了，進而聯繫並協調彼此。

「人類是社交動物，」列維廷解釋說：「音樂可能在歷史上促進群體團結一致的感覺，也可能為其他的社交行為提供練習（像是『輪流』）。圍繞著營火唱歌或許是為了要保持清醒以抵禦獵食者，是一種在群體內發展出協調和合作的方式。人類需要社會連結來維持社會運轉，音樂就是其中一種方式。」

英國牛津大學演化心理學教授羅賓・鄧巴（Robin Dunbar）認為，幾十萬年前，當古代的人類開始創作音樂、舞蹈和歌唱時，不僅是為了相互聯繫，也是為了超越自我。呼吸、吟唱、擊鼓舞蹈等動作同步到巔峰的時候，個體可能會進入一種恍惚的狀態。

在他的著作《人類的演化》（*Human Evolution*）中，鄧巴描述了地球上現存最古老的文化之一，以及他們如何盡可能的利用音樂來強化社會凝聚力。「在非洲南部的布希曼人（Bushmen）或稱桑人（San），會在族人開始有紛爭，動搖部落關係的時候跳起恍惚舞蹈。這種舞蹈會恢復團體平衡，抹去不公正或互相輕蔑的有毒記憶，避免這些回憶毒害人際關係。」

可以把這想像成一個古老的「節奏與和解委員會」。集體寬恕，不需要教鞭也不需要治療師。如愛麗絲．華克在散文集《艱困的時期需要猛烈的舞動》（*Hard Times Call for Furious Dancing*）所述，在這個高度敏感、創傷後壓力失調和永無終止的文化戰爭中，我們不妨聽從這個建議。

所以，當一九五〇和六〇年代的家長，憂心忡忡的擔心搖滾樂會對其易受影響的孩子帶來破壞力，又或是哀嘆貓王、披頭四狂熱和胡士托音樂節代表著文明的衰弱時，其實他們都錯了。數萬年來，它們才是文化的基石，加強群體凝聚力，磨練溝通能力，提供神聖體驗的片刻一瞥。如果沒有音樂，我們可能還在比手劃腳、嘟嘟囔囔，蜷縮在洞穴中。

踏踏拍、踏踏拍。

古老、原始、深奧。

在賑災募款現場演奏的那二十一分鐘內，全世界都團結起來，盡己所能來對抗痛苦和磨難，並加以慶祝。如果音樂真的是愛的糧食，那我們最好將音量調大些。

節奏導引「群體心流」

你可能沒聽說過威爾・韓歇爾（Will Henshall），但你很可能聽過他的音樂作品。不管是在大型五金連鎖店裡隨著音樂輕快的漫步，還是開車在高速公路上敲著手指，他的音樂都可能成為你生活中的背景聲。

韓歇爾是英國一九九〇年代流行樂團「倫敦節奏合唱團」（Londonbeat）的創始成員之一，替華納音樂創作超過六百首曲子。他的技術支持了《哈利波特》電影第一集和《魔戒》系列的電影原聲帶製作，以及U2樂團、艾瑞克・克萊普頓（Eric Clapton）和菲爾・柯林斯（Phil Collins）等藝人團體的專輯錄製。

「身為一位作曲人，」韓歇爾說：「我很早就發現自己有一種直覺，可以調整讓一首歌琅琅上口。歌曲就像小小的記憶鉤子，勾出我們的回憶，當這些音樂經常在我們耳邊迴響，就進入了集體意識，與社會的基礎結構緊密相連。」

麥基爾大學神經科學教授丹尼爾・列維廷解釋了背後的道理：「我們喜歡上一段音樂時，它會讓我們想起聽過的其他音樂，啟動我們生命中充滿情感的記憶痕跡。音樂在大腦中的故事，是一段涉及大腦區塊的合奏，編曲很精緻，用上人類大腦中最古老和最新穎的部分……這會牽涉到神經化學物質的釋放，比例拿捏得非常精巧……也會牽動情緒獎勵系統。」

韓歇爾利用這些情緒獎勵系統和天賦，創作出豐碩的成果。韓歇爾說：「我很幸運，製作出幾首爆紅的歌曲。我的一些歌曲曾是世界上播放次數最多的廣播歌曲之一。」

一九九二年，他獲得BMI年度最佳作曲獎，並做為嘉賓和保羅・麥卡尼同桌而坐。他對這位披頭四大師作詞人更感興趣，於是問道：「保羅，你是怎麼寫歌的？」他說：「我不知道。我就兩眼放空，他媽的一直等。」

那場頒獎典禮讓韓歇爾對藝術和科學之間的平衡產生興趣，包含保羅・麥卡尼簡潔描述的直覺創作過程，以及可以進一步解析的科學層面。「分析創造力」成為他人生的另一個使命。

列維廷證實了韓歇爾的直覺：音樂藝術的內涵不只是保羅・麥卡尼所說的那樣。「音樂的聆聽、演奏和創作，涉及大腦目前已知的每一個區塊，並包括一個與覺醒、快感、鴉片類物質的傳遞及多巴胺的生成相關的區域網絡——中腦邊緣系統（mesolimbic system）。」

神經科學家奧利佛・薩克斯（Oliver Sacks）進一步闡述這個觀念：「我們的聽覺系統和神

經系統，確實會對音樂進行精密的調整。但這個過程有多少是源於音樂隨時間變化強烈且重複節奏的影響，以及音樂感知和重播背後極為複雜的多層次神經迴路，都還不得而知。」

但韓歇爾真的很想知道。因此，他的研究不限於十二小節的藍調和搖滾樂。他的好奇心帶領他探索蓬勃發展的電子音樂世界。「真正厲害的DJ知道音樂的神經元素，」韓歇爾說：「他們在現場調整舞池裡的低音，即時控制速度。觀看他們操作音符旋轉，就像看到他們在即時管理人類大腦中的神經。」

「錄音工程師和音樂家已經學會如何創造特殊效果，」神經科學家列維廷認同道：「這種效果利用神經迴路來刺激大腦，使相關神經迴路演化到可以識別出聽覺環境中的重要特徵。」

「我是在聽DJ天王保羅．歐肯弗德（Paul Oakenfold）的現場演出數次，並仔細觀察他在做什麼後，忽然靈光一閃。」韓歇爾繼續說：「那時我在想：『這速度是多少？』是否是傳思電子樂（Trance Music，編按：最早是為了用音樂來模擬「恍惚、出神、狂喜」的精神狀態，後成為電子舞曲最基本大分類的曲風之一）。接著，我想到我的手機可以測速。一測之下，是每分鐘一百二十八拍，比一般舞曲速度稍高一點。這時DJ突然來了一個大的節奏釋放（drop）。接著，每兩分鐘會做一次小的節奏釋放，把低音暫時拉掉，此時大家就會大喊『把手舉起來！』。兩分鐘就來一次，當低音再現，人們的多巴胺就會湧現出來。」

但韓歇爾發現，大約每隔二十分鐘，DJ就會玩一段大的，讓大家等待。「當他們抽掉低音時，DJ會稍微加快音軌的速度。等低音回來時，速度就提升到每分鐘一百三十二下。他們整個晚上在做的事情，就是不斷的改變這些節奏的排列，讓人們保持專注。」

「當描繪出音樂脈衝『峰值到峰值的瞬間』，會發現那剛好是八．二赫茲。」他繼續說：「如果你對於大腦的同步訓練有些了解，就會知道八到十四赫茲會讓人進入 α 波的專注狀態，也就是一種（冥想、心流和其他非凡巔峰體驗時常見的）恍惚狀態」。

「那一刻我突然恍然大悟，我想：『哇！這些人直覺的在使用科學，而且是可以被驗證和重複的。』然後我列出五十首最成功的傳思電子音樂。猜猜他們的速度是多少呢？每分鐘一百二十八下，每一首都一樣。」

就像布萊恩．梅在錄製皇后樂團的代表作時，刻意使用的質數比例一樣，韓歇爾發現了另一種隱藏在舞池下的數學結構。傳思電子音樂的DJ憑直覺的明白，「聲音驅動技術」（sonic driving）這種幾十萬年來改變原始人狀態的技巧，在與高科技音響系統和炫目的燈光結合下，效果會更好。

從幾十個尼安德塔人坐在營火旁邊敲著獸皮做的鼓，到幾千人聚集在巴黎聖母院等大教堂崇敬的聽著巨型管風琴，再到幾十萬人聚集在電子音樂節上狂歡，我們一直在追求音樂所提供的統一和超越。布魯內爾大學（Brunel University）心理學家科斯塔士・卡拉吉奧吉斯（Costas Karageorghis）解釋：「你可以把音樂想像成，一種能合法提高成績的藥物。」

他們不是第一人，當然也不是最後一人，但今日的DJ是地球上有史以來最厲害的聲音化學家之一。

歌聲中的神聖共鳴

大學二年級剛結束，我去海邊當了一個夏天的救生員。我穿上傻氣的紅色泳褲，背上綁著大大的救生圈，無論宿醉多嚴重，每天早上十點準時爬上海灘救生瞭望台。那是《海灘遊俠》（*Baywatch*）的黃金年代，每個人的電視螢幕上和腦海裡都有大衛・赫索霍夫（David Hasselhoff）和潘蜜拉・安德森（Pamela Anderson）。直到今天，我對紅色衣服仍感「過敏」。

夏天剛結束不到一個月，我就陷入了愛情與責任的拉扯中。上個學期，我遇見茱莉，從那時起我們幾乎時刻都黏在一起。但現在，她即將和幾個女生朋友一起開著生鏽的老舊福斯公車（VW bus）展開西部公路之旅。我們訂了一個計畫：在她即將啟程的前一天，一起去華府看一場我們都沒見過的樂團——死之華樂團（The Grateful Dead）的演唱會。我們約好在體育館門口見面，一起看表演。

於是，我騙了我的救生隊隊長，說得參加家人的婚禮需要請假。接著，我做了一件不好意思承認的事：我為茱莉準備了一個愛心包裹和一卷混錄的錄音帶。我拿起剛發來的救生包，裝滿我覺得她在旅行中可能會用到的東西：雨衣、口香糖、牛肉乾、著色本，還有一些明信片（如果她想聯繫我，可以寫信，畢竟那時還沒有手機和電子郵件）。

演唱會的那天清晨，我和室友從海邊一路開車到華府。我把車開進體育館的停車場。一個像吉普賽狂歡節的市集，人們在一夜之間如雨後春筍般湧入市區。有個穿著卡通圖案拼接罩衫的可愛女孩慢吞吞的走到我們面前，甜美的問：「你們想試試『洪堡三角』（Humboldt Triangle）嗎？」我們想了想，有何不可呢？於是開始啃著有著奇怪綠色的三角形布朗尼蛋糕，嚐起來就像是酸掉的奶油加上從草坪上挖起來的草的味道。

但我有任務在身：在演唱會入口處接茱莉。於是，我開始在體育館外面走來走去，心卻往下沉。這個體育場是圓形的，像古羅馬競技場一樣，每隔一百碼左右，就會有一座相同的拱門通向內部。這裡沒有正門，而是有七個出入口。

我能聽到音樂在裡面搖滾，也能聽得到人群鬧轟轟的聲音。我繼續尋找，但一個小時後還是放棄了，垂頭喪氣的走進演唱會場，頭昏腦脹、步履不穩。那塊綠色的「翡翠三角」真的很有衝擊力，那個可愛的卡通圖案把我擊倒了。

我拖著雙腳走到高處看台上的座位，然後環顧四周，成千上萬的人在座位上跳舞，聚集在場地中央，隨著每一首曲子歌唱。

但我無法感受到那份熱情。音樂聽起來既笨重又失調，它會短暫的凝結成一個整體，然後又散成一團雜亂的即興演奏。我甚至想過乾脆離開，回朋友的車上睡覺等演出結束。

這時，一個灰色頭髮的胖子彈起了吉他，開始一段即興演奏。接著，管風琴的琴音加入，兩名鼓手開始打出直接有力的搖滾節奏。整場音樂突然對齊了節拍。舞台的燈光亮了起來，音量提升，全場瞬間進入一趟狂奔的搖滾列車。

傑瑞・加西亞（Jerry Garcia）用厭世的顫音唱著：

一路走來，感覺很糟糕
我不想被這樣對待
去天氣適合我的衣服的地方
我不想被這樣對待
去水喝起來像酒的地方
我不想被這樣對待

這是我人生第一場演唱會，沒接到女朋友，被一個卡通圖案賣的食物擊倒，就在演唱會進行到一半時，我聽到旁邊有人帶著純粹的、無拘無束的喜悅在大聲尖叫。

這樣的聲音如此原始，華特・惠特曼（Walt Whitman）可能會稱之為「野蠻的吶喊」（barbaric yawp），讓我驚訝得不知所措，想睜開眼睛仔細看看是誰發出的。

但我旁邊的座位空無一人。我看到的那個「吶喊者」，就是我自己。我確實如歌詞「感覺糟糕」，我也確實不想被這樣對待。誰不想去一個水如美酒、氣候合適的地方呢？我忍不住歡呼出聲，帶著一種喜悅的共鳴。那首歌的主角是我，但不僅僅是我，而是那裡的每一個人。在孤立的絕望中，我們因反抗而聯結。

讀到這裡，你可能會覺得一個年輕孩子在演唱會上歡呼很稀鬆平常。但對我來說，這是一個在軍人家庭長大的封閉英倫男孩的一次啟示。

在我的一生中，那是一種「根本沒人做過」的事。正如巨蟒劇團（Monty Python）的約翰・克里斯（John Cleese）曾說過：「每個英國人都只有一個目標，就是不帶一絲尷尬的走到生命終點。」而這個自發的、喜悅的、完全真誠的歡呼，可能讓人極為尷尬。但在那裡，當我頭腦混亂、心都碎了的時候，我找到一種克服所有壓抑的方法，進入充滿活力和美好的感受。

幾年前，神話學家約瑟夫・坎貝爾（Joseph Campbell）參與在舊金山藝術宮（the Palace of

Fine Arts）由加州大學柏克萊分校舉辦的一場的討論。當晚的主題是「儀式與狂喜─從酒神到死之華」。死之華這個樂團很喜歡坎貝爾的書《千面英雄》（*The Hero with a Thousand Faces*），而這位學者最近打破他對流行文化的厭惡，去看了他們的一場演出。

「搖滾樂對我來說一直都不是很有趣，」坎貝爾坦率承認：「音樂很簡單，節奏一直重複。但是當你看到滿屋子的年輕人花上五個小時，在這些男孩（指死之華樂團團員）的節奏下狂歡，我馬上就想到了酒神的祭典……」

「這已經不僅僅是音樂了，」他接著說：「它喚醒了內心的某種東西，是打開了生命能量。是酒神透過這些樂手在傳話。」

做為比較神話學家的坎貝爾，還看到其他集會的相似之處。「在紐約，我們有一座巨大的俄羅斯大教堂。你如果在復活節的午夜去那裡，會聽到大家高呼：『基督復活了！基督復活了！』氣氛和搖滾演唱會一樣好，也有同樣的生命能量。」

對坎貝爾來說，一旦看到這種死亡和重生儀式的深層結構，看過這種集體生命力的釋放，就會開始在各處發現同樣的狀況。「我在墨西哥的瓜達露佩聖母聖殿（the Cathedral of the Virgin of Guadelupe）又看到了。」他繼續說：「還有在印度普里的賈格納寺（Jagannath）——信奉『世界運行之主』（the Lord of the Moving World），同樣的情況又出現了。不管神的名字是什麼，也不管是搖滾樂團還是神職人員，它都在觸動那種讓人意識到『神在你我之中』的和弦，那是一件了不起的事，把其他的一切都驅散了。」

坎貝爾抓掌握這個概念，並解釋了我在華府體育館偶然的經歷——一場現代的酒神儀式，它「觸動了內心某種東西……生命能量……那種團結眾人的和弦」。儘管有許多學者批評坎貝爾籠統的普世主義，但他在死之華樂團的後現代狂歡中，確實發現了一些永恆的東西。

演出結束後，體育館的燈光亮起，保全人員將我們趕出場外。但這一次，我沒有被格格不入的人群和怪胎淹沒，而是被一種信念的海洋所包圍。在這片陌生的土地上，我不再覺得自己像個陌生人，而是和兄弟姐妹在一起，像在家一樣的歸屬感。到了第二天早上，這種感覺消退了，但取而代之的是一種全新的、令人欣喜的感覺。

這就像貴格會所說的「集會」，成員在集會中可以感受到這種靈性，並且在感受到內心的靈性啟示時，可以自然的起立發聲。約瑟夫．坎貝爾稱之為「現代的酒神儀式」，或者其他人可能稱之為「教會」，不是那個有尖塔的建築物，而是有人的空間。

如果不是這樣，那這一切就是那塊奇怪的綠色三角布朗尼，讓我產生了幻覺。

這就是為什麼孩子會離家出走，跟著樂團的巡迴表演。這也是為什麼那些聽著破音卡帶、聲稱音樂很糟糕的憤世嫉俗者，永遠無法理解。這根本不是一場搖滾表演，而是一場充滿活力的禮拜儀式。大祭司只是碰巧有一把電吉他，而不是主教的權杖。那天我在華府碰到的，其實是一場偽裝成演唱會的宗教入會儀式。

我一直等到夏天要結束時，才把愛心包裹交給茱莉。她回贈我一大疊沒寄出的明信片，用橡皮筋捆起來，寄自大峽谷、大蘇爾海岸和紅杉森林。雖然我們在那場演唱會錯過彼此，但後來我們一直在一起。

那年秋天，我回家探望父母，一個週末的晚上，我用音響聽著死之華樂團的演唱會錄音。當樂團開始演奏〈一路走來，感覺很糟糕〉（Going Down the Road Feeling Bad）那首歌時，我爸剛好經過客廳，開始跟著哼唱，甚至自己改編了幾句歌詞。

「等等，你怎麼會知道這首歌？」我問他。這畢竟是我剛發現的音樂，屬於反主流文化，而且只能被「內行人」接觸到。我爸怎麼會知道死之華樂團？

「〈一路走來，感覺很糟糕〉？」他反問我：「這是老伍迪・蓋瑟瑞（Woody Guthrie）和皮特・西格（Pete Seeger）的歌呀。他們的歌名是〈寂寞公路藍調〉（Lonesome Road Blues）。喏，給我一分鐘。」他拿起那把老舊的桃花心木班卓琴，調整琴弦，然後開始彈起那首歌。

原來，早在一九六〇年代初期，我父親擔任航空母艦試飛員的休假期間，曾經在倫敦玩音樂。他手上的班卓琴甚至就是皮特的妹妹佩吉・西格（Peggy Seeger）送的（就在我寫這篇文章的此刻，這把琴就在我身邊，儘管我沒辦法彈得很好）。

我父親站起來，在發霉的唱片收藏中翻找一陣，拿出一張專輯，名為《老還擋路》（*Old and in the Way*）。封面是衣服滑稽的漫畫，畫的是一支酒壺樂團，而在畫面的正中央，有個大鬍子的男人坐在凳子上，手裡拿著班卓琴。那人的頭髮還是黑色的，不像我在體育場看到的那位灰髮大叔，也沒有發福，但這絕對是他——傑瑞．加西亞。

事情發生在一九七〇年代中期，傑瑞．加西亞、曼陀林演奏大師大衛．格里斯曼（Dave Grisman）、小提琴傳奇人物瓦薩．克萊蒙斯（Vassar Clements）聯手錄製了這張專輯。這是有史以來最暢銷的藍草唱片，吃下了福音音樂、藍草音樂（Bluegrass music，編按：是美國鄉村音樂的一個分支。靈感來源於英國、蘇格蘭、愛爾蘭在美國的新移民，在新舊文化間的碰撞交流）、鄉村音樂和死人頭（死之華樂團的樂迷常被稱為死人頭）的樂迷。在我的整個童年時期，這張唱片一直放在我的書架上，就等著我把這些線索都串起來。

隱藏在美國文化裡的旋律

我把這些線索都連起來之後，發現它們不只遍布美國，從新蘇格蘭、阿帕拉契到加州，接著還到非洲，最後還出現在一些奇怪的地方——例如科羅拉多在滿月的時候踩踏「多元民族卡津草」（polyethnic Cajun slamgrass，編按：一種混合型音樂，它將來自不同文化的傳統音樂〔如卡津音樂和藍草音樂〕與現代搖滾或即興元素結合）的部落舞會，還有科切拉音樂節（Coachella）上華麗的壓軸表演。

無論這些線索指向何方（從死之華樂團的音樂目錄，鮑伯．狄倫的咖啡館民謠，或英國搖滾入侵中的藍調復興），總是會回到一個溫文儒雅的人身上，他的名字叫做艾倫．洛馬克斯（Alan Lomax）。

洛馬克斯是一個音樂奇才，二十世紀初在德州奧斯丁長大，輾轉於哈佛和其他學校，然後找到了自己的職業。他的職業生涯始於幫助民俗學家的父親，收集牛仔音樂的現場錄音。在一九三七年，艾倫開始接管美國國會圖書館的民歌檔案庫後，他才真正嶄露頭角。

他拖著笨重的錄音設備走遍全國，錄製了一萬多份現場錄音，捕捉到大多數人從未聽過的美國聲音與文化。他著迷於「美國民歌中看似不協調的多樣性，傳達出民主、跨種族和國際化的特色」。洛馬克斯採訪了著名的民謠歌手伍迪．蓋瑟瑞（Woody Guthrie）、爵士樂傳奇人物大比爾．布朗茲（Big Bill Broonzy）和即興演奏（Jam music）先驅傑利．羅爾．莫頓（Jelly Roll Morton）、芝加哥藍調偶像馬帝．華特斯（Muddy Waters）等數十人。

雖然洛馬克斯的錄音大量捕捉到南方非裔美國人的風情，但這個國家的音樂確實是多種傳統和影響的大熔爐。從阿巴拉契亞的蘇格蘭—愛爾蘭凱爾特音樂演變而來的藍草和鄉村音樂，到法國天主教阿卡迪亞人的小提琴音樂轉化為狂歡節的卡津柴迪科（Cajun Zydeco）。流離失所的人們在苦難中掙扎，卻以這些救贖之歌賦予自己的奮鬥意義和目標。

「美國人有一部分是洋基人（編按：指美國北部新英格蘭地區居民之後裔）的聰明才智，一部分是印地安人的野蠻戰鬥，還有一部分是黑人。」林肯中心爵士樂的創辦人艾伯特．莫瑞（Albert Murray）如此評論這個國家的本質特色。

他在《英雄與藍調》（*The Hero and the Blues*）裡寫道：「藍調傳統本身……坦誠承認且冷靜接受逆境做為『人類生存不可避免的條件』，從而對所有的障礙（不管是政治或形而上的）採取積極的態度。」

一九二〇年代的藍調樂手福瑞．劉易斯（Furry Lewis）感嘆道：「我在地上呆得太久了，這對我來說就像是向上走一樣。」他體現了莫瑞對障礙的「積極態度」，面對它，承認它，然後超越它。顯然，他的情感引起許多共鳴，從南茜．辛納屈（Nancy Sinatra）到門戶樂團（The Doors），再到嘻哈巨星德瑞克（Drake），所有人都翻唱過他的歌曲。

莫瑞的門生斯坦利．克勞奇（Stanley Crouch）為這種逆境和勝利的平衡，取了個名字——搖擺（Swing）：「這是一種既優雅又具強度的『搖擺』。在爵士樂中，悲傷會有節奏的轉化為快樂，這也許就是音樂的意義所在：透過表演和創意，獲得或達到快樂。」

這正是我們試圖探索的本質：在美國音樂這種多語言混雜的傳統中，隱藏著某種深刻的東西。一種哲學、一種生存方式、一種神祕經文，以及一種奧秘（arcanum），不僅能帶來光明，指出我們從何而來，還能為所有人指點前進的道路。

因為這些救贖之歌不僅讓我們在最惡劣的狀況下看到光明，還能有力的號召徹底的改革。「問題不在有沒有希望，」康乃爾・韋斯特（Cornel West）在哈佛神學院的演講中堅稱：「問題在於『成為』希望。『擁有』希望過於疏離、旁觀。你必須參與其中，你必須加入行動。寇帝・梅菲（Curtis Mayfield）說：『你得不停的推進。』柯川（Coltrane）說：『要成為一股向善的力量。』妮娜・西蒙（Nina Simone）說：『該死的密西西比！』那不是抱持希望，這就是希望本身。無論在什麼情況下都勇敢的做見證，因為你選擇在蟲子啃噬你的屍體之前，盡你最大的能力成為一個正直的人。砰！就是這樣，這是藍調，美麗的傳統。」

在蟲子啃噬你的屍體之前勇敢的做出見證，並且唱出來。這是一條獨特的美國救贖之路。說出痛苦的名字，而不是把痛苦最小化，相當革命性。但是從破碎的悲嘆變成勝利的慶祝？這是鍊金術。

耶魯大學歷史學家哈洛・卜倫（Harold Bloom）在《千禧之兆》（*Omens of the Millennium*）

寫道：「美國宗教的靈性重生……更接近於赫米斯主義（Hermeticism，編按：以古希臘與埃及時期的哲學和神秘主義為基礎的思想體系）的模式，而不是教義上的基督教。」卜倫說美國的靈性一直比歐洲的基督新教或天主教更具顛覆性、神祕性和經驗性。這種靈性源於一種相同的衝動，這種衝動促使貴格會、震教徒（編按：在他們的宗教儀式中有「震動」或「搖擺」行為）、清教徒、摩門教徒、基督復臨派和其他幾十個教派，為了逃離迫害而來到美國找尋應許之地。這也就讓美國的宗教靈性信仰，比其他傳統更加狂野、怪異，也更顛覆。

「美國人的自我認識模式本質上是神祕主義，而非基督教義，」卜倫解釋說：「美國人在靈性重生中的啟蒙過程，讓我們成為『被療癒、原初且純真』的人類。重生顯然不是肉體的翻新，而是進入一個以前從未達到過的、存在過的新境界。」

就是這種死亡與重生的神聖而神祕的啟蒙儀式——從苦難到救贖，從凡人轉變為「重生的完人」（Anthropos），這正是美國體驗的核心所在，這也就是為什麼約瑟夫．坎貝爾會將死之華樂團的搖滾演唱會和古希臘的酒神儀式連接起來。

柔拉．涅爾．賀絲頓（Zora Neale Hurston）曾說過：「你必須親自去那裡，才能了解那裡！」這正是隱藏在美國傳統歌曲傳統的神祕的經文，宛如鍊金術的指引手冊，隱晦卻昭然若揭。猶如赫米斯主義般祕而不宣，但如果你擁有鑰匙（通常是一張唱片或演唱會門票），就可以打開它。若把這想像成「美國祕典」（Arcana Americana），我們不需要撰寫新詩篇或新故事來指引前路，因為這個指引其實自始至終都和我們在一起。

卜倫主張，只要探尋美國基督教的表面，就會發現一種神奇且神祕的知識啟蒙體系。然而，這個主張並沒有得到廣泛的認同，因為在美國，宗教若不是被虔誠的信徒全然當作真理接受，就是會像非信徒否認其中有任何值得注意之處。

卜倫斷言道：「靈知（Gnosis，或指直接體驗實相），在美國已經被馴化了兩個世紀，所以我們才會有身在靈知國度而不自知的矛盾。」我們實際上已經遺忘我們擁有幫助自己記憶的工具。這個諷刺很苦澀，但也是一個贖罪的機會。

***

如果這一切看起來都很像枯燥的歷史或學術研究，那麼今天環顧四周，你隨處都能看到這種靈知復興的跡象。桃莉・巴頓（Dolly Parton）演唱的〈一路前行〉（Travelin' Thru），是電影《窈窕老爸》（*Transamerica*）的原聲帶主題曲，獲得葛萊美、奧斯卡和金球獎提名，這首歌把當代多元性別族群爭取平權的過程，與歷史悠久的美國傳統連接在一起。她在奧斯卡舞台上表演，贏得了全場的掌聲（在影片中可以看到年輕明星如艾美・亞當斯〔Amy Adams〕和傑克・葛倫霍〔Jake Gyllenhaal〕禮貌的鼓掌，也可以看到更年長、更有智慧的傑克・尼克遜

〔Jack Nicholson〕在座位上激动得快要坐不住）。

桃莉・巴頓唱著：

心中有很多疑問，答案卻寥寥可數；
胸中燃燒著激情，為了探尋生命的真諦來到此處；
我們都背負著十字架，就像耶穌常被釘在樹上；
重生的那一刻，你會看到我脫胎換骨。

這場經典的「桃莉大劇場」最終展現出截然不同的景象。在奧斯卡頒獎典禮的舞台上，桃莉身穿一套合身的白色褲裝，獨自一人開始演唱。一開始的旋律充滿了鄉村民謠特有的感慨與情感，隨後轉為一段充滿恩慈力量的福音詩班無伴奏和聲。隨著演唱逐漸深入，她從痛苦與迷惘的深淵中重拾聲音，樂隊演奏也隨之響起，熱情的進入副歌。桃莉昂首闊步的在舞台上來回行走，舉起雙手，表達讚美與見證，熱情的鼓勵台下穿著正式西裝和禮服的觀眾「一起唱」。這場演出絲毫不遜於教堂中靈魂合唱的盛大場面。

「以悲喜劇的態度詮釋人生，揭示出背後的神祕力量與吸引力……這正是所謂的『靈魂樂』。」拉爾夫・艾理森（Ralph Ellison）表示。他的形容同樣除了可以描述桃莉・巴頓在奧斯卡上的演出，也可以呈現傑瑞・加西亞那充滿哀愁的民謠。「靈魂樂在團結中展現了美國的多樣性，表現出黑白文化的交融，以創造力訴說存在的掙扎……以及生命中的考驗、入教儀式和重生。」

雖然桃莉・巴頓在奧斯卡頒獎典禮上的表演，或許為好萊塢的世俗感注入了一絲鄉村氣息，但近來，好萊塢的風向似乎又有所轉變。新派世俗主義的興起，反而讓舊派的神聖主義重新煥發活力。

***

二〇一八年四月，在舊金山慈恩堂（Grace Cathedral）迎來了一場前所未見的禮拜儀式。平日只有約五十名信徒參加的週間禮拜，這一天不得不為蜂擁而至的新面孔騰出大量空間。八百五十名未曾來過教堂的參與者擠進了教堂的長凳，各種膚色、背景，有的衣著浮誇、有的樸素內斂。這群人是為了一場特別的彌撒而來：「碧昂絲彌撒」（Beyoncé Mass），這是一場受碧昂絲人生故事和音樂啟發的基督教禮拜儀式。

「在黑人爭取自由的過程中，黑人藝術家始終扮演著重要角色。不論是妮娜・西蒙（Nina Simone）、哈利・貝拉方提（Harry Belafonte），還是搖滾蜂蜜重唱團體（Sweet Honey in the

Rock）。」聯合神學院聖公會神學院院長凱莉・布朗・道格拉斯博士（Rev. Dr. Kelly Brown Douglas）在接受《紐約時報》採訪時表示：「碧昂絲正是這一傳統的重要一環。她的音樂與黑人教會之間有著一種自然而深刻的聯繫。」

這場彌撒的靈感來自舊金山神學院黑人教會研究主任尤蘭達・諾頓牧師（Reverend Yolanda Norton）。她以碧昂絲的故事和歌曲為切入點，透過基督教福音書的視角，探索黑人女性與其他多元性別族群的共同經歷。當然，參與者還得大聲跟著碧昂絲的音樂一同歌唱，以此強調彌撒的核心主題。

第一場彌撒的影片在網路上瘋傳，引發轟動。不久之後，從洛杉磯到里斯本，各地的社區都爭相模仿這種新穎的禮拜體驗。一位參加了洛杉磯首場碧昂絲彌撒的信徒說：「我已經好幾年沒去過教會了，但這次的經歷讓我感到溫暖、備受歡迎。離開時，我覺得自己的心靈得到了療癒。彌撒結束時，有人流淚、有人大笑，大家彼此擁抱。」

這一切並不令人意外。與其扯著嗓子吟唱〈聖母頌〉或生硬的背誦〈尼西亞信經〉，碧昂絲的成名曲〈百戰嬌娃〉（I'm a Survivor）更能讓信徒感到放鬆與親切，這是一場關於靈魂的非對稱之戰。她的許多歌曲中蘊含著我們一直在探索的核心元素：靈魂樂、藍調、搖擺樂與爵士樂，而且不僅傳遞希望，也展現了在重生與救贖中的掙扎。

「我們的目的並非將流行音樂帶進教會，」一位籌備彌撒的工作人員告訴《紐約時報》：「而是希望提供人們理解基督教的新視角，讓大家看到，基督教並不僅僅是一本舊書中的陳舊故事。」

對此，諾頓牧師坦言：「確實存在阻力，有些批評甚至來自教會內部。他們誤解了我們的初衷。其實，我們的目的是團結，而非分化。如果你從教會的角度來聆聽碧昂絲的音樂，你會發現她的作品真實、誠摯且直面我們與上帝之間不完美的關係。」

當看到一場以碧昂絲為靈感的教會儀式，與其說是一種異常，不如說是對藝人自身生命循環的致敬。碧昂絲在休士頓長大，在教會詩班中汲取了福音音樂的養分。她的父親是非裔美國人，母親則擁有路易斯安那克里奧（Louisiana Creole）、猶太、西班牙、中國與印度多重血統（「碧昂絲」這個法語名字，正來自她母親的家族）。在她職業生涯的起步階段，她自由的汲取這些文化背景中的節奏與靈感，並將其轉化為真正獨特的美國特色。

然而，碧昂絲的故事只是冰山一角，美國的奧祕遠比她更為宏大。

＊＊＊

一九九六年，伊朗電影大師阿巴斯．奇亞洛斯塔米（Abbas Kiarostami）在紐約林肯中心首映其作品《橄欖樹下的情人》（*Through the Olive Trees*）。在映後座談中，一名觀眾問他為什麼選擇以伊朗北部的偏遠村莊為背景，並搭配古典音樂。他回答：「古典音樂早已不再專屬於西方。現在，它屬於全世界。」

同樣的，福音音樂、藍調音樂、爵士樂與鄉村音樂，也都屬於全世界。這些音樂在共同的希望與絕望中被鍛造而成，見證了奴隸制度、戰爭、流放與返鄉的變革，以及種族主義、移民、多元文化、多元族群等歷史片段，構成了美國的音樂遺產。它們的共同特點是：一次次在困難中被擊倒，但每一次都能唱著歌站起來。

艾倫·洛馬克斯（Alan Lomax）在回顧他為美國國會圖書館錄製的上萬首民歌時，感慨道：「美國民歌中看似不連貫的多樣性……正是美國動盪而多面的歷史，賦予了它跨民族、族群與國際化的特質。」

這種音樂，是無限賽局的原聲帶。它們讓人振作起來，從頭開始；它們鼓舞我們舞蹈，忘卻苦難。

第八章
物質小助力，啟發儀式感

在一八七〇和八〇年代，美國原住民教會或稱「佩奧特教」（Peyote Church）從墨西哥北部的發源地，迅速傳播到美國西部的印地安人保留區。這個教會的儀式包括通宵的唱歌、跳舞、祈禱，和反覆使用佩奧特仙人掌中具有影響精神行為的物質。歐裔政治人物對這種「佩奧特邪教」的興起甚感憂慮，擔心會引發印地安人叛亂，所以決定取締這個宗教。

十年後，科曼奇印第安部落的首領庫哈·帕克（Quanah Parker）在奧克拉荷馬州議會，對於該禁令是否要廢除或維持原狀進行辯護。帕克向參議員保證，他在教會的經歷不僅療癒了自己和他人，更激勵他們從傳統的生活方式中過渡到現代生活，而食用這種神聖植物的聖餐體驗，更讓許多人從酗酒和絕望中脫離出來。帕克解釋說：「白人走進教會，討論耶穌；但印地安人走進帳篷，和耶穌交談。」

這番話讓國會議員們一時語塞，未做出立即回應。而在後來，印地安人最終成功爭取到合法食用佩奧特這個神聖植物的權利。帕克的證詞只是勝利的第一槍，並推動了一九七八年《印地安人宗教自由法案》（the Indian Religious Freedom Act）的通過。時至今日，美洲原住民教會已成為一場廣泛的宗教運動，信徒超過二十五萬人，涵蓋來自墨西哥和加拿大的追隨者。

宗教體驗的兩種類型

帕克區分了兩種宗教體驗，一種是與神明保持距離的討論，一種是全身沉浸式直接體驗。這種區分很重要。如麥可．波倫（Michael Pollan）在《改變你的心智》（*How to Change Your Mind*）裡所說，真正能帶來改變的「宗教致幻劑」（字面意義上能產生神聖體驗的物質，如佩奧特仙人掌），與有如「神聖安慰劑」的天主教聖餐儀式截然不同，兩者天差地遠。

這種差異，甚至從代名詞就可以看出來。「討論耶穌」或其他神明的方式，通常採用第三人稱來進行。我們（主詞）在討論他們（受詞）。這是一種相對抽象的表達，常見於學術界和神學界的領域。而另一種則是第二人稱的體驗，哲學家馬丁．布伯（Martin Buber）說這是「你我之間」的關係，非常直觀。這就是庫哈．帕克所推崇的形式「直接和耶穌對話」，也是最典型的直述禱告：「親愛的上帝，請幫助我、給予我、拯救我、寬恕我。」這絕對比抽象的第三人稱討論更親密。

再進一步深入探討，如果我們進入神祕主義者的世界，如基督教的聖方濟各、猶太教的邁蒙尼德、伊斯蘭教的魯米、佛教的蓮華生大士和印度教的羅摩克里希納（在此僅舉幾例宗教中的神聖人物），我們還會看到文法的崩壞，從「你與我」的對話關係轉變為「我與我」的直接交流，也就是第一人稱層面的人性與神性合一。

國家地理頻道的常駐探險家韋德·戴維斯（Wade Davis）在海地研究巫毒儀式時，聽到有位巫師拓展了庫哈·帕克的分類：「白人走進教會，討論耶穌；但印地安人走進帳篷，和耶穌交談。我們舉行巫毒儀式時，則成為了自己的神。」這大概就是第一人稱的體驗了。

雖然第三人稱、第二人稱和第一人稱這三種方式，都可以建立人類與神明之間的健康關係，但在當代文化中，這三種方式的分配極不平衡。我們當代大多數的成年禮，無論是世俗的畢業舞會、兄弟會的宣誓，還是宗教的洗禮、聖餐禮與婚禮，都是第三人稱的儀式化表演，不再傳達真實的精神體驗。不管這些典禮名稱為何，都淪為安慰劑般的儀式。也就是說，在當代，我們過度依賴第三人稱的討論，而忽略了第一人稱和第二人稱的沉浸體驗，因此飽受精神上的貧乏與痛苦。

美國神學家布赫納（Frederick Buechner）很納悶：「在這過程中，如果不毀滅我，上帝怎麼能留下一些懷疑來彰顯祂自己呢？如果沒有懷疑的餘地，也沒有我的立足之地。」

然而，有些經驗可以直接連接到潛意識，消除自我和懷疑。只要我們願意擴大搜尋的參數，就能發現可能性。這便是美洲原住民教會的神聖儀式所提供的價值。

紐約大學神經科學家奧利佛．薩克斯（Oliver Sacks）說：「每種文化都找到了一種化學方式來超越自我，某種程度上，使用麻醉劑是魔法儀式或神聖儀式上的重要工具。在神聖儀式上使用可影響精神行為的植物由來已久，且持續到今天世界各地的薩滿儀式和宗教儀式中……有些人可以透過冥想或類似的催眠技巧，或透過禱告和精神練習來達到這種超然的狀態。但迷幻物質提供了一條捷徑，讓人輕易脫俗。這些捷徑的成功，在於某些化學物質可以直接刺激複雜的大腦功能。」這種精神上的刺激，打破了第三人稱的高牆，讓我們進入第二人稱和第一人稱的深度交流。

薩克斯確實觀察到，影響精神行為的物質使用和人類文化一樣悠久，但如今，人們對此的需求愈來愈迫切。隨著我們對世界的理解日益深入，對自我的疑慮和負擔也變得愈來愈沉重。為了擺脫我們所面臨的厭世情緒、神經質和絕望感，我們需要擁有更強大的推進力與更精確的導航系統。

一條強化神性感受的捷徑

有時候，不是為了要把舊的聖餐酒倒進新瓶子裡，而是為了把酒倒掉，然後在瓶子裡裝入完全不一樣的啤酒。

如果你今天遇到瑞克・都柏林（Rick Doblin），這位哈佛博士、跨學科迷幻研究協會（MAPS）的創辦人，你可能會以為他是變形人。有時候他西裝革履，和緝毒署的官員協調工作；有時候他在國會為搖頭丸療法的合法化做說明，聲稱這對退伍軍人有益；而下一秒，他會穿著彩虹圖案的拼接外套，在沙漠慶典上主持迷幻減害研討會。

但如果將時光倒流回到三十年前，你會發現他又以另外一種形象出現：就像美國民間英雄「蘋果籽強尼」（Johnny Appleseed），把知識之樹的果實帶給願意用一輩子去守護它的人。

回到一九八四年，那時搖頭丸是一種完全合法的研究用化學物質。瑞克・都柏林還在撰寫他的博士論文，主張搖頭丸可以用來治療心理疾病，讓病患成為更有效率的人。他在美國加州中海岸大蘇爾的本篤會無瑕聖心修道院，遇到了一些修道士，並提出了以下建議：將搖頭丸（當時在美國稱為「亞當丸」）做為他們日常禱告外的「精神營養品」。這些修道士起初很存疑，但最終同意嘗試。

那天，他們在平常的沉默中靜坐冥想。此時，定時釋放的膠囊開始在他們的大腦中釋放血清素、催產素、多巴胺和泌乳素（prolactin）。大衛・史坦德－拉斯特（David Steindl-Rast）修道士在進入修道院之前是一位心理學家，他描述了自己的經歷：「這種感覺就像是在霧中跋涉了一整天，突然，第一次短暫的看到了山巔。覺醒沒有捷徑，需要每天的努力和累積，但這種藥物能讓你看到自己一直在尋找的東西。」另一位修道士評論說：「三十年來，我持續冥想著基督之愛，而在今天，我比過去任何時刻都更強烈的感受到祂的存在。」

第二天，修道院院長憂心忡忡的把都柏林叫到他的辦公室：「我的修道士用你的藥物做了什麼？」都柏林回憶，那次對話就像論文答辯一樣，他成功的說服了院長，修道士們可以繼續迷幻實驗。

都柏林把如安慰劑般的神聖儀式中的餅乾和葡萄酒換掉，為那些獻身於上帝的第三人稱冥想者提供更直接的捷徑。透過第一人稱的「我與我」和第二人稱的「你與我」交流，他們得以短暫的脫離遵從戒律的迷霧，首度真正看到山巔。

修道士們在幾十年的戒律和修道院的自然美景共同作用下，獲得了如亞當般的原始體驗，彷彿成為初生的新人類，沐浴在「超越一切理解的祥和」之中（就算只有一個夢幻的下午），得以品嚐這一生都在追求的智慧之果了。

一九八四年的那個光榮時刻之後，一切開始走下坡。搖頭丸被使用在治療研究與神聖儀式之外，成為狂歡現場的熱門藥物，造成許多急診病例。媒體將其放大為「國際流行病」，最終促使搖頭丸被重新歸類為一級管制藥物。都柏林接下來三十年的工作就此展開。隨著搖頭丸被趕出了伊甸園，都柏林的任務就是把禁果重新帶回，而不被法律的守門人發現。

感知人生更多的可能性

兒子出生後不久，我和妻子茱莉回到東岸去探望家人。我母親逗弄了這個剛出生的孫子之後，問妻子想不想看看我小時候的照片。她拿出家庭相簿，裡面有穿著白色的洗禮禮服、留著飄逸及肩長髮的一歲半的我（她真的很想要個女兒）；也有只帶著一頂亮黃色的雨帽，其他什麼也沒穿，自豪的站在浴室裡的三歲的我。然後，還有我這二十五年來從沒見過的東西——幼兒園的成績單。

母親和妻子將其打開，才看了一行，就咯咯笑了起來。老師在成績單的最下方寫了一句讓她們深有同感的話：「詹姆斯可能會發現，只要不糾正其他小朋友玩遊戲的方法，他就可以在操場上交到更多朋友！」這句話概括了我的一生。我從小就執著於邏輯和一致性，而對他人的感受不屑一顧。顯然，幼時的我就已經有這樣的傾向了。不過，用這種方法很難交到朋友，更別說影響他人了。

在那之後，我有過幾次深刻的迷幻體驗，但這些經歷並沒有改變我的固執本性。在大學期間，我曾和一位生物學教授一起撿牛糞上的大球蓋菇；和哥倫比亞的薩滿一起服用死藤水；還有在手術中被麻醉師注射了K他命（不推薦），而其中最深刻的體驗，甚至讓我有一種「今天是我餘生第一天」的感覺。不過，回顧過去這三十年，我發現這些體驗頂多只是一瞬的光明，而非持久的改變。

這又讓我們回到成績單上。我的老師認為，整體來說，我是一個固執己見的小王八蛋，這在後來的「不良童年事件」發生之前，就已經可以解釋我的性格缺陷了。而老師的描述，即便在我經歷各種迷幻體驗之後，依然準確無誤。這正是為什麼母親和茱莉會笑得那麼開心。

儘管我盡力了，但我依然與剛來到這世界的自己無異，還是那個穿著洗禮禮服、戴著黃色雨帽、手握成績單的小男孩。我的世界雖然被徹底顛覆，我的內在體驗讓我感受到全然不同的事物，但我的人格結構幾乎完好不變。

我不認為只有我一個人在破壞自己的成長。畢竟，如果使用迷幻藥真如這些研究說的有效，那麼嬰兒潮一代的嘻皮現在應該是銀河系的霸主了。如果透過三次的搖頭丸療程就可以治療憂鬱症和創傷後壓力症候群，那為什麼三十三次的療程，不能把活在奇異幻想中的人變成菩薩？

事實上，在過去十年裡，霍普金斯大學和帝國理工學院的研究雖然取得突破，但也揭露了一個黑暗的缺陷。雖然憂鬱症和創傷後壓力症候群在短短幾次療程後就可以完全緩解，且統計數據和紀錄令人震驚，但在六個月後，患者變得更沉默、有時甚至更絕望了。一旦他們崩塌的世界觀和自我缺陷再度回來。他們就又掉到溜滑梯的底端，只是這一次，他們再也無法回到遊樂場的中央了。

古代的神祕主義者稱這種現象是「靈魂暗夜」（Dark Night of the Soul），短暫的看到光明獲得深刻的內心平靜或洞察，然而，這樣的高峰經歷並非永恆，而是可能被隨後的空虛、迷茫和深層的不安所取代，猶如靈性的毛球（溫暖、柔軟的感覺）被冷酷無情的吹散。黎明前總是最黑暗（也最冷），下一個日出需要等待很久，比我們預期的時間要更長。

這就產生一個更廣大的問題：宗教致幻劑或神聖儀式物質到底有多大的改變力量？我們用對了嗎？

這是一個真正的問題，關於如何妥善使用迷幻物質的問題。就像學者休斯頓．史密斯（Huston Smith）曾經沉思自問：「我們能不能將短暫的光明轉化為永恆的光明？」

儘管最初的體驗可能充滿正面、不對稱的影響（尤其是在結構化的自然環境中），但隨後的努力也可能產生同等效果或呈現相反的不對稱下降。

超越神經化學的體驗真正促使改變的，是一種直接感知人生還有更多可能性的體驗。最初的啟發可能讓人興奮不已，像是「我不需要過千篇一律的郊區生活！」或者「我值得被愛！」，雖然這些感受勢不可擋，但我逐漸意識到，這些充實的人生還是不可避免的包含了人類的種種掙扎與限制。大多數的人從未自願越過邊界，而且有時候「更多」不一定代表「更好」，而只是單純的「更多」、「多很多」而已。

小心！沉溺的「超級自我」

八二法則出了問題。如果前二十％的療癒體驗帶來八十％的啟發和突破，那麼從理性上來看，我們可能得出結論：「天哪！這是有史以來最能夠改變遊戲規則的事情。我要清除障礙，把我的一生奉獻給這種變革性的實踐——照這種速度，相信我很快就能開悟了！」

然而，現實並非如此。八二法則讓我們陷入一種扭曲的期待，隨後不得不面對著讓人失望的現實：「剩下八十％的時間、金錢和努力，只能獲得二十％的成長和整合，而且，可能還需要經歷更多挫折和反覆的探索，才能弄清其中奧祕。」

這個現象適用任何形式能達到狂喜的心流體驗（迷幻藥、小組討論、呼吸法、健身、譚崔療癒〔Tantra〕、音樂）。一開始，療癒帶來的高峰體驗令人感到非理性的充滿活力，但隨著時間推移，我們很快就會失去那種新鮮感，接著迷失方向、失去自我。我們會變得容易沉迷於這種體驗，卻未能擴大自己的格局。

我們很清楚抗生素濫用後培養出超級病毒的教訓。同樣的，過度且無管制的使用迷幻劑也會帶來問題。當迷幻劑被用於治療、生物駭客探索，甚至週末娛樂時，我們就可能會陷入濫用。而這種濫用不是導致超級病毒的災難性後果，而是導致「超級自我」的誕生，這是一種更隱祕但同樣危險的結果。

這些本來是要讓我們擺脫自私與執著的藥物，卻創造出我們最想消滅的那種自我，而且還更具攻擊性。

佛教導師邱陽．創巴仁波切（Chögyam Trungpa Rinpoche）形容這種現象為「精神唯物主義」，也就是靈修練習變成傲慢的來源，加劇了自我的僵化而非帶來解脫。例如，社群媒體上的「巫師」和「創新者」聲稱自己是被召喚來改變迷幻療法的僵局；精心打扮的瑜伽修行者更關心自己的緊身褲是否完美襯托翹臀，而不是專注於八支瑜伽（《瑜伽經》中講述身心靈合一的八個必須步驟）的修行道路；自封的神祕主義者相信自己「下載」了，可以打開古埃及或亞特蘭提斯的鑰匙。

這正是奧利佛．薩克斯所說：「藥物提供了一條捷徑，讓人輕易脫俗。」這些物質讓我們不需要經過多年的內觀或調息練習，也不需要培養倫理道德和正確的生活方式。

正如亨特·湯普森（Hunter S. Thompson）所說：「買票，就可以上車。」數百萬人接受了這個建議。在這種不穩定的準備過程中，反覆參觀「宇宙狂歡節」的情況下，雲霄飛車會脫軌也不足為奇了。

＊＊＊

我們目前對「宗教致幻劑」的使用，處與一個極不穩定的狀態，而且沒有先例可循。今天，我們可以訂購目前已知最強的精神藥物，而且兩天內就送達家門口；想尋求死藤水體驗的人，只要湧向亞馬遜就行；二十多歲的孩子們在電音表演時，會吸食最強迷幻藥二甲基色胺（DMT）；而矽谷執行長們則以舔索諾蘭蟾蜍（Sonoran toad）的毒液做為「榮耀勳章」，炫耀自己是「見過大風大浪的科技巨頭」。

這一切都不正常。就像把瓶子火箭上的穩定桿折斷後，卻仍希望火箭能按照指定方向飛行。在整個人類歷史中，我們從未以如此無結構且開放的方式，來使用如此強大的工具。現有的醫療和娛樂模式，都無法為這種體驗，提供最安全、最符合道德的指導。

幸好，我們並非毫無先例。只要翻開人類學的文獻，就能發現許多文化成功的將神聖儀式與社會結構融合的例子，這為我們如何妥善整合迷幻體驗提供了寶貴的靈感和指引。

一步步來，在尊重傳統上創新

紐幾內亞西部的歐克山（Mountain Ok）部落對物質在文化中的作用，有一種特別優雅的態度。他們的啟引過程分為十二個階段，會用到三種植物——薑、煙草和蘑菇。前十個階段只是入門啟引的標準階段，完成最後兩個階段則象徵著邁向長老的身分。

在這個過程中，神聖物質的使用被分層排列，反映出參與者的等級和社會地位。前三個階段會用到薑，中間六個階段會用到煙草，最後三個儀式會用到不同精神作用的蘑菇。每一個階段，都會產生愈來愈強烈的匱乏感，包括：禁食、失眠、脫水、隱藏、跳舞和擊鼓等手段，來加強體驗。

只要完成入門階段，就有資格使用對神經有影響的物質，但必須按部就班、循序漸進。這部分很像蒙特梭利的教室，小孩只要被老師指導過如何正確使用教具，就可以自由的選擇使用任何教具。這兩者的觀念都一樣，強調的是「秩序中的自由」，只是材料不同罷了。

牛津大學的人類學家理查・羅吉利（Richard Rudgley）指出：「最高階的長老策劃了整個儀式的循環，他們自己也從底層階段開始，才對整個儀式知識的系統有深刻而詳細的理解。」

最後的兩個儀式尤為特殊。儀式辦在部落最高的山上，參與者必須經歷日夜的艱苦磨難，吃下大量具有劇毒（且會改變精神行為）的蘑菇。如果是在這種儀式之外，這些植物可能會置人於死地。然而，在儀式中，這些物質成為參與者通往靈性覺醒的媒介。一旦成功完成儀式並獲得長老身分，參與者的洞見將被融入部落的生活與傳統之中。羅吉利解釋：「他們被賦予了權威和洞察力，並將能在既有的知識體系中加入他們個人的主觀感知。」

大多數的宗教傳統本質都很保守。在遙遠的過去，某位被選中的先驅可能曾獲得啟示，但在那之後，這些啟示就被蓋上了神祕的面紗。隨著歷史演進，牧師和巫師階層壯大，其他人只能接受這些中間人傳遞的二手資訊。

當然，也有人透過第三人稱的方法來努力討論神，如希伯來文經典闡述猶太教的律法和倫理，或奧古斯丁的教會著作。然而，直接以第二人稱或第一人稱的方式與神明交流呢？這通常不受歡迎，或被視為異端而受到迫害。「靈性啟蒙的自由」和「宗教正統的權威」之間的矛盾始終存在，很少有掌握權力的牧師願意讓那些被點燃「靈性之火」的神祕主義者搶走風頭。

令人驚訝的是，紐幾內亞的歐克山部落採用了一種近乎「開源」的模式，將個人的主觀啟示融入現有的傳統知識體系中，並保持靈感的自由流動。這種作法在現代文化中顯得異常前衛，微妙而啟發性十足。畢竟，如果在一條河流上築起水壩，即使是最湍急的溪流也會逐漸停滯不前。而歐克山部落早在Linux、維基百科和區塊鏈之前，就創造了一種開源的啟示系統，讓靈感在傳統的框架內繼續自由流動。

這是一種有限度的自由，在尊重傳統的基礎上創新。這正是我們在探索「意義3.0」或「開源神聖儀式」時可以汲取的教訓。

打造屬於你的靈性享樂曆

講完神聖儀式的效用後，接下來應該要討論如何將這些神聖儀式融入日常生活。首先，我們可以描述一個顯而易見的事實：不是每個人都適合接觸宗教致幻劑。或許有十％的人永遠都不應該接觸到這些物質，尤其是那些有不良家族史和醫療紀錄的人（例如：黑暗三角人格中的自戀者、馬基維利主義者和心理病態者）。

同時，也只有約十％的人才適合嘗試不止一次的啟引經驗。這和我們在紐幾內亞看到的分布很接近，在那裡，只有少數人可以參加這種儀式。因為，不是每個人都想成為長老或應該成為長老。那麼，對於位於鐘型分布曲線中間剩下的八十％人口來說，啟引儀式要在什麼時候開始？青春期、婚姻和死亡這三個人生里程碑，顯然很值得考慮。

艾莉克斯．哈利（Alex Haley）的著作《根》（*Roots*）描述了非洲人的離散故事，在開頭的章節描述了一個感人場景：甘比亞的一位爸爸把剛出生的兒子舉向耀眼的星空，對著璀璨的銀河喊道：「看哪，昆塔．金德——宇宙中唯一比你偉大的東西！」如果每個孩子都能以這種方式被迎接到世界，我們是否就不會有那麼多的焦慮和憂鬱呢？

同樣的，在長輩、導師和同儕的陪伴下，參加一場服用三公克裸蓋蘑菇素的啟引儀式，也可以產生這種效應。這是由霍普金斯大學所研究找出的最佳劑量，可以促進洞察和治療，帶來穩定效果而不會過於劇烈。如果這些研究中觀察到的正面影響可以延伸到青春期的啟引儀式，那麼或許可以幫助青少年更積極的融入社會，與地球建立更深的聯繫。

雖然在毒品戰爭和青少年濫用藥物的背景下，這種方式有些魯莽，但請記住，我們其實早就允許服用高劑量的安非他命（治療注意力不足過動症）、抗憂鬱藥物和抗精神病藥物，而這些藥物往往造成災難性的後果。相較之下，具有結構化、社群支持的啟引儀式，進而定期服用這類物質，在全世界各地已實踐了幾千年，是一種完全不同的應用方式。

下一個應該被重新定義的安慰劑神聖儀式是婚禮。如今，婚禮被簡化成拍照打卡、展現美德和社會地位的互動了，而非神聖結合的儀式。想像一下，如果在婚禮上，治療師、牧師或婚宴上的重要成員陪伴新婚夫婦，讓他們在儀式中服用一百五十毫克的搖頭丸，並分享他們內心最深切的希望、恐懼和對未來生活的承諾，那會是什麼樣的情景？

進一步來說，如果能在每個結婚紀念日，都重複這個儀式呢？在經歷了十二個月的希望和心痛之後，他們可以重新建立連結，重新開始新的一年。這樣的儀式可能可以減少悲傷、怨恨和挫折感的累積，也就是避免經常導致婚姻裂痕的種種情緒。透過這個儀式，夫婦能在生活的考驗中保持深厚的連結和不滅的意念。

最後，我們要如何創造一個文化能接受的啟引儀式，讓人們完全擺脫俗世的糾纏？很多有過瀕死體驗的倖存者表示，瀕死的經驗徹底改變了他們的生活態度，由於他們對死亡有了某種「預知」，恐懼就隨之消失。霍普金斯大學針對裸蓋蘑菇素的臨終體驗研究，也出現大致相同的結果：「存在主義的恐懼」明顯消退了。

無論是瀕死體驗帶來的肉體死亡，還是迷幻療程帶來的自我死亡，這些經驗都是死亡的綵排。幫助人們在最終不得不面對真正的死亡時，更平靜、更優雅。許多瀕死體驗的參與者指出，5-MeO-DMT（迷幻藥）最接近「白光體驗」。如果老年人或生命垂危的人進行一到三次這樣的療程，可以協助他們回答困擾他們已久的存在問題，充分利用剩下的時間，讓他們準備好用自己的方式告別。比起我們的最後一口氣被領著時薪的看護包圍、身上掛著監視器和靜脈點滴，甚至被鎮靜劑麻醉，這個過程無疑是個巨大的進步。

這三個例子很清楚的表示，我們可以透過更直接的第一人稱和第二人稱方式接觸神明，來強化現有的第三人稱儀式。在這些體驗中，我們不是在討論神明，也不是讓別人告訴我們生命的意思。相反的，我們是直接和神祕的力量對話，甚至直接參與其中。這種直接的神聖儀式，融合文化的深度與情感的隆重。在這樣的場合中，我們可以得到愛人的支持，感受自己的理解被肯定，並被活生生的傳統所引導。不需要中間人，也不需要轉述者，只有自己與神祕力量的真實接觸。

慎重獲取具啟示的物質

如果要堅守IDEO設計指南，那就特別需要注意到「開源性」和「反脆弱」這兩者的交集。傳統上，神聖物質往往很稀有，並且受到嚴密的保護——這和開源的本質相反。我們至今仍無法確定印度蘇摩（Somo）、希臘凱恩（Kykeon）或其他數十種古代特調飲料的真正成分。這些化合物經常受到嚴密保密，如果觸犯禁令探究還可能招致死刑。

涉及第一級和第二級管制藥物（Schedule I和Schedule II compounds），例如：迷幻藥，因持有和使用就會被判終身監禁，今天仍在管制中。雖然我們上一段提到的成人儀式享樂曆聽起來很有希望，甚至意義深遠，但在現實上不被允許。

如果古代史與近代史能給我們帶來任何啟示，那就是：即便在藥物合法化之後，這些突破性的舉措仍有可能隨時被逆轉。普羅米修斯冒著風險取火，火柴卻可能被神父沒收，而所有一切都可以被冠以「公共安全」的名義。只要司法部長和檢察官抱持著不信任的態度，幾十年的改革努力就可能在一夜之間被凍結。

「開源」表示我們要從唾手可得的食材來創建食譜，廣泛分享，讓各地的社群都能使用。我們不能因為材料的稀缺性，而陷入對某些化學家或特殊動植物的依賴。「反脆弱」在這裡的意思是「抵抗迫害」。特別是當人們開始認真對待這些解放性的體驗，但又等不及社會變遷而失去耐心時。他們的耐心可能耗盡，從而激發對這些體驗的更大需求。

反脆弱的真正挑戰，在於如何擺脫對第一級和第二級管制藥物的過度依賴。不管這些物質多麼有潛力，但因其稀有性和受管制的狀況，始終面臨被邊緣化或供應中斷的風險。當這些物質被開放使用的時候，治療師、科學家和政策制定者就能像廚師使用當季食材一樣，將這些強大的工具融入他們的專案中。同時，我們也可以從其他較不受管制的第三級和第四級管制藥物中，挑選可用的替代品（也就是可透過處方箋獲得的藥物，例如：大麻素、氮氧化合物、高壓氧、催產素）。

換句話說，我們需要列出一份可用的物質清單，利用這些物質來激發靈感、療癒創傷和建立人際關係。只要持有合法的駕照或醫療證明，人們就能體驗到這些崇高的經驗。

如果能實現這一點，教會的形式可能會完全不同。它可能成為一個全新的環境，人們可以在其中同步服用處方藥，以啟發靈感和進行慶祝。這將是一種自主組織的宗教致幻劑體驗，由當地的「節奏與和解委員會」提供支援。

準備好設計屬於你自己的神聖儀式吧。

第九章

喚醒本能，身心親密接觸（性之一）

一九八〇年夏天，《藍色珊瑚礁》（*The Blue Lagoon*）在美國首映。主角是年僅十四歲的布魯克．雪德絲（Brooke Shields），她後來成為知名演員，和傑克．尼克遜這種大咖當朋友，並嫁給網球明星阿格西（Andre Agassi）。這部電影後來成為票房總收入前十名，震驚了觀眾。

天性與道德交錯的演化

電影海報上寫著：

《火爆浪子》（*Grease*）的導演藍道．克萊瑟（Randal Kleiser）將自然愛情的感性故事搬上大螢幕。兩個孩子，在熱帶島嶼上遭遇海難。大自然很仁慈，他們靠著豐富的叢林和珊瑚礁維生。男孩漸漸長大，女孩愈來愈美麗。他們的愛情像大海一樣自然，又像海浪般不可阻擋。

電影《藍色珊瑚礁》重新演繹了盧梭關於生活在天堂裡的「高貴野蠻人」的想像。電影靦腆的提出疑問：「當我們生活在如瑞士家庭魯賓遜的田園中，我們真實的本性是什麼？我們是否天生就有純潔的愛與激情，還是命運早已注定了由本能驅動？」

艾玫琳和理查原本在天堂般的島嶼上過著無憂無慮的生活。但隨著「男孩愈來愈高，女孩愈來愈漂亮」，事情就發生了。

艾玫琳進入青春期，開始有月經，她和查理都感到困惑，甚至擔心是否哪裡受傷了。當理查發現艾玫琳的胸部開始發育時，甚至還取笑艾玫琳，說她看起來很像水手在牆上貼的「大咪咪」海報。艾玫琳毫不示弱，反擊道：「我看到你在偷偷玩它，我都看在眼裡，也知道你那樣玩會怎樣。」

然後，有一天，在珊瑚礁裸泳並分食芒果之後，兩人首次接吻。

理查說：「我覺得肚子很不舒服。」

「我也是。」艾玫琳附和。

「我的心跳得太快了。」艾玫琳接著說。

「我也是。」理查同樣表示。

在瀑布與管弦樂的烘托下，他們發生了第一次性關係。隨後，電影進入了熱帶蒙太奇的溫和情色畫面——他們在島上各種美麗的景點做愛。

然而，當艾玫琳開始變胖，他們的性生活減少，摩擦逐漸增多——她懷孕了。九個月後，他們迎來了一個孩子，從此一切都變了。「天堂之門」突然關閉，他們開始面對新的現實。

劇情很好猜，票房反應也一樣不出意料，影評人的抨擊很猛烈（爛蕃茄網站上的評分是八分，雪德絲拿下首屆金酸梅獎的「最差女演員」），但觀眾卻很買單。那個夏天，只有《星際大戰五部曲：帝國大反擊》（*The Empire Strikes Back*）、《空前絕後滿天飛》（*Airplane*）、《上天下地大追擊》（*Smokey and the Bandit II*）的票房超過了這部電影。

《藍色珊瑚礁》以笨拙但真誠的方式突顯了一個簡單的生活事實：人類不管多無知或被誤導，總是能想辦法繁衍。數百萬年來，我們在沒有使用手冊的情況下完成了這項工作。這是除了呼吸和飲食之外，最有效的生物衝動，如果不是如此，我們不會在今天擁有近八十億人口。

這種壓倒一切的本能支撐著我們最深層的痛苦和潛力。當時間來臨，男孩和女孩在完全無法解釋的情況下，開始探索彼此的身體，正如理查和艾玫琳在珊瑚礁那樣。體內奇怪的感覺和心跳加速？那是正腎上腺素、多巴胺和睪固酮在體內橫流，這些化學物質推動著人類的本能：「繼續下去，你就快到了！」彷彿大地母親在耳邊低語。

男孩的敏感部位擁有超過七千個神經末梢，是全身最敏感的地方，而此時撞進了女孩的大腿間之間，這個對他來說比任何地方都更具吸引力的神祕地帶。女孩的身體也會回應撩撥的視覺和嗅覺訊號，釋放出血管活性腸肽（vasoactive intestinal polypeptide, VIP），陰道的血流增加了，體液從陰道壁滲出，使陰道濕潤。兩顆碗豆大小的腺體分別位於子宮頸內和子宮頸兩側，可分泌黏液。最終的結果就是產生一種比鼻涕更滑的潤滑劑——就連活絡膝蓋的潤滑劑都沒有那麼順。大自然把最好的化學反應，留給了這個高風險的熱點。

這對年輕的戀人摸索著要怎麼把身體拼在一起，感覺十分奇妙，但又無法完全滿足。他們剛弄清楚要往哪裡走，就有一股強烈的衝動促使改變方向，來來回回，直到一陣閃電般的感覺在腦幹炸開，衝出彼此的身體。這種感覺就像打了一個這輩子最厲害的噴嚏，又像是品嘗了一整杯冰淇淋，有一種過飽和的滿足感（還有一股困倦的欲望，想要再來一次）。

但是，九個月後，嬰兒的到來讓一切看似不相關的行為突然產生聯繫。同樣迷人的下半身，現在目的完全不同，適用於分娩。一種充滿激情與愉悅，另一種則漫長、痛苦且令人恐懼，性和生育這兩種行為看似毫無邏輯聯繫，卻在演化的笑話中被巧妙結合。我們一代又一代的重蹈覆轍，彷彿對接下來會發生什麼毫無頭緒。

這是大地母親最骯髒的把戲，也是她最強大的法術：讓一群容易分心的靈長類動物頻繁的交媾，確保物種的生存。正如盧梭所懷疑的那樣，我們內心的野蠻人無論高貴與否，演化肯定不道德。不是愛情盲目，是我們盲目。我們幾乎不承認塑造我們生活的根本驅動力。

可以說，人類是演化的傀儡。特洛伊的海倫、崔斯坦（Tristan）與伊索德（Iseult）；羅密歐與茱麗葉；理查．波頓（Richard Burton）和伊莉莎白．泰勒（Elizabeth Taylor）；布萊德彼特和安潔莉娜裘莉，這些我們以為史詩般的浪漫故事，證實了自由意志和人類的精神力量，但實際上，這都只是荷爾蒙的傑作。

演化根本不在乎我們的偏好、承諾或禁忌。演化所關心的只是要盡量壯大基因庫，創造更多生存條件，直到死亡將我們分開。

＊＊＊

想想每個人剛墜入愛河，被欲望和愛沖昏頭的樣子吧。性欲飆升，手一直黏在對方身上拿不開。接吻、打電話、發曖昧簡訊、做愛，一切都無法停止。

「就是這個人！」我們告訴自己，然後對任何願意傾聽的朋友和家人滔滔不絕的分享「這就是真愛」！但事實並非如此，嚴格來說，這比較接近「真正的欲望」。睪丸和卵巢分泌了睪固酮和雌激素，驅動著我們強烈的交配欲望。下視丘（hypothalamus）會分泌催產素和抗利尿激素（vasopressin），產生強烈的信任感、依戀和親密感，讓人覺得沒有人比對方更重要，也沒有人像對方一樣，讓自己感覺如此美好。

然而，這種深厚的依戀也伴隨著盲目嫉妒的陰暗面。有人會因分手而憤怒到將家具扔到街上，甚至用鑰匙刮花對方的車。但這些行為在當下顯得微不足道，因為我們已經完全沉浸在欲望的熱潮中。

此時，下視丘開始分泌多巴胺——一種具備獎勵作用的化學物質，會讓人愉悅到不可置信，讓人達到高潮。同時，正腎上腺素讓我們的心跳加速，進一步加劇情感投入。我們吃不下也睡不著，尾狀核做為大腦主要的獎勵中心，讓我們看到愛人的照片時，就會像煙火一樣亮起。我們唯一的念頭就是見到對方，分開一天都像永恆一樣。

但過多的多巴胺，就像過多的催產素一樣，都不是好事。它會導致暴飲暴食、上癮和衝動行為。若帕金森患者服用過量的左旋多巴胺（L–Dopa，一種多巴胺的合成替代品），原本悠閒坐在沙發上看電視的慈祥老太太，就可能會偷走了孫子的信用卡，積欠巨額賭債。只要降低左旋多巴胺的劑量或完全停藥，這些老人就會恢復理智，彷彿從夢中甦醒過來一樣。

但當多巴胺的劑量達到類似青春初戀的濃度時，則會完全釋放瘋狂。英國劇作家蕭伯納（George Bernard Shaw）曾將浪漫的愛描述為「最努力、最瘋狂、最虛幻、最短暫的激情」。我們都愛上過這樣的瘋狂。

更糟糕的是，在求愛的初期，神經傳導物質血清素就會急遽下降，這是一種影響情緒和食欲的激素（也是受到百憂解等抗憂鬱藥和裸蓋蘑菇素等致幻劑影響的主要系統）。低血清素讓人陷入浪漫幻想，甚至表現出強迫症般的占有欲，因而不吃不喝。從神經化學的角度來看，一些研究人員認為這種迷戀很像強迫症；從臨床的角度來看，我們真的是失去了理智。

我們現代人可能會覺得被侮辱：「我們竟然仍受到古老的基因所驅動。」二〇一六年在《心理學前線》（*Frontiers in Psychology*）的研究指出：「浪漫的愛情是一種自然的（而且通常很正面的）癮，從四百萬年前哺乳類動物祖先演化而來，鼓勵古代的人類找伴繁衍的生存機制。」大家都知道不能相信癮君子，然而，這種深層的基因影響了所有人最深刻的個人決定。

這種精神錯亂發生在別人身上時，我們能旁觀者清；但當自己身陷其中，每個人都會變得偏執、衝動與魯莽。為了愛情，我們可能放棄原本穩定的伴侶，而去追求新的對象；我們可能解除了租約，辭掉了工作，搬到追求愛情的地方；我們可能會愛上人妻或送牛奶的司機，共度一段衝動的風流；我們可能拋棄家人去建立新的家庭。我們想像這段愛情、這段時間會是我們的一切，將滿足我們所有最深層的需求和渴望。

事實上，這段愛情可能真的滿足我們的基本需求——懷孕、分娩、哺乳。但四到七年後，這些強烈的荷爾蒙吸引力都停止了，就像老奶奶戒掉了左旋多巴胺和賭癮，迷戀和私情逐漸消失，婚外情和離婚率大幅增加。瑪麗蓮．夢露電影中「七年之癢」的劇情，並不是虛構，而是深植於我們的基因。

我們開始渴望新奇、冒險和激情。為了找回最佳狀態，我們什麼都願意。大地母親在這方面也給了我們很多協助。就像她狡猾的誘哄我們交配一樣，她在我們耳邊呢喃，讓我們在俄羅斯輪盤的下一個回合又加碼了。

在二〇二〇年剛發表的新研究中，科學家發現女性的排卵週期對婚姻與情感影響甚鉅。許多女性每個月都有段時間，會對她們的長期伴侶感到特別不滿意。可能前一週還好好的，下一週她們就特別無法忍受伴侶說話的方式、氣味、穿著和舉動。儘管伴侶沒有明說，但他們也知道事情不太對勁，而他們會針對感情風險的承受能力，選擇是否發怒或繼續忍受。

大多數的人會猜測，女性這種易怒煩躁就是經前症候群（premenstrual syndrome，PMS）。但事實並非如此。這其實對應到排卵高峰的那一週。研究人員推測，女性的憤怒與生育能力的高峰相吻合，增強了和更有男子氣概的伴侶發生一夜情的機會。

讓我們想像一下，在排卵週期的第十四天左右，一對夫妻開始爭吵。妻子怒火中燒，但也偷偷的鬆了一口氣，衝出了大門。或許她會去當地的酒吧，但無論從哪個角度來看，她都顯得很火熱。

科學家發現，脫衣舞孃在排卵期間獲得的小費會增加三十%，推測這可能是荷爾蒙的吸引力。男性還不知道自己在經歷什麼，但在他們像蜘蛛一樣敏銳的感官深處，會感覺自己被刺激了，所以狂塞小費。如果剛剛那位解放自我的妻子和脫衣舞孃一樣，那就更有可能吸引到潛在的追求者。

只不過在此時，她在找一個完全不可靠、不安全、不適合當家庭伴侶的人。她渴望強烈而危險的刺激，渴求罣固酮。她把酒一飲而盡，把謹慎丟到窗外，追求艾瑞卡．鍾（Erica Jong）筆下令人難忘的「扯拉鏈速交」（Zipless Fuck），充滿著熱情、濃烈與禁忌。

這是大自然最殘酷的轉折。當一個女人達到高潮時，尤其是和一個充滿男子氣概的新對象在一起時，她的懷孕能力可以持續整整三天。演化需要新的遺傳物質，而且會用難以置信的時間長度來確保成功。所以，即使這個女人在第二天早上覺得自己已經準備好，要回到原本的男人身邊，她可能也沒機會了。因為，她和這個危險新對象有了新生命的機率遠高於平均。

會離開正道的不只是女性。對許多男人來說，當他們達到巔峰的四十歲時，卻第一次感覺到自己彷彿死了一樣。「為什麼我現在中間軟了？」保羅．賽門（Paul Simon）邊沉思邊唱著。「我的餘生如此艱難。」中年男子擔心他們的最佳狀態已經過了，開始變得焦躁不安，渴望冒險和刺激。於是，有的人違背了自己的判斷力，買下敞篷保時捷，或認真考慮現在去穿耳洞或刺青是不是太晚了。

只不過，在這些可以預測的慌亂之下，真正的原因其實是睪固酮下降了。到了中年，這種激素逐漸減少，男人的頭腦清醒度和耐力也會相應下降。他們在高強度的訓練後，需要更長的時間來恢復；他們的身體開始鬆弛下垂，贅肉令人不安的聚集在身體中段；他們開始產生一種懷疑，認為自己從現在就會慢慢的滑進墳墓裡。

研究人員發現，中年男性要減少生存危機，並促進睪固酮分泌最可靠的方法，就是和新的年輕伴侶發生性關係。柯立芝效應（Coolidge effect）不只發生在公雞上，也經常會發生在男人身上。

法國人是所有情愛事務的最終仲裁者，他們發現這樣的事情如此普遍、如此容易預測，甚至為其取了個名字「四十代事件」（the Affair of the Forties）。每個年齡階段都像時鐘一樣。就好像是已經計畫好了。

在醉人的蜜月狂歡之後，男人可能會意識到，他跟新歡之間的共同之處沒有他想的那麼多。自己是任天堂，新對象是X box；自己啜飲陳年卡本內，新對象乾下火球威士忌。不同的音樂品味、不同的電影、不同的朋友，總之，就是沒有那麼合。

掀開迷霧之後，他才意識到自己做了什麼，只是現在回頭可能已經太晚。太多的心痛、太多的傷疤，甚至可能又生了一個小寶寶，讓事情變得更複雜。實際上，如果他有足夠的遠見，去找家庭醫生開睪固酮貼片，這一切都可以避免。

同時，大地之母笑了，一直笑到精子銀行。

如果這是劇情的最後，我們會對著天空揮拳頭。但惡作劇並不會到此為止。最無私、最忠誠的人也會被演化打敗。女人經歷更年期時，雌激素、抗利尿激素和催產素會隨之減少。戀人從早期熱戀的化學高潮中走出來，對事物（和伴侶）看得更清楚。同樣的，一個女性離開生育年齡，對自己有新的認識後，就絕對不會再照顧家裡其他人了。

長期以來，這種母雞般的荷爾蒙，讓母親覺得自己和孩子綁在一起，並努力建立一個適合育幼的家。現在，她幻想成為維吉尼亞・吳爾芙（Virginia Woolf），擁有自己的房間。在過去十年中，五十多歲夫妻「銀髮離婚」的案件是所有離婚案件中最多的，而且多數都是由女性主動提出。

這並不是在說，我們盲目的被荷爾蒙迫害。我們都有選擇，我們成長的文化從根本決定了我們要如何體驗衝動、渴望和欲望。例如，二〇二〇年在舊金山生活的同性戀者，會與一八九〇年代奧斯卡・王爾德（Oscar Wilde）在倫敦所經歷的完全不同，當時因為被控雞姦，他的職業生涯全毀。此外，在法國或義大利的政客若被抓到與情人有染，新聞報導的篇幅和美國也截然不同。

文化有差、心理素質有差、生物學也有差。因為我們太沉迷於心理和社會，往往會忽略體驗的生理學基礎。我們會堅持自己是船長，卻從來沒有注意過潮汐是如何把這艘船帶向大海。

到目前為止，我們討論的主要是兩廂情願的關係，並看出從中我們真正自己做出的決定數量稀少。而且，在演化的衝動中還有更可悲的一面：性是悲劇的、暴力的、不受歡迎的。

從演化的角度來看，一旦女孩進入青春期，開始有月經，就有生育能力了。年輕就懷孕的媽媽通常比高齡的孕婦更健康。這就是為什麼傳統文化都會在青春期就訂婚。

但是從發育的角度來看，她還是個孩子，心靈和思想都追不上身體的發展。生孩子對他們兩個都不好。這就是為什麼會有「阻止媒妁婚姻」的全球運動。

女性的前額葉皮質和相關的執行功能、情境感知與延遲滿足的能力，要到二十幾歲才會完全發揮作用（男性需要的時間更長）。生理和心理發展之間的差距，是每個年輕女孩都要面對的挑戰。近三分之二的性侵犯是對兒童和年輕人下手。女孩在十六歲至十九歲之間，遭受性侵害的可能性是其他時間點的四倍。

只要看看童年創傷事件、家庭暴力和創傷中，有關性的部分占了多少比例，就會發現許多行為是被冷酷的生物衝動所驅使。再加上我們浪漫生活中其他常見但一樣痛苦的元素：嫉妒、不忠、離婚、背叛、癡迷、怨恨、墮胎和流產，只能說，我們還能活著真是個奇蹟。

最重要也令人難以置信的事實是：即使在今日所謂的已開發國家，仍有一半的懷孕都是意外，而不是預先規劃好的，這和拋硬幣來決定是否要創造新生命根本一樣。我們可以把人送上月球，也可以分裂原子，但我們還沒有教化最基本的本能。

我們可能認為自己可以掌控浪漫命運，堅持相信自己是在理智管不著的「隨心所欲」，以為心念就是最高欲望的實現。但實際上，心（我們身體最深處的渴望）想要的是演化，在我們最崇高的表現和最深層的衝動之間，寫著生活悲喜劇。

請原諒我們，因為我們真的不知道自己在做什麼。

對欲望的思考「有，但不多」

在一九九〇年代中期，惡名昭彰的迷幻哲學家泰瑞司．麥肯南（Terence McKenna）繼承了嬉皮教主提摩西．李瑞（Timothy Leary）的王位，瘋狂的抨擊意識的起源。他相信自己解答了人類存在的核心悖論——我們怎麼突然變得那麼聰明？

根據麥肯南的說法，大約一年前，古老的非洲祖先從樹上爬下來，開始探索大草原。在他們狩獵覓食的過程中，遇見了黑斑羚、蹬羚和其牛羚，而在那些龐大獸群的身後，留下了成堆的糞便。屎堆裡有數以萬億計的昆蟲，是一種容易取得的蛋白質來源，非常值得挖來吃。

而糞便中還有另一種營養的來源：真菌。其中，最著名的就是裸蓋蘑菇（又名為「神奇蘑菇」）。昆蟲學家推測，這些蘑菇的迷幻化合物是一種天然的驅蟲劑，因為他們發現，糞金龜吃到一半就離開了，沒有把剩下的吃完。麥肯南對人類演化問題的解答，就是從這裡發現的。

麥肯南發現這些不起眼的蟲子，還有更重要的角色。他推測，早期人類在迷幻旅程中經歷了神經突觸超導性，使得人類有了複雜的語言學。據麥肯南所說，這就是為什麼我們能從所有動物中脫穎而出，從原本只會咕咕噥噥、比手劃腳，到後來發展出詩詞和歌曲。那真正英勇的、爆炸性的薩滿冒險呢？或者，如他所說「寂靜黑暗中的五公克」？這無疑催化了史前敬畏天地的精神和宗教起源。

不過，「猿人嗑藥」的石猿假說（Stoned Ape theory）從未被主流人類學家接受。就連同理麥肯南的學者也發現他在引用文獻時，忽視了與其假說相反的例子（例如：血腥的阿茲提克蘑菇祭〔Aztec mushroom sacrifices〕、暴力的亞馬遜死藤水部落，或者反社會的中央情報局實驗）。即使如此，這個理論並未消失，反而隨著迷幻物質的復甦重新浮現。不過，我們或許不需要像麥肯南一樣胡言亂語，也能解釋人類意識的起源，發現人類和靈長類動物的區別。

在探索意識的成因時，我們必須找尋還有什麼東西能提供神經系統的推動力，讓我們從站立的猿人（直立人）轉變為有理解力的猿人（智人）？要取代「猿人嗑藥」假說，新論點必須滿足這三個條件：必須是強烈的本能、有強烈的回饋，並被廣泛採用。這必須有意義的改變生理和心理，並且能夠隨著時間的推移反覆進行。總而言之，這種改變性的物質或作法，一定要符合心理學家所說的「自發性」，就是要有自己的內在原因和獎勵。

搖醒我們的可能不是嗑藥的猿人，而是分布更廣泛的角猿（Horned Ape）。這種猿猴和其他靈長類動物的愛與性都不一樣。角猿是直立人和智人之間一個可信度更高的線索，透過牠的拉丁名字其實更好懂——交配猿（Homo coitus）。

***

普利茲獎得主與加州大學洛杉磯分校的人類學家賈德．戴蒙（Jared Diamond），在著作《性趣何來？》（*Why Is Sex Fun?*）中得到一個有爭議的結論：雖然弗洛伊德堅稱大腦變大會改變我們的性習慣。但其實不然，是性習慣讓我們的大腦變大了。

如果這是真的，將會顛覆我們對人類意識和文化發展的所有假設。戴蒙說：「雖然古生物學家通常把（文化、語言和複雜工具等的）演化，歸因為我們學會站立、大腦變大，但我們奇怪的性行為也和上述因素同樣重要。」

我們在前面討論到欲望和吸引力的強大力量，以及對浪漫生活的掌控有多少。這些深刻的愛情故事其實很好預測，基本上其實都是潛意識的演化劇本，但這並不表示我們從未有意識的思考性欲。我們有，一直都有。

《樂園的復歸？》（*Sex at Dawn*）、《一起搞吧！科學與性的奇異交配》（*Bonk*）和《情欲徒刑》（*Mating in Captivity*）這些書籍，都試圖根據我們最基本的驅動力和衝動，將行為脈絡化。只是最近出版的這些書，過於深入這個問題，以至於我們看不到人類的性行為究竟有多麼不尋常。人類的性行為鼓勵我們擁抱天生的快樂驅動力，但這是完全以人類為中心且脫離社會制約。這些書的作者試圖將更多的行為正常化，例如：濫交、多角戀和不忠，但他們完全沒有質疑我們的性在本質上，到底有多麼的非典型。

一九九九年，搖滾樂隊「血性獵犬幫」（Bloodhound Gang）發行了一首新奇的歌曲〈亂摸〉（Bad Touch），觸及人類學家和心理學家不敢過問的領域。這首朗朗上口的歌詞，將人類求歡行為重新放入動物王國宏觀的愛情語境中，引發人們的共鳴，且迅速竄升到全球排行榜前十名，還被嘻哈歌手阿姆（Eminem）收錄剪輯：

你和我不也就是哺乳類動物
所以來做吧
就像牠們在探索頻道做的一樣

但說真的，團員在寫歌詞之前應該多看看探索頻道。畢竟，你見過動物是怎麼性交的嗎？相當殘酷。

鴨子在認真交配的時候，幾乎會讓對方溺死。雄鴨爬到雌鴨身上，拍打著翅膀，將牠壓到水下直到結束。呢喃撒嬌什麼的，就留給斑鳩吧，畢竟鴨子是硬幹的。狗在交配的時候會狂亂的抽插，但要離開時的時候常常會卡住、扭傷。公狗會尷尬的卡在母狗背後好幾個小時，直到腫脹消退才能分開。

至於貓科動物的交配，那可能是最糟糕的。例如：獅子在野外每隔幾年才交配一次，但牠們在交配的時候，為了彌補失去的時間，會在二十四小時之內交配多達五十次。這並不是因為牠們樂在其中，而是雄獅的陰莖上有一百多個小倒勾，會刺穿母獅的陰道壁。這些尖刺的倒勾有兩個功能：刮除其他雄獅剩餘的精液，並刺激雌獅排卵。樂趣根本不是重點。

湯瑪斯．霍布斯（Thomas Hobbes）在寫《利維坦》（*Leviathan*）時，描述到人類生命的骯髒、野蠻和短暫，就想到了動物王國裡的愛情。對於絕大多數的動物來說，性很暴力、危險且短暫。參與其中的物種幾乎沒有享受到任何樂趣。

這就是人類性習慣的迷人之處，和探索頻道上的哺乳類動物截然不同。「人類性行為的所有特徵——長期的性伴侶、私密的性行為、隱密的排卵、女性接受性行為的時間特別長、為了樂趣而進行性行為等……構成了人類自以為正常的性行為。」戴蒙解釋：「這其實是一種物種論的解釋方法。以世界上其他四千三百種哺乳類動物的標準，甚至是人類的近親類人猿為標準來衡量，奇怪的其實是我們人類。」

這個星球上只有少數幾種動物，會在狹義的生育期間之外發生性行為。除了人類之外，海豚和倭黑猩猩也會，但他們是地球上最聰明的物種之一。他們的活躍加強了選擇性性行為和複雜認知之間的連結，但即便如此，牠們的性行為也不像人類性行為如此獨特，例如：隱匿排卵和頻繁的女性高潮。

動物會忽視自己的性衝動，直到性欲被短暫的消解掉。但是人類隨時隨地都是憑衝動在思考和行動。大多數女性，除非她們服用避孕藥或使用計畫生育的手機應用程式，否則不會知道自己什麼時候迎來排卵期（這通常是連牛和狒狒都知道的簡單事實）。男人也肯定不知道女性什麼時候排卵，他們一整年都有著強烈的性慾和交配的欲望，而且經常拿女性來開玩笑。

＊＊＊

在過去的一千萬年裡，人類的自然選擇已經和其他近親分道揚鑣，這些差異在人類物種的兩性中都已體現。從演化族譜上的分支，我們了解到人類和其他的靈長類有多麼的不同。

讓我們從最明顯、可見的地方開始。

演化心理學家傑佛瑞・米勒（Geoffrey Miller）寫道：「男人的陰莖比其他靈長類動物更長、更粗、更靈活。」他補充說：「這也可能反映出女性的選擇，而不是男性的競爭。」

二〇一五年，米勒和加州大學洛杉磯分校的研究小組想要回答男性雜誌和女性雜誌都在關心的一個老問題：「尺寸真的有差嗎？」他們採取的一種新穎的方式來研究，不是讓女性只觀看陰莖的照片，而是運用矽膠3D列印出真實的陰莖，進行調查。同儕審查期刊的說法是：「根據3D物體的觸覺資訊強化形狀識別。」但白話來說，就是：「我們讓她們在一袋陰莖中翻找，挑出最喜歡的那一個。」

事實證明，對女性來說，尺寸差異真的很重要，只是不像男優所希望的那樣，也不像大多數男性所擔心的那樣。整體來說，研究中女性選擇的理想陰莖尺寸為十六公分（男性平均尺寸為十二・七公分）。若請她們為一夜情做選擇，她們甚至會選擇大一點、結實一點的。論文中一本正經的解釋：「女性對陰莖的偏好，可能會隨著她們對戀愛關係的期望而改變。在短期性關係中，女性較喜歡男性化的伴侶……擁有更男性化的特徵，例如：聲音較低沉和陰莖較大，這和睪固酮有關，這也可能會影響男性的吸引力。因為大家認為陰莖較大者男子氣概較強，所以我們推測女性在短期性關係中，比較喜歡大的陰莖。」

其他的靈長類並沒有偏好陰莖的大小。這是智人在選擇性伴侶時獨有的特色，而且發展得相當突然。我們是從最近的親戚黑猩猩和倭黑猩猩分支出來，大約在七百萬年前，從演化了九百萬年前的大猩猩分支出來，而大猩猩又是從一千四百萬年前的猩猩演化而來。

對我們來說，這時間似乎很長，但從演化的角度來看，這一點也不長。相比之下，大猩猩勃起的陰莖長度約為三公分，但成年雄性大猩猩的體重可達兩百二十公斤，是多數男性的三倍。用身材論陰莖長度的「大手理論」（Big Hands theory）並不成立。

大家可能會懷疑，人類的陰莖之所以比較長，是為了支持我們可能更喜歡冒險的性愛姿勢。但事實上黑猩猩陰莖長度雖然只有三公分，但牠們能做出各種體操姿勢，像是單臂掛在樹枝上，讓人類相形見絀。「猿猴祖先的陰莖是六公分，而人類陰莖的長度正以一種失控的方式增加，」賈德．戴蒙解釋：「透過一種日益明顯的陽剛氣息，向身體的主人傳達一種優勢……但實際上，可能是在吹噓著『我已經如此聰明優越了，不需要為再為大腦投入更多的原生質，但我可以把這些原生質用來長陰莖』。」

***

女性也優化了擇偶的方式。女性在整個性生活過程中，都保持著勻稱的乳房，就連沒有在哺乳的時候也一樣。幾乎沒有其他物種會這樣。乳房會阻礙移動和生存，但有助於擇偶。靈長類動物學家說這是一個「錯誤的訊號」，因為乳汁是由下方的腺體組織所產生的，而不是來自乳房脂肪，所以大胸部的女人不見得是比較好的媽媽。

但男人並不這麼想。「女人……進化為男性性偏好的化身，」米勒在他的著作《交配思維》（*The Mating Mind*）中解釋：「和其他類人猿相比，人類女性的胸部和臀部更大、腰更細、性高潮的能力更強。」

經過數千年的選擇，這些理想的基因啟發了一種相符的美學——史前維納斯女神形象的曲線。在歐洲各地的考古發掘地點發現，最早期的雕像就透漏出這種理想化的女性形象。只是，四萬年前的奶子和屁股，是很神聖的。

直到今天依然如此。二十五年前，著名的性別理論家混音老爹（Sir Mix-a-Lot，兼饒舌歌手）鼓吹人們回到永恆的維納斯理想：

我喜歡大屁股，我不會說謊
其他兄弟也不會否認
有個細腰女孩走過來
圓嘟嘟的東西湊到你臉上
你就翹起來，想要湊上去

二〇一四年，金．卡戴珊（Kim Kardashian）為《紙》雜誌（*Paper*）拍攝的裸照「癱瘓全網」，照片中她的屁股可以端香檳，展示了不可思議的比例。把模特兒餓到像吸毒犯一樣的海洛因時尚絕對過時了，性感風騷回來了。

照片照騙，性本能的隱藏面

如果你真的想知道這些原始的交配訊號，如何有效的塑造我們的欲望，那就想想我們是如何巧妙的修改天生的五官。現在，我們比以前任何時刻都更擅長交配遊戲。在當今的性市場上，賣家已經徹底模糊誠實和欺瞞的界線，以至於賣家根本不知道自己要面對什麼。與生俱來的外表，現在都成了門診項目。健康的基因和理想的美學，兩者之間的關聯已經完全斷裂。我們正在接近一個化妝的奇點，所有的外表都匯聚成一樣的外貌。賈．托倫蒂諾（Jia Tolentino）最近在《紐約客》承認：「這十年即將要結束，最奇怪的遺產似乎是：『職業美女逐漸發展出同一張生化人般的臉孔』。」

她對於審美標準如何急速變化、漸趨一致的評價，值得完整引述：「當然，這是一張年輕的臉，皮膚完全沒有毛孔，顴骨豐滿，這張臉有像貓一樣的眼睛和卡通般的長睫毛。有小巧、整齊的鼻子和豐滿的翹唇。她羞澀而茫然的看著你，彷彿這張臉的主人吃了半顆鎮定劑，正考慮邀請你搭私人飛機去科切拉音樂節。這很明顯是白人的臉，但種族不明——好像是國家地理頻道的合成圖，描繪美國人到了二〇五〇年的樣子。」

托倫蒂諾承認，從中國的纏小腳到歐洲的馬甲緊身衣，這種對女性不可思議的審美標準一直都存在。但她隨後也指出，「自拍後的自我」這種數位呈現方式，讓扭曲的審美變得更尋常且有毒。「人們把自己的身分當作是潛在的利潤來源，社群媒體加強了這種趨勢，尤其是對年輕女性來說，她們會這樣看待自己的身體。」她說：「對於那些天生就有資產的人——自然資產、資本資產，或兩者兼有——用麥肯錫企業顧問的方法來衡量自己的身體，這可能很明智，或甚至不由自主：找出表現不佳的部門，加以改造。」

不僅是女性。在競爭日益激烈的職場中，科技產業的男性高階主管尤其煞費苦心的保持年輕形象，避免在二十多歲的同事面前顯得年事已高。最終的結果是，現在只需要瑞士名錶和一輛特斯拉，就能裝出年輕、時髦的「男性領袖」風範，這在獵人和戰士的時代幾乎不可能。對任何胸懷抱負但過去被領導的男性來說，整型胸肌和腹肌、注射肉毒桿菌都愈來愈受歡迎。

這還不是全部。男人總是忍不住在乎下體的小玩意。不用動手術就可以增強陰莖的廣告欺騙了一半的男性，讓他們以為這種改變有可能實現。乳霜、藥片和增大器隨處可見。

我們甚至可以回顧一些田野調查，以了解追求「大尺寸」的流行程度，白話來說，就是研究當男性有機會設計自己的陰莖會發生什麼事。在巴布亞紐幾內亞，克騰班部落（Ketengban）的男性收集了一系列的陰莖鞘（penis sheaths），就好像是企業人士在排列自己的領帶架一樣。這些陰莖形狀的護具可達六十公分，裝飾各異，勃起的角度也不同。如果沒戴陰莖鞘，這些衣不蔽體的男人會覺得自己一絲不掛。對克騰班部落男性來說，陰莖鞘是不可少的衣物。

強化了「那地方」的不只有異國島民，在文藝復興時期的歐洲，股囊（codpiece，褲檔裡覆蓋陰莖和睪丸的軟墊杯）也是一種強制的時尚。亨利八世的皇家鎧甲上就有非常顯眼的鋼製版本，重達一公斤。法國諷刺作家拉伯雷（Rabelais）譏笑這整個潮流，在《巨人傳》（*Gargantua and Pantagruel*）的前言中，狡猾的引用了《論股囊的尊嚴》（*On the Dignity of Codpieces*）。

儘管突顯陰莖的褲襠已經不再流行，但其實這類衣物時尚一直都在。過去這幾年裡，慢慢回歸高級訂製時裝，為古馳（GUCCI）的時裝秀增色不少；在超級英雄的電影裡面，會強調他們天賦異稟（蝙蝠俠的褲襠就特別驚人）；搖滾明星也一樣（槍與玫瑰樂團的主唱艾克索．羅斯〔Axl Rose〕和英國的前衛搖滾傳奇傑叟羅圖樂隊（Jethro Tull）的主唱都穿過）；英國搞笑樂團脊椎矯正（Spinal Tap）的貝斯手還曾經自製「褲裝幫手」，他把櫛瓜塞進褲子裡，然後再覆上緊身褲，他承認：「顯然沒有打膠原蛋白那麼痛苦。」

＊＊＊

這些方法都是在調整和操弄我們的身體，以增加別人對我們的渴望，各種填充物、染劑、手術都顯示出，我們有多麼努力的在優化繁衍力。我們把天生獲得的一切都加以改造，只是為了增加做愛的機會。我們情不自禁的想要增加自己脫穎而出的機會，但事實上，做為一個物種，我們已經比所有的近親都更性感了。

看不出能否生孩子、豐富的娛樂性生活、固定外顯的女性乳房、頻繁的女性高潮，以及較大的陰莖，這些特徵在動物王國絕無僅有。事實上，人類是如此不同，以至於任何關於我們如何加速成為智人的說法，都必須考慮人類不同於動物的性，是推動這種變化的主要原因。

「在相對較短的時間內，我們的祖先和類人猿親戚的祖先分別演化，」戴蒙解釋：「站姿、大腦的尺寸和性，組成了決定性的三角，讓人類祖先和類人猿祖先分化……娛樂的性行為和用火、語言、藝術與寫作的發展，就和直立的站姿與巨大的大腦一樣重要。」

《藍色珊瑚礁》之所以浪漫，是因為有獎勵迴路在鼓勵我們一次又一次的回到那些水域。隨著時間推移，嶄新的、廣闊的、連結的經驗，將永遠化為我們的思想和存在。正腎上腺素使我們精力充沛，集中注意力；多巴胺獎勵我們去探索和發現；腦內啡可以緩解我們的疼痛，暫時擺脫生活的折磨；催產素讓我們能和愛人與後代凝聚在一起；腦波放慢了，允許潛意識思考和汲取靈感。改變的狀態變成了改變的特徵，每次都有高潮。

***

所以是猿人嗑藥了，還是猿人長角了？麥肯南認為，我們的祖先一定是吃了神奇蘑菇才覺醒，但這理論站不住腳，無法證明。根據人類學的紀錄，角猿比較可能是透過性讓自己提升到更高的意識。

如果我們同意戴蒙和其他人類學家的觀點，也就是「性」加速了人類的意識和文化，那我們必須考慮到這種無意識的驅動力，繼續造成了所有的痛苦和折磨。當然，我們可以一整天都打好球，精確的瞄準我們想要的浪漫之路。但在這一條狹窄小路的兩邊，吸引力和生物學在召喚著我們。一旦注意力渙散或手滑了，失軌的陰溝球就在等我們所有人。

明白這點後，我們就有救贖的機會。所有這些印記，所有那些無情的性欲動力都可以被重新利用。與其像魁儡一樣在演化的冷漠絲線上跳舞，我們可以解開這些繩子，開始自立。我們可以加速演化。

性不一定會帶來悲慘，因為我們從直立人轉變為智人，終究靠的是性。根據神經生物學和人類學這些最新的發現，我們可以將性衝動和約束重新定義為意識和解放。我們可以完成從智人（有理解力的人）到遊戲人（會玩耍的人）的轉變。

下一章，人類學的領域轉移到神經生理學的領域，探索所有生物驅動因素的背後，並描繪出享樂工程。那將是一條讓人感到愉悅的療癒、靈感和連結之路。

第十章
擴展意識，超越愛與連結（性之二）

唸完研究所的那個夏天，我和妻子茱莉報名參加了喜馬拉雅山的探險領隊。這計畫很棒：帶著大學生徒步前往尼泊爾和西藏的寺廟與山裡的社區，最後攀登珠穆朗瑪峰的北坡。我們一邊適應環境，一邊徒步前往西藏山區裡相當偏遠的一座寺廟。事實上，那地方如此之高，以至於中國當局從來沒有去那裡干預。

愛的更高層次探索

那座寺院的大門好像是給哈比人用的，在我們要進門之前，我把學生拉到旁邊，跟他們說我們有多麼幸運，能看到「沒有被影響過」的西藏文化。我們恭敬且肅靜的靠近大門，結果來應門的年輕僧侶穿著芝加哥公牛隊的隊服，領口還有奶油和煤炭的汙漬，值得誇獎的是，酒紅色的公牛隊服和他的長袍很搭。

我們放下背包，在修道院平坦的屋頂上紮營，旁邊就是湍急的河流和溫泉，一大群禿鷹在寺院上方的山脊上盤旋。然後，我們注意到一位穿著全套袈裟的佛教僧侶，拿著一把鐮刀，切下一大塊東西為給等待的鳥兒。我們問西藏導遊這是怎麼一回事，他說這是天葬，剛死掉的和尚被供奉給吃腐肉的動物，直接返回源頭。既可怕又精彩，生命的循環不僅僅是一個比喻。

長時間的攀爬讓我們精疲力盡，在如此壯觀的地方看日落讓我們興奮不已，我們拿起行李箱，往河岸溫泉去，泡個幾分鐘後，其中一位學生低頭看了看她的腿放聲尖叫：「有一條蛇盤繞在我的腳踝上！」我們很確定那是高原反應和幻覺。但隨後，天光漸暗，池壁開始泛起漣漪，閃爍著微光。我用力眨眨眼，幾十條蛇成了視覺焦點，就像印第安那瓊斯的電影場景一樣。事實證明，這一群蛇在一萬五千英呎高的地方靠舒適的溫泉生存了下來。牠們無害，但嚴重影響氛圍，我們遂離開溫泉。

就在泉水的下方，激流在花崗岩地上打了一個小洞，從另一邊湧出。值得注意的是，河流通常不會這樣。一般情況下，河流會在數百萬年的時間裡侵蝕出一條水道，從高山上蝕刻出一條阻力最小的路徑，直通大海。

我們問那位年輕的僧人，這條河究竟是如何逆勢而上，他說，這是蓮華生大士，也就是藏傳佛教的守護神，用魔法讓河水穿過一座山。然後，他指著一千英呎高的懸崖，在那陡峭的斜坡上有個小洞，讓優勝美地的山壁都相形見絀，而且無論從上方、下方或內側都無法抵達那個洞穴。「那是蓮華生大士（Padmasambhava，亦稱蓮師）和明妃伊喜措嘉（Yeshe Tsogyal，藏傳佛教女性上師）的洞穴，」我們的導遊解釋說：「他們隱居在這裡實踐金剛乘佛教、薩滿教和神聖的性。」我們拉長脖子想要看清山洞——但他們到底是怎麼上去的？

「哦，他們坐魔毯飛上去！」他說。

我忍不住一直盯著那個山洞，這個遙遠的山谷裡有多麼奇特的地質和多麼奧祕的神話。蓮華生大士就像西藏的亞瑟王，鬆散的結合了歷史與傳奇。他也被稱為上師仁波切（Guru Rinpoche），被尊為上天向西藏傳遞佛法的主要使者，也是佛陀第二次降生於人間。任何藏傳佛教的普通學徒都會了解蓮華生大士的一切。他是個大人物。

但是伊喜措嘉呢？她就沒有那麼為人所知，只有那些放慢腳步、願意深入故事的人才會尊崇她。西元八世紀末，她出生在西藏喀爾欽（Kharchen）的皇室家庭，從小就是個任性的公主，為了逃避媒妁之言離家出走，冒著一切風險成為修行者，經歷了許多希臘大力士海克力斯才可能完成的考驗。她甚至和老虎搏鬥過，還砍下老虎的頭。

她成為怛特羅（Tantrika，心理與性靈啟蒙的傳承者）修行者之後，就回到了家鄉，但她還沒到家就被七個強盜搶劫強姦。伊喜措嘉沒有因為這次襲擊而受到創傷，而是用這次的經歷來展現她的力量。後來，這七人聽見她的傳聞都感到萬分羞愧，跪下來哭泣，並發誓終身做她的護衛。

蓮華生大士也認同伊喜措嘉所獲得的力量。「覺悟的基礎在於身體，不論是男性或女性。但如果密宗要讓心開悟，那麼女人的身體更適合。」伊喜措嘉成為蓮華生大士的明妃和老師，帶領他進入神的意識中，教他如何在她的魔毯上飛行（這很關鍵，因為從來沒有電梯有辦法抵達他們的愛情洞穴）。

伊喜措嘉的傳說體現了性別、痛苦和意識之間的關係。一方面，她和古往今來的許多女性一樣，都是性暴力的受害者。但另一方面，她能控制自己的身體和思想，不但能抵禦攻擊，還能改變加害者。

她是一位空行母（dakini），能掌握情欲和神性的女人。「如果瑜伽修行者能夠幫助別人完全意識到他們的本心，」哈佛大學畢業的學者米蘭達·蕭（Miranda Shaw）在《熱情的啟蒙》（*Passionate Enlightenment*）一書中寫道：「這些女性肯定早已完全意識到自己的本心。」正是這種猶如鍊金術的力量讓她也喚醒了蓮華生大士，催生了藏傳佛教中最深刻的教義，包括我們在第六章提到的自他交換法。

我們在上一章討論了一個簡單的事實：性衝動經常牽動著我們的生活。就像《藍色珊瑚礁》上的漂流者一樣，荷爾蒙驅動了我們浪漫體驗裡的各種成功和悲劇。但還沒完，人類學家賈德．戴蒙認為人類的性行為可能是發展出複雜意識的關鍵。延時接受性興奮下，狀態的變化可能會擴大我們的意識。伊喜措嘉的故事讓我們看到，擴大的意識可能是療癒創傷和完全覺醒的關鍵。

神經化學所促發的，讓我們不可避免的生出嬰兒，這是我們的動物本質；也可以讓我們進入更高的意識狀態，那就是我們的天使本質。這是東方怛特羅和西方性魔法一直在探索的領域，也就是要達到心流覺醒，不需要透過否認和禁欲來專注於身體或超越身體。事實上，超凡的道路可以從最內在開始，即「我們的身體」。

若試著揭開多數神祕傳統，我們會發現當中都有某種形式的「性瑜伽」。它被嚴加保密，經常被迫害，甚至被從外頭偷窺的人誹謗到面目全非。但無論如何，性瑜伽一直存在。心理學家珍妮．韋德（Jenny Wade）在《超越性》（*Transcendent Sex*）一書寫道：「在今天的所有主流宗教中，仍然可以看到『神聖的性』留下了鬼魅般的印記，無法從人類經驗的寶庫中根除。『性』這件事不斷隨機的、不可壓抑的出現。」

從印度的濕婆教（Shaiva Tantra）到西藏的金剛乘佛教（Vajrayana Buddhism），再到卡特里派（Cathars）神祕的獨身禁欲主義，以及聖殿騎士團（Templars）和共濟會的醜聞儀式，這些都包含了截至目前為止最強大的狂歡技巧。但是，跟大多數宗教傳統一樣，它們和神話、迷信和神祕術語捆綁在一起。會讓人以為是神祕教派在祕密性交。

直到最近，都還沒有人從性的神祕中發現新的功能。但在過去的五十年裡，情況出現了變化，並產生一個全新的領域。這個新領域結合了神經科學和心流心理學，試圖卸下我們圍繞在性行為的羞恥感、內疚感和禁忌，用全新的雙眼、開放的思想和證據，來重新審視這股生命的核心驅動力。

歡迎來到心流覺醒的「享樂工程」時代。

「享樂工程」重塑快樂邊界

享樂工程（Hedonic Engineering），即研究與提升人類神經系統：有智慧的進行研究並提升智慧。當你可以快樂、聰明和平靜，為何要沮喪、沉默和焦慮呢？

——羅伯特・安東・威爾遜（Robert Anton Wilson）

早在一九五三年，賓州大學的神經科學家約翰・李利（John Lilly）就開始研究靈長類動物的快感。他想看看是什麼點亮了我們的大腦和思想。這些領域以前都被埋藏起來，他為了探索這領域，把特製的鋼製引導器放入恆河猴的頭骨裡。這些引導器在放入大腦特定區位後，李利就會推入細線來刺激神經系統的不同區位。他發現靈長類天生就會尋求愉悅，但最喜歡的還是性高潮。如果可以選擇，雄猴會自我刺激高潮到精疲力竭——昏睡、醒來，再一次。

經過仔細的深究，李利還發現了另一件事：高潮、勃起和射精——原本以為是一連串的反應，實際上是獨立的神經過程。你可以不需要另外兩件事就完成第三件事。李利愈深入研究靈長類動物的神經系統，就愈能得出一個重要的結論：每一條帶來狂喜的獎勵迴路都有對應的性興奮網路。「金賽性、性別與生殖研究中心」（Kinsey Institute）的研究員解釋：「性衝動建立在基礎的大腦結構上，是憤怒和喜悅等所有情緒和動機行為的基礎。」

這些讓人感覺很好的神經化學物質，如多巴胺、腦內啡、內源性大麻素和催產素，都是直接由性刺激觸發。李利首次提出這樣的發現，是在每個人都會把鈕扣扣好扣滿的一九五〇年代，當時會覺得很丟臉，但今天這都是常識。

畢竟，大自然很有效率。我們的嘴巴讓我們咀嚼食物和呼吸；我們的鼻子過濾空氣和解讀氣味；我們的生殖器讓我們排泄也能生育。所以，當演化要我們去生孩子的時候，就會把獎勵迴路鋪在神經系統的基礎面。這很合理，因為演化最重要的工作就是繁衍，能繁衍了再找其他樂子。

李利發表研究的那年，印第安那大學（University of Indiana）的艾伯特・金賽（Albert Kinsey）發表了第二份報告，後來稱為《金賽報告》（*the Kinsey Reports*），是一份關於人類性行為的詳細觀察。金賽和他的同事透過實際觀察人們獨自或和伴侶發生性行為的狀況，為性取向建立了六分制的「金賽量表」（Kinsey Scale），把異性戀和同性戀間明顯的二元對立分解為更加微妙（也更現實）的漸層。佛洛依德認為不應該把陰蒂高潮和「真正的」陰道高潮相比，金賽反駁了佛洛依德的論點和其他誤解。這些報告引發了一九六〇年代的革命，受到褒貶不一的評價。

緊隨在金賽之後，維吉尼亞・強生（Virginia Johnson）和威廉・麥斯特（William Masters）在聖路易斯的華盛頓大學展開了自己的性研究，觀察從事性行為的妓女和夫婦，描繪出一個歷久不衰的框架：性反應週期四階段模型——興奮、持續、高潮、消退。他們也研究了各種性功能障礙，對早洩、女性性高潮不足和老年性行為等問題提出了新的解釋。

他們和金賽一樣，因為將社會道德投射到同志和女性的愉悅感，且過度依賴性工作者做為研究對象，所以飽受抨擊。但這群人好奇而勇敢的觀察研究，比現代任何研究都更能增進我們對人類性反應的理解。

金賽、強生和麥斯特的研究方法和個人生活都被檢視審查，就像一九六〇年代初期的第一波迷幻藥研究一樣，性研究也經歷過激烈的反彈。他們前衛的發現逐漸進入主流，影響大眾的性行為，但不是所有人都會替他們歡呼。

儘管有爭議和阻力，但那是美國性教育最短暫的輝煌歲月。在那之後，大眾的興趣出現過幾次高峰，因為愛滋病的氾濫，逼著大家把資金和注意力都放在「性」這個公衛問題上。轟動一時的威而鋼徹底改變了性的面貌，許多藥理學研究都找獲得資金，為的就是要發現下一個價值十億美元的藥丸。

但在那之後，由宗教保守派和反色情活動人士所組成的聯盟，目的愈來愈集中，手段愈來愈精緻。這個聯盟看上了聯邦基金，向大學和研究機構施壓，讓人類對性反應的研究產生關注進而被打壓。羅格斯大學（Rutgers University）的心理生物學家貝芙莉・惠普（Beverly Whipple）說：「這個聯盟對研究對象和傳播數據有很大的影響，某種程度上阻礙了人們進行性教育研究。」

研究人員甚至不能把「性」或「性高潮」寫在經費申請書裡，否則過分熱心的政客會透過關鍵字搜尋找到他們，阻止他們取得資金。一位金賽研究中心的人員承認：「美國衛生研究院的專案承辦人會教你，不要在任何經費申請文件裡用到『性』這個字。顯然，國會助理定期在搜尋經費資料庫，找各種可以拿來舉例的研究，『性』就是他們常用來搜尋的字。」

「無論從哪方面看，這都是意識形態贏過了現實，就好像退回到十五世紀。」首席社會心理學家伊萊恩．哈特菲爾德（Elaine Hatfield）對美國心理協會（American Psychological Association）表示。

儘管電影、媒體和行銷素材裡，充滿著持續不斷的超性感影像，但是真正的性研究在美國卻是個瀕臨滅絕的專業。二〇一四年，金賽研究中心的最後一位心理學家辭職，轉往比利時發展，因為在那裡他們可以自由研究想要研究的主題，而其他頂尖科學家則早已遷往加拿大和澳洲。目前，由聯邦政府資助研究性興奮的美國實驗室只有兩個。這是人類最核心的體驗（負責了人類的存在），但相關研究已經被邊緣化，瀕臨消失。

治癒的快感，可以自己來

因為得不到研究經費和支持，金賽研究中心的新一代研究人員被擠出學術圈。他們不得不隱匿的進行研究，至少對海倫．費雪（Helen Fisher）和妮可．普勞斯（Nicole Prause）這兩位金賽的校友來說，她們的熱情為生物學、心理學和療癒的關係，提供了新的見解。

金賽研究中心資深研究員與羅格斯大學教授海倫．費雪在交友網站 Match.com 擔任首席科學家。她靠著這個網站充裕的資金和龐大的資料庫，開創了全新的性格特徵測試，可和標準的五大人格測試競爭。

目前已有接近兩千萬人做過「費雪性格量表」（Fisher Temperament Inventory，FTI），是同類型測試中規模最大的統計驗證測試，也是唯一有神經科學基礎的性格測試。相比之下，著名的邁爾斯布里格斯性格分類表（MBTI）是一九四〇年代由家庭主婦所開發的測試，她剛好很喜歡榮格。儘管MBTI被廣泛採用，也很流行，但這和多數性格測試一樣，幾乎沒有科學依據。

每個人的性依賴與浪漫依賴，受到不同的神經化學物質影響，「費雪性格量表」則據此將性格分為四類。開拓者（Explore）：尋求新奇事物的冒險家，主要的表現和多巴胺有關。建設者（Builder）：謹慎且順從社會規則的追隨者，主要表現和血清素有關。領導者（Director）：嚴謹的思考者，善於分析，主要表現和睪固酮有關。協調者（Negotiator）：具社會性且有同理心，主要表現和雌激素有關。我們最親密、最個人的經歷——陷入愛河，可能和神經化學與神經解剖學有很大的關係，就像丘比特的射箭技巧一樣。

費雪的測試受到合理的批評。心理學家質疑還原論的假設，不認為人格表現可以用單一的神經化學物質來解釋。費雪的同事寫道：「大腦中沒有『性』中心，所以我們永遠無法真正『控制』你的性欲。」他們堅稱人不是機器人，任何關於我們為什麼會做出什麼事的解釋，都不能簡化為機械來說明。

不過，其他研究發現「費雪性格量表」的神經化學模型，印證了「宗教信仰、政治傾向和關係中對性的態度」。我們墜入愛河的方式也影響著生活的方式。雖然這種綜合神經心理學才剛起步，但「我們的感受會被荷爾蒙和化學物質影響」的這個前提不太可能消失。這是角猿的意識假說，把幾千個世代壓縮到我們自己的一生。從單腳跳、雙腳跳到抽插，也就從賈德・戴蒙到了海倫・費雪。

如果費雪的測試太像判決書，過分放大了神經化學物質在愛和依戀中的角色，那我們就可以反過來研究，看看藥物是不是能產生愛意。如果自然方法和化學方法的作用相似，那共同的作用機制似乎更有效。牛津大學和耶魯大學的倫理學家朱利安・薩福萊斯庫（Julian Savulescu）和布萊恩・厄普（Brian Earp）在《愛情靈藥》一書中寫道：「我們該來思考這些問題，生化干預愛情與感情已經不是遙不可及的猜測了。」

幸好，還有一些平行的研究在探索藥理學如何塑造心理狀態，這些研究提供了許多實用的測試案例。三十年來，跨學科迷幻研究協會一直在推廣臨床研究，結合搖頭丸的化學物質和創傷後壓力症候群患者的治療。他們的研究結果非常顯著，美國食藥署（FDA）已經加速了第三期試驗，視其為創傷治療的基本療程。值得注意的是，這些療法的有效性，有很大程度來自於費雪在浪漫關係研究中所發現的神經傳導物質。

在服用搖頭丸的一小時內，血清素明顯提高，情緒改善，感知能力增強。隨後，催產素緊隨在後，減少恐懼和壓力，增加信任和連接感。治療師表示，這些神經化學物質的鎮靜作用，讓他們與患者更容易建立關係，並讓患者在更有彈性的心理狀態下重新審視和撰寫創傷記憶。

跨學科迷幻研究協會的研究人員解釋：「不久之後，患者的大腦就會開始釋放泌乳素，這種激素通常與性高潮後的放鬆和接納感相關。」在這個過程中，創傷後壓力症候群的神經迴路被重新設定，原本高度警惕的杏仁核和內側前額葉皮質的活動被調整，那些創傷記憶折磨了患者多月或多年，但此時他們可以在更安全、更宏觀的當下，重新撰寫他們的過去。

一位臨床醫師寫道：「有個人在童年遭受性虐待。成年後，他一直認為自己無法感受到幸福，因為他認為那是別人才擁有的東西。但改變了他的神經化學物質之後，他得到了一種自受虐以來從未有過的感受。」

另一位女性受試者說：「我感覺自己走在一個安全和幸福的地方，我一直想去但以前不知道如何抵達的地方……我經歷過一些不好的事情，但是……那些只是發生在我身上的事，不能定義我是誰。」她的這種理解在科學上完全正確。搖頭丸讓她的大腦以特定的比例將血清素、催產素和泌乳素混合，讓她在情緒上抵達「需要用很長的時間，不知道該如何抵達」的地方。

而她也憑直覺了解到：「這就是一切都在我體內。」

不只是她。「藥」其實就在我們每個人的體內。事實上，我們甚至不需要依賴外部合成物，只需要重新學習如何透過性愛來體驗更多的愛與連結。

去年，跨學科迷幻研究協會的創辦人瑞克．都柏林和我一起出席了專題演講，我問起這鼓動能：他們對創傷的研究如何拓展到其他的干預措施。瑞克說：「我們在研究中發現，患者在搖頭丸療程中的狀態與性高潮後的極致狀態非常接近。血清素、催產素和泌乳素的提升，以及由此產生的安全、開放和連結感，是我們尋找的理想療癒。」他說的話，實在令人吃驚。

關於創傷治療的第一項選擇：花三十年的時間和數千萬美元，透過複雜無比的聯邦政府手續，讓一級管制藥品裡面的其中一種藥物合法。這工作很重要、很有效，但很緩慢、很昂貴、而且容易被邊緣化，且受政策和法律限制。

或者有第二項選擇：打造一種全新的、開創的方法，讓人們達到科學家稱之為「性高潮後的極致狀態」，並從這裡開始推廣健康與幸福的新模式。

***

金賽研究中心的另一位校友妮可．普勞斯博士就是在研究這個主題：如何以性高潮代替處方藥來促進身體健康和生活幸福。普勞斯是個天才神童，她在印第安那大學和金賽研究中心獲得博士學位，並且在哈佛大學完成博士後研究，再到退伍軍人醫院工作，然後在加州大學洛杉磯分校找到了研究職。她在那裡將資料科學引入最禁忌的話題，碰觸到了政治和社會的現實。

她對採訪者說：「我已經做了接近十年的學者，剛剛晉升為加州大學洛杉磯分校的科學研究員。我無法在一年內讓一個很簡單的性高潮研究方案通過審查，但同樣的方案在其他大學就很容易過關。而且這所大學拒絕我的經費申請，不讓我在實驗室研究性伴侶。顯然，我要不搬到加拿大，就像多數的同事一樣，要不就以全新的模型完成研究。最後，我選擇了後者。」

因此，她成立了自由公司（Liberos）。這間私人研究和生物技術公司由基金會和聯邦政府資助，讓她和其他研究人員可以自由的專注於研究性高潮反應，以及顱磁和腦電等刺激的智慧技術如何影響性健康。從公立大學到私人實驗室，這並不是無縫接軌。每一個新的專案，普勞斯都要面對審查的阻力。這些阻力不但來自政客和激進分子（當然很多壓力是來自這兩種人），有些是來自田野調查的同事。

普勞斯解釋：「大家對性的最大誤解是，用性來獲得快感不健康。甚至連治療師都在推廣這種觀點，他們講沒幾句話就會開始羞辱那些認真工作一天後自慰的個案，說他們『應對能力很差』。因此，伴侶會覺得出於健康目的（例如控制壓力）而尋求性活動很羞恥——用性行為來面對生活的方法被羞辱了，這種態度很有害、很倒退，以前的宗教觀認為性只能『為了生育』，現在則是包上『健康』的旗幟，沒什麼不同。」

普勞斯在一項研究中試圖衡量性高潮對健康的好處。她的終極目標是要證明性高潮是一種處方，就像一種藥物，可以適用於失眠、焦慮和憂鬱等病症。她的研究方法是，模仿跨學科迷幻研究協會應用搖頭丸的方式，但她不是透過藥物來促進療癒，而是在研究如何觸發我們自身的自然化學反應來提供類似的效果。

她說：「我們有強力的證據可以證實，『性』（自慰、看成人電影、或是和伴侶發生性關係）是調節情緒的一種好辦法，而且可以定期進行。如果我們知道直接用手刺激生殖器就可以在腦中調節情緒，也許我們會發現這也有助於緩解憂鬱症，或許無法達到抗憂鬱藥物的效果，但可以讓那些不得不停藥、無法繼續支付藥物的人緩解症狀。」

性高潮不但對情緒創傷有幫助，還能減輕身體上的痛苦。我們身體系統中天然的鴉片類物質，加上內源性大麻素（會導致「跑步者高潮」（runner's high），長跑者的疼痛和疲憊會被活力和快感取代），都有助於緩解持續的不適。普拉斯指出：「治療慢性疼痛疾病最好的方式就是定期鍛鍊。但是受傷的人根本辦不到。那如果讓他們定期自慰呢？」

我們在探索人類性行為時，有個主題反覆出現，那就是性行為能讓我們走出低潮的經歷，也能讓我們看到人生的巔峰。宣洩（或者說是深度緩解痛苦，接著狂喜的感覺會相伴而來）這是一種心流的巔峰體驗，但通常都是狂喜的感覺先緩解痛苦一步。

普勞斯的同事所進行的另外一項研究，想知道性高潮是否不但能減輕痛苦，還能讓人感受到難以言說的神祕體驗。他們還想知道性高潮和目前最主要的萬靈丹裸蓋蘑菇素（也就是麥肯南看好的「神奇蘑菇」裡的活性成分）的效果差異。

這些研究人員希望盡可能找尋相同類型的解方，為了平起平坐進行比較，他們求助了霍普金斯大學的迷幻先驅羅蘭・格里菲思（Roland Griffiths）。他的實驗室開發了一項調查，其中有三十個問題，被稱為「神祕體驗問卷」，用於接受裸蓋蘑菇素療程的測試對象。他用這個量表來驗證著名的耶穌受難日實驗，證實了神祕的宗教體驗和迷幻狀態沒有區別。

霍普金斯大學的研究對象透過給予中等劑量的裸蓋蘑菇素，成功的治療了尼古丁成癮、難治型的憂鬱症和臨終焦慮（眾所周知，這三種狀況都很難用主流的療法來解決）。在許多研究報告中，（二十％的受訪者）將他們的治療體驗稱為「生命中最有意義的經歷」，而對於高達六成的患者來說，這是他們生命中「最有意義的五大體驗之一」。

研究人員還在試圖梳理結果，那些神祕體驗似乎在療程中發揮了直接的作用。解決潛在問題，慢性症狀就會自行消失。這就是宣洩和狂喜之間的連鎖關係。

對女性高潮的研究，旨在觀察連續手動刺激陰蒂十五分鐘，是否能帶來類似於裸蓋蘑菇素的效果：提升情緒、改變時間感知，以及難以言喻又神聖的感覺。他們讓八百位不同年齡、種族和性取向的參與者，進行了十五分鐘的練習，然後用神祕體驗問卷進行調查。

這項研究出現了三個有趣的結果：

第一，研究人員在報告中寫到：「研究發現，該行為（陰蒂刺激）可以引發一種實質的神祕體驗，強度相當於中等劑量的裸蓋蘑菇素。」

第二，「回報說自己經歷極度神祕體驗的人有六十二％，高於格里菲思和同事在二〇一一年使用最大劑量裸蓋蘑菇素的結果五十二％。」

第三，「雖然兩份實驗都提到中等到強烈的神祕體驗，但女性的反應比男性更強烈。」

迷幻藥有時被稱讚，有時被詆毀，最近又成為心理成長和治療的有效工具。和其他藥物相比，迷幻藥的療效突飛猛進，但很難管理、受到嚴格管制，而且有不可預測的副作用。

簡單來說，「痛快乾脆」的刺激女性陰蒂（不用蠟燭、熏香、吟唱、播放恩雅〔Enya〕或約翰傳奇〔John Legend〕的音樂），就可以獲得實質的神祕體驗，而且效果和裸蓋蘑菇素相當。事實上，將霍普金斯大學團隊使用的最大劑量裸蓋蘑菇素和性高潮研究進行比較，會發現只要簡單的性刺激，就能讓超過六％的人進入神祕體驗的狀態。

這對我們其他人來說意義重大。神祕體驗的狀態，可以說是人類歷史上最基本的渴望之一，現在更證實了神祕狀態與幸福、療癒和存在的平靜感之間有很強的相關性，而且可以透過最容易、廉價、低技術含量的方法來實現。不需要在索諾拉沙漠找癩蛤蟆來舔，不需要到喜馬拉雅山脈去找修行僧，只要透過簡單的行為就可以把我們帶往神祕狀態。透過有意識的練習，不是為了繁衍，而是身心靈整合。

而且，甚至不需要特殊的技能或深奧的作法。珍妮・韋德在《超越性》一書中，研究了近百名自稱在性接觸過程中經歷強大神祕體驗的受試者，發現到：「天真的實踐者（沒有用任何密宗技術來加強體驗的普通人），有大約二十分之一的人在性愛中有過自發的超凡體驗。若進一步跨越地區和文化來探討，那麼全球有將近五億人可以在直覺的引導下探索自己的身體，藉此得到神聖、不可言說且人我合一的突破性體驗。」

最終，這項研究證明了，伊喜措嘉在一千多年前的西藏山區就勇敢展示的道理——女性比較聰明。而且，女性可能也比較開明。女性比男性更適合透過性來體驗超凡。蓮華生大士說：「如果密宗讓心開悟，女人的身體更適合。」

而現在，雖然花了一段時間，但科學終於追上了。

性與天堂，連結的終極追求

幾年前，我受邀去美國海軍特戰發展小組演講，這個小組原本很低調，但二〇一一年，當時口無遮攔的副總統拜登說溜了嘴，於是大家都知道他們就是海豹突擊隊第六小隊。

我的內心很矛盾，不知道該分享什麼。一方面，我在海軍軍眷區長大，非常尊重這些特種作戰人員的才能。另一方面，這些人的殺傷力似乎與道德感脫鉤。在美國這個強大的軍事力量中，僅靠不執行「非法命令」的約束是不夠的。總司令可能會隨心所欲的下令，指定哪些「恐怖分子」需要被清除。

所以，我在向團隊團介紹了群體心流和巔峰表現的神經科學之後，把話題帶到了「化意識為武器的倫理學」。若要使用這些強大的工具，這是個很重要的基礎。

我不確定這些Y世代超級士兵的記憶能回溯到多久遠的年代，所以我簡要回顧了美國在一九六〇和七〇年代進行意識控制的事件。接著，我提到一項不太為人所知的行動。

在伊朗加茲文省高山上的藏身之處，有個什葉派穆斯林（Shia Muslim）軍閥在訓練士兵執行自殺任務。他用非常有效的灌輸和洗腦法，來培養完全忠誠、狂熱的士兵，這些士兵幾乎可以穿透任何防線，針對高層官員進行暗殺。他們不顧自己的死活，滲透範圍幾乎無限大。在他們的行動中，成功滲透到權力核心，暗殺了數十位重要人物。最關鍵的是，在爭奪「民心」的戰鬥中，他們掌握住所有恐怖分子都在努力爭取的一種心理優勢：向敵人灌輸非理性的恐懼。

當我展開這段描述時，我能感覺到氣氛變得緊繃。這群二十幾歲的特種兵原本像狩獵後的年輕獅子一樣漫不經心、懶洋洋的趴坐著，但此刻他們坐挺起來，雙眼盯著我。如果這位軍閥是賓拉登的繼任者，或是伊斯蘭國的新指揮官，他們肯定會想要知道關於他的一切。

但是，我們剛才討論的什葉派尼扎里・伊斯瑪伊教派的軍閥哈桑・伊・薩巴（Hassan-i Sabbah），早在一千多年前就已去世，是一個幽靈般的傳奇人物，難以成為這群特種部隊成員的目標。他是個幽靈、是個謎團，摸不到也碰不著。

哈桑或稱「山中老人」（Old Man of the Mountain），他是歷史上最早記載的「享樂工程」大師之一。馬可波羅寫過他，但丁也寫過，尼采說他的戰士家族是「自由的靈魂，卓越的靈魂」；「垮掉的一代」作家威廉・布洛斯（William Burroughs）對這些惡名昭彰的特務人員進行的反思；電影《戰略迷魂》（*The Manchurian Candidate*）讓臥底特務的概念永垂不朽，這個靈感就來自於哈桑的傳說；轟動全球的電玩遊戲《刺客教條》也是發源於阿拉穆特—哈桑的山間要塞城堡。

簡言之，對刺客（這些臥底特務後來被稱為刺客）的想像，比已知的事實還要多，甚至連名字的起源也存在著爭議——有人認為刺客（assassins）這個英文字就源自於「哈桑」，另一些人則堅持這是在向阿薩辛派（Hashashin）致敬（因為據說他們是抽食大麻的士兵）。無論如何，他的操作方法則是一個迷人的研究案例，涉及操縱身體和大腦來控制心靈和思想。

據說，有機會加入的士兵候選會兩兩一組帶往他的城堡，獲邀和哈桑本人共進晚餐。哈桑會告訴他們說，他有能力送他們到天堂，但前提是他們必須永遠對他忠誠。他在他們的食物裡放了一顆緩釋型鴉片膠囊，讓他們進入夢幻般的半睡半醒狀態。然後，哈桑的僕人會把這些的士兵候選者帶到「人間樂園」，裡頭有來自世界各地的珍奇異獸，還有被稱為天堂蘋果的花卉和果樹。對於這些鄉村波斯男孩來說，這簡直太夢幻了。

然後，隨著鴉片膠囊釋出第二成分麻黃（遍布中東的多產灌木，是安非他命的原料），讓士兵候選者甦醒，並強化視覺效果。他們會環顧四周，堅信自己已經被送往天堂。在這個天堂中，有迷人的美女（houris）、神聖的處女（現實中，他們是從開羅最好的妓院裡挑選出來的交際花）陪伴烈士進入天堂，她們圍繞在士兵候選者的身邊，吹笛、跳舞、撩撥的脫光衣服，直到赤身裸體。

最後，正如羅伯特·安東·威爾遜的記載：「有些人會跪在士兵候選者的腳邊，親吻他的腳踝；有些人親吻膝蓋或大腿，甚至全神貫注的吸吮陰莖；另外有些人親吻士兵候選者的胸膛、手臂和腹部，還有一些人親吻眼睛、耳朵和嘴巴。士兵候選者沉浸在這種強烈的『愛的雪崩』中，忙於陰莖的那個女人持續吸吮，直到他在她的嘴裡達到高潮，像一片雪花飄落般輕柔、緩慢、幸福。」

這時候，膠囊中的第二劑鴉片的效果會再度釋放到他們的血液中。讓他們慢慢入睡，並被帶回到哈桑的房間，在那裡醒來。接著，有兩種不同的說法。

其一是，哈桑會把自己的特務埋在寶座前的泥地上，只露出頭，欺騙這些士兵候選者相信哈桑可以和死者溝通。然後，這名不幸的特務會被斬首，頭顱被掛在長矛上，讓士兵候選者在離開的時候都能看見。

其二是，兩位士兵候選者會受到仔細的詢問。

「是的，」第一人喊著：「我已經看到天堂的榮耀，就如《古蘭經》的預言一樣。我不再懷疑。我要信任哈桑·伊·薩巴，愛他、事奉他。」

「你獲選加入刺客騎士團了。」哈桑嚴肅的說：「馬上去休息室見你的長官。」等他離開之後，哈桑轉向第二人，問道：「那你呢？」

「我發現了原初之物（First Matter），金屬之藥（Medicine of Metals），長生不老藥（Elixir of Life），賢者之石（Stone of the Philosophers），真正的智慧與完美的幸福，」他引用鍊金術

的公式說：「就在我的腦袋裡！」哈桑．伊．薩巴笑開懷：「歡迎加入光明會（Order of the Illuminati）！」

第一個士兵候選者的向哈桑宣示忠誠，希望有一天能回到天堂；另一個士兵候選者則意識到「完美的幸福」存在於自己的頭腦中，他才是現實的主人——這就注定了一個是被洗腦的刺客，另外一個是點亮智慧的啟蒙內行人。

說到底，精神控制和鍊金術的心理技術幾乎完全相同。唯一的差異是，一個消解主權，另一個增強主權。這解釋了為什麼像MK-ULTRA這樣黑暗的心智控制計畫，能與嬉皮運動的水瓶座理想（Aquarian ideal）「開啟、調頻、退出」不謀而合；也解釋了為什麼惡名昭彰的「勞斯萊斯上師（Rolls-Royce guru）」奧修（Osho），能利用那些處於極樂狀態的遜尼亞斯行者（sannyasins，放棄世俗的靈修者），在奧勒岡的灌木叢中，從零建造一座城市；並說明了為什麼原本被吹捧為「連接全世界」的社交媒體演算法，最終卻讓我們淪為沉迷的猴子，被困在矽晶片製成的吃角子老虎機中。

威爾遜認為：「哈桑．伊．薩巴不是第一個也不會是最後一個，去研究如何把性欲轉變為狂喜的人，再往東行，印度教、佛教和道教中都有密宗學派，他們傳授的技巧可以延長生殖器結合的時間，進而引發大腦戲劇性的變化。在西方，諾斯底派（Gnostics）、光明會、鍊金術師和女巫的地下邪教，也把類似的技巧做為嚴格保守的祕密，因為如果神聖的宗教法庭知道了這些作法，參與者就會被當成是在崇拜魔鬼，並被綁在火刑柱上燒死……這個時代，這些古老的神經學祕密，加上更現代的技術，出現了革命性的暴增。」

哈桑是享樂工程的創始人之一（或你的家族裡面，也可能曾經有過類似的瘋狂人物），他的人生和遺產都很豐富。你可以用性、迷幻物質、音樂、舞蹈和敬畏來充滿意識，這個概念單純而激進。

但正如羅伯特．安東．威爾遜所指出，這種理念無處不在。不管是為了解放或奴役，享樂工程可以說是有史以來最強大且最不被理解的技巧。「記住，記住，」山中老人在臨終前低聲說：「沒有什麼是真實的，一切都被允許了！」

第十一章
覺醒的自我與藍圖

我不會固執己見的拒絕智者提出的建議，只要這些建議都同樣無害、廉價、簡單且有效。

——強納森·史威夫特（Jonathan Swift），《一個小小的建議》（*A Modest Proposal*）

生物學家之間有一個流傳已久的笑話：有個研究人員正在青蛙身上做實驗，想更了解牠們的運動能力。

雙盲測試的局限性

他口頭命令實驗室裡的青蛙：「跳！」青蛙在桌上跳了二十五公分。科學家立刻抽出捲尺，測量結果記錄下來。然後拿出一把手術刀，切下青蛙的一條腿，再次命令：「跳！」這隻青蛙雖然殘了，但依然勇健，能跳二十公分。

這位科學家重複了三次嚴酷的手術，每次都切除一條腿，且每次都要求青蛙往前跳，當然，跳躍的距離愈來愈短，這很合理。最後，這隻沒有腿的可憐青蛙只能躺在工作檯上。當研究人員命令青蛙：「跳！」第五次，也就是最後一次時——青蛙沒有動。

研究人員又說：「跳！」為求慎重，他還重複了兩次。最後，他打開筆記本，小心翼翼的用筆寫下：「四條腿的青蛙表現出強大的跳躍能力，失去四肢之後，這種能力下降了二十五%。然而，令人振奮且完全出乎意料的發現是——沒有腿的青蛙……聾了。」

這就是目前實驗科學領域的處境：扭曲現實和常識——因為我們使用的方法太過笨拙，無法揭開我們在尋求的洞見。一次又一次，我們認為自己有了革命性的新發現，但這只是意識到我們在構思和執行實驗的時候，就已經決定了我們可能發現的結果。

「廚房水槽法」逆向驗證

這並不是在說雙盲法無效，只是這種研究方式有局限，不一定適合每一種研究工作。就像生物學家和跳蛙一樣，最適合的是的研究方法，應該是要追蹤線性增量變化，但如果只是做出信仰或邏輯上的跳躍，就會崩潰。

但還有另一種方法，可以更有效的追蹤像「覺醒心流的鍊金術」中這樣的多變量方程式。我們稱之為「廚房水槽法」（Kitchen Sink Method，KSM）。這種方法的核心理念是：不單獨分離任何單一變量，而是把所有可能的影響因素（除了廚房水槽本身），全都丟進實驗，並將這些能用證據支持的理論進行整合，直到我們確定能穩定且重複的獲得目標結果。簡單來說，這就像先製造一場爆炸，然後回到實驗室分析炸藥的成分為何如此強大。

確定好我們想追求的結果，並且可重複操作之後，再以逆向工程找出哪些是「一定要有」的元素、哪些是「錦上添花」的元素。接著，我們可以一次排除一種變量，直到我們觀察的結果出現了我們不想要的退化為止。這樣一來，我們便能精確調整出最佳方案，確保每個成分和功能都經過嚴謹驗證，避免不必要的繁瑣與複雜性。

原本我們可能在尋求單一的解決方案，例如某種藥丸或某項技術，但透過這種方式，我們可以設計出聯合療法，讓多種效果微小的變量疊加在一起，形成顯著的整體效果。即便其中任何單一療程的作用都無法超越安慰劑，但當它們綜合運作時，卻可能產生驚人的結果。

這就是「廚房水槽法」的核心價值，雖然無法取代雙盲安慰劑的對照研究，但在應對矛盾和複雜性時，這種方法能提供更實用的指引，探索如何療癒和實現成長。

心流覺醒的矩陣

如果你把「覺醒心流的鍊金術」的所有內容都隨意混合，很可能會毫無效用。我們需要指引，了解如何搭配才能獲得最安全、最有效的結果。

在過去十年裡，我和我的團隊，以及許多學者和專家，一直在研究心流覺醒的核心槓桿。剛開始，我們透過神經系統、內分泌、心臟、肺臟、心理學和生理學，想要找出身體和大腦中對體驗影響最強烈的部位。但後來我們發現，如果能透過設計這些簡單又複雜的體驗論述，我們就能學會改變體驗。

換句話說，與其等著意外啟蒙，索求最高境界，何不先調整身體和大腦的設定，然後看看那種生活是什麼感覺呢？

不必花好幾年的時間去模仿智慧的西藏高僧，仍永遠搞不清楚什麼是真正的神祕主義、哪些又只是在裝腔作勢，我們其實可以從內到外的學習他們的內在運作。如果我們這樣做，就可能發現，這些修行者的呼吸頻率始終比一般人更低，他們的腦電圖呈現更放鬆的 α 波，迷走神經的張力更高（還顯示出了其他生理和心理的指標）。然後，你可以找一個普通人，讓他們處於同樣的身體狀態，測試他們是否感覺到自己變得更有同理心、心理韌性更強。這種方法方式直觀又有效：重新校準生理，從而調準心理。

這樣一來，我們便不再需要無盡等待偶然的心流巔峰。如果我們不知道上次的巔峰體驗的成因，下次要重現就更難。傳統方法就像是不斷的擲骰子靠運氣，但我們不該再等待雷電襲擊帶來的靈光一閃了，我們可以建立自己的特斯拉線圈，主動調節身體和大腦的按鈕與槓桿，觸發靈光乍現的瞬間。這就是逆向工程。

下方的圖表可能不完全正確，畢竟我們沒有辦法把人類

心流基因體（心流覺醒）矩陣

	前傳統階段	傳統階段	後傳統階段	整合階段
神經腦波	Δ 波	β 波	α 波	θ 波、γ 波、高效波
神經解剖	杏仁核	前額葉皮質	暫時性額葉皮質抑制	全球性 / 選擇性
心臟	分解代謝 ←→			合成代謝
內分泌	皮質醇 / 正腎上腺素	睪固酮 / 雌激素	腦內啡 / 多巴胺	大麻素 / 色胺酸
身體姿勢	前側	矢狀面	橫向	多軸
呼吸系統	副交感神經	肺部	腹部	動態
心理狀態	不適用	固定	成長	自我調節
時間意識	非同步（無時間）	時代性的（線性）	同步性（當下）	多元同步（深度當下）
迷走神經	低活動 ←→			高活動
	21 世紀的正常人		土生土長的新人類	

複雜的體驗壓縮到平面表格中，但希望即使錯誤也有幫助，而且方向是正確的。

不過，我們可以得到一些通用的結論。「二十一世紀的正常人」生活在這個圖表的左半邊，大部分時間都感到疲倦、緊張，壓力很大。此時長期處於興奮狀態的 β 波思維，正腎上腺素和皮質醇等壓力化學物質持續滴入身體裡，肺部的空氣交換不良，迷走神經乏力，而且思考的時候都採固定思維。大家深陷在一個不確定的世界裡，守護自身的安全與身分。但如果能來到表格的右半邊，一切都可以變得更健康、更快樂、更有趣，我們在本書第二部分探索的種種方法，在這裡都可以開始發揮作用。

那麼，如果我們發現自己被困在左半邊，這個人生遊戲的關鍵就是要把自己調整到右半邊。然而，調整自我狀態並不是單次就能解決，而是一個不斷動態平衡的過程。像衝浪一樣，平衡本身就是一個移動的目標。我們需要培養靈活調整狀態的能力，以適應不同的任務和挑戰。在這場遊戲中，範圍、彈性和韌性就是制勝之道。

不過，這個模型也有局限：它描繪了理想的狀態，但卻無法清晰解釋如何從匱乏走向豐盛。因此，我們需要繪製一張地圖，把這些學術見解轉化成大家實際可操作的方法，並以「覺醒心流的鍊金術」為基礎的方法。

每次當我們發現某項研究或某個新科技、新作法可以對神經化學、生理學或心理學有更好的影響時，我們就可以更新這個表格，最後產生一個矩陣，反映出身體和大腦中最深層的迴路，可重複轉換狀態。不妨可以將其想像成是一個能創造話題的賓果。

只要我們從所有的研究中往後退一步，我們就會進入一個有點像「信靠耶穌」的時刻。不管你怎麼看，這幅地圖都很有意義。如果你的思想開放，能夠真誠的追求最有效的療法，你最終會抵達這兩種處境：性感的生物駭客或書呆子阿宅。這兩

享樂工程

項目	溫和	中等	激烈
一氧化氮	飲食（甜菜、南瓜籽等）	營養補充劑	勃起功能藥物（ED Drugs）
迷走神經張力	喉部按摩、發聲	口腔或肛門刺激（塞入物品）	醫療設備刺激
腦內啡／多巴胺	感官遊戲	夾具	BDSM
催產素	接吻、擁抱、眼神交流	乳頭吸吮	鼻腔噴霧
睪固酮	冰浴、重量訓練	脫氫異雄固酮（DHEA）	咖啡因／肌肉內補充劑
精神活性物質	大麻二酚（CBD）、四氫大麻酚（THC）	笑氣（一氧化二氮）、K 他命、碳氧混合氣體	迷姦藥（GHB）、搖頭丸（MDMA）、2C-B 黃色藥片*
創傷療法	記憶回溯	性別／原型分析	超個人心理療法（Transpersonal）
呼吸法	同步呼吸	過度換氣	氣體輔助閉氣（Gas-Assisted Apnea）

＊此為第一級管制藥物，目前尚未進行臨床研究，但其發明者認為這是最有效的催情迷幻劑。

種我們都不擅長。

除了前面幾位享樂工程先驅，如約翰・李利、海倫・費雪和妮可・普勞斯之外，這個領域對我們其他人來說幾乎未知，布滿了地雷。但如果能挖深一點，或許可以在民族誌文獻中找到類似的作法，印度教的密宗和西方的性魔法都有。

但如果是要在當代文化中尋找這些組合的實驗，你會發現大多數都是未重建的享樂主義——拉斯維加斯的單身派對、舊金山的地牢、西班牙伊維薩島和邁阿密的俱樂部。

相關的例子還有，強烈的身體感受和使人愉悅的疼痛可能有強大的療效，就像我們討論過的九一一消防員和性虐待社群。這往往牽涉到一些讓人不愉快的故事情節，彷彿皮革和乳膠或將《格雷的十五道陰影》無限重播。不難理解，這不是每個人的菜。

不過，要培養全方位的感覺統合能力其實不難。如果你調查一下感覺統合障礙的職業治療師，你會發現他們使用了羽毛、風車、重力被、約束器和眼罩等工具——你也會在情趣用品店找到同樣的東西，只是行業別不一樣。

我們現在比過去以往任何時刻，都更需要有效的方法來釋放我們的創傷，重新平衡和身體斷線的生活。我們可以透過治療的感覺來協助重建神經系統，並讓身心狀態產生深刻變化。我們可以為彼此提供這種體驗，而不用貶低自己。我們可以把「怪癖」裡的「怪」拿掉（以後想加再加進來）。

在探索過程中，另一個重大禁忌是迷幻物質和性的結合，雖然這可能讓人聯想到「化學性愛」這種俗氣的概念（從同志性派對流行開來的安非他命、古柯鹼和迷姦藥），但事實上我們都已經在進行化學性愛了，只是我們做得不好。

以我們最常消費的三種物質為例——酒精、荷爾蒙避孕藥和抗憂鬱藥。這三樣東西每天都在影響我們的性生活，只是方式不當。儘管酒精可以降低抑制力，但酒精會讓人脫水、失去方向感，降低女性的性高潮反應。露絲博士（Dr. Ruth）就很喜歡警告：「會掛在男人陰莖的末端上！」耶魯大學的布萊恩．厄普指出：「服用避孕藥的女性，在性滿意度和性伴侶吸引力的得分較低，而且更有可能提出分居的要求。」選擇性血清素再回收抑制劑（Selective serotonin receptor inhibitors, SSRIs）這種抗憂鬱藥物，會直接抑制多巴胺和正腎上腺素的活性通道，而這兩種物質會影響浪漫的愛情。我們覺得這些扭曲都很正常，也不相信自己可以改變什麼，雖然這些物質明明嚴重的影響情感和體驗。

化學性愛不是問題，問題在於是哪種化學物質、什麼樣的性愛，兩個都需要好好選擇。布萊恩．厄普和合著作者朱利安．薩福萊斯庫在《愛情靈藥》中提到：「我們的社會應該要認真考慮將心理干預（如婚姻諮詢）與愛情的生理面結合，相輔相成。忽略了後者就會掩蓋人我連結中很關鍵的部分。」

那麼我們該如何處理這項研究呢？如果選擇分享這項研究，可能會激怒享樂主義者、墨守成規者和純粹主義者（享樂主義者可能認為這種研究限制了快樂的自由範圍，墨守成規者則可能認為這破壞了社會道德，而純粹主義者則可能批評它過於機械化或違背自然）。但如果選擇不分享，則可能會壓抑一項能夠減輕痛苦並賦予生命更多意義的重要資訊，而這個世界正迫切需要這兩者。本章的目標，就是試圖拆除這顆定時炸彈上的所有引線。如果它最終在我們面前爆炸，那至少不是因為我們沒有努力過。

選擇你所需要的覺醒元素

在第二部分中，我們已經探討過多種干預措施，它們都可以改變狀態、療癒創傷和建立人我連結。呼吸的練習很有效。無論是呼吸練習、身體鍛鍊，還是音樂、迷幻物質、性，不管選擇道路中的哪一條，都可以通向洞察力、身心靈整合、以及內在與外在的凝聚力。正如古老的佛教諺語所言：「覺悟是追求成功的唯一道路。」

然而，我們並不需要嘗試每一種方法。只要有足夠的時間、金錢和先進的設備，任何人都可以走向自己期望的方向——不過現實的成本與資源往往是不可忽視的障礙。不是所有人都有認識生物駭客的機會，或者能付擔得起幾十萬到幾百萬美元的醫療設備。然而，數百項的研究已經證實，要改變我們的神經生理學和心理學，最具影響力的槓桿就在狂喜與情愛神經迴路的交匯處。最棒的是，這一切對所有人來說都是免費的。如果我們想開發一種在世界各地都能廣泛使用、不需要特權或權限的工具，免費使用就很重要。

我們已經知道：只要整合所有必要的元素，就可以實現我們的目標。如果某些干預措施違背了你的個人道德、法律或文化規範，那麼就跳過它。你所需要做的只是選擇適合自己的方法，並逐步增加其強度或持續時間。

我們運用心流覺醒鍊金術士食譜裡的知識體系，開創出數百種菜色，並分成以下三類：

單人練習：任何人隨時隨地都可以獨自練習。這個類別就是把呼吸法、身體鍛鍊和音樂結合在一起。

夥伴練習：這些練習可能需要一位觀察員來確保你的安全和舒適，或者是你會需要用上別人的手臂和腿。這個類別有雙人瑜伽或按摩。

伴侶練習：在單人練習和夥伴練習的基礎上，增加情感或肢體親密互動，觸及內心脆弱的部分，適合有承諾的感情關係。這個類別包括性心理和性伴侶的深度探索。

總之，儘管現代生活為我們提供了無數新奇的選擇，但如果我們追求最便宜、最有效且最可靠的方式，往往還是最古老、最簡單的方法最管用。這正是享樂工程的核心——一套精心設計的神經生理學實踐法，旨在透過心流覺醒的巔峰體驗結合療癒、整合與連結。

＊＊＊

為了驗證這些發現，我們使用「廚房水槽法」設計了一項為期十二週的研究，將五大學科完全整合在一起。這些槓桿的每一項都有充足的研究基礎，但幾乎沒有人嘗試過將它們統整為一體。這是一片實驗地圖上的空白，我們希望能在此探索。因此，我們提出了一份彈性的活動選單，讓研究對象從上方的享樂工程矩陣中選擇。因為在享樂工程中，大約有一半的干預措施都和肢體親密接觸有關，而這種作法存在許多安全性和倫理性的問題（例如，治療型代孕在美國還是個法律的灰色地帶），所以在這項研究中，我們選擇了已經在親密關係裡的成年伴侶做為研究對象。

我們邀請了十二對研究感興趣的伴侶，而且有足夠的穩定性和專注力，來完成這項持續三個月的縱向研究。他們的感情關係持續了兩年到三十年不等。雖然我們想要有不同經歷、不同背景的代表，但我們的第一項篩選標準是關係與情緒的穩定度。參與者涵蓋了性別、宗教、關係形式和種族的多樣性，但對於經濟背景則有所偏差，受試者大多屬於 WEIRD（西方化、高等教育、工業化、富裕、民主）的人口群體。

選擇使用藥物的伴侶，會在醫生的監督指導下進行，這些醫生也都依據原則提供了相關物質的處方（附錄中提到了醫生開處方的三個原則：好奇心、勇氣和人脈連結）。我們提供了基礎方案，同時保留足夠的靈活性讓參與者進行自主實驗。

我們藉由享樂工程矩陣，提供從輕度、中度到激烈的選項，並鼓勵他們「慢慢開始、慢慢來」。藉此讓他們能夠自在的整合前面的練習，自由的增加強度和複雜度。這種方法和傳統的研究相反，傳統的研究是要嚴格控制變量，我們則盡量不搭設鷹架，愈少愈好，在界線範圍內支持個體和集體的探索與創新。

有個出乎意料的有趣發現是：參與者會自己組織出創新的方法。我們並沒有提供具體的說明，而只是拿出了一堆樂高積木，讓他們自由配置和組合，並留下一些潛在的搭配方式來激發創造力。這就是這個實驗的「解放結構」。

在這三個月的過程中，這些伴侶不斷的修改和創新，或許最好的描述就是他們發展出一套「蛻變性瑜伽」。

「蛻變性瑜伽」的實驗

雖然每位參與者的細節執行有所不同，但其核心要素可以總結為：

- 讓身體和大腦充滿腦內啡、多巴胺、一氧化氮、催產素和血清素。
- 優化內源性大麻素系統，強化迷走神經張力。
- 訓練大腦離開 β 波，進入 α 波和 θ 波，甚至是進入 γ 波或深入 δ 波。
- 刺激腦神經或選擇性使用一氧化二氮或K他命等分子來重新設定腦幹。
- 讓直流電或交流電、磁力、光、聲波、疼痛或高潮等脈衝能量刺激神經系統。
- 進行全方位的運動來調整脊椎、骨盆、四肢和軟組織，整合體感。
- 有意識的呼吸，改變氧氣、二氧化碳和氮氣的比例來調節神經系統。
- 播放強力的音樂，擾亂意識思維並引導情緒（最理想是使用詩詞或經文為歌詞）。
- 把握這趟旅程，別退縮（也別沉溺於驚訝）。記起你曾遺忘的事物，回歸本真。完成你的功課。

這套方法並沒有刻在石碑上，沒有禁忌、迷信和禁令。這套方法結合了許多公認的神經生理學，可以造就體驗的、實驗性的啟示。

***

就是因為這些體驗可能會讓人很困惑，我們也想追蹤自己在做什麼。如果這種治療方式不能協助大家達到心流覺醒，體驗更多巔峰狀態、促進療癒，並增強連結，那就不值得花時間，也不值得冒風險。因此，我們為這三個核心領域（巔峰體驗、療癒與連結）各自設定兩個客觀衡量指標，總計六個測量標準。為了進行比較分析，我們選擇交叉參考其他研究的測量工具。這可不是什麼小事。如果「享樂工程」這門新興科學有機會解決意義危機，我們就需要客觀的開源研究來加以發展，否則我們就會被困在無法證實的真相中。希望其他學術界和民間科學家，也可以運用這些初期的標準來推動他們的工作。

我們還在研究中納入了主觀的自我報告，雖然嚴格上來說，這是「軼事」，但這很可能捕捉到了參與者的經歷，為客觀測量提供的背景和細節（欲了解更多，請參閱書末電子附錄中的研究摘要、指標、簡介與參與者自述。若是有興趣繼續這項研究，這是個可以遵循的架構。若想要找出這本書的彩蛋，後面有一整籃）。

這項研究持續了三個月，評估了銷魂狂喜、宣洩釋放和社群共睦六個指標，顯然，享樂工程可以是療癒、巔峰體驗和關係連結的有效工具。在社群和關係滿意度方面，受試者認為整體幸福感和關係緊密度經歷了有意義的提升。在宣洩和療癒的部分，受試者的身體壓力和參與心理創傷都減少了。在狂喜或巔峰體驗的部分，這些伴侶表示，他們每日的心流狀態和神祕體驗比過去都要強烈。

在適當條件下，享樂工程勝過了許多更密集、更昂貴的干預措施，包括談話療法和臨床迷幻療法。這本身就是個饒富意義的發現，希望能幫助更多人修復創傷、重拾目標、和最親近的人建立連結。當然還需要做更多的研究，但現在至少有了一個可以集中和協調的準則。

＊＊＊

不過，這些方法並不能適用於所有人或所有時間點。研究過程中，有些人沒辦法完成，有些人後來離婚了，有些人則在報告中表示自己很掙扎，這些都證明了享樂工程不見得適用於所有人。結合各種方式又加快速度的進程，可能會讓事情好轉之前先變得更糟。

或者，就是讓糟糕的事情變得更糟。所以，我們必須調整這些作法的頻率和強度，以搭配參與者的心理素質、文化背景和支持系統（醫療、心理和牧師等專業人員）。享樂工程簡直是一種強效的藥物。

有一對伴侶在察覺到自己有依賴的傾向時，記錄了他們的顧慮：「其實，我們碰到了一個對我們來說滿可怕的問題，我很擔心這會不會讓人上癮？……我們一旦開始了……搭配這些物質，會不會成天都在做這些事，變成每天都是星期天。我們開玩笑說，我就像《慾望城市》（*Sex and the City*）裡面的夏綠蒂（Charlotte，她有一集拿到了一隻兔子按摩棒，而她的朋友都不得幫她戒癮）。現在我想要很認真的思考我的優先順序，想知道這是不是『好事過頭了？』」

有時候，好事真的會過頭。我們多數人都熟悉身體上癮和心理上癮的概念。身體上癮的時候，會需要增加某種物質的劑量或行為來得到類似的結果，快感消失的時候則會出現戒斷症，感覺到噁心，嚴重的甚至會器官衰竭。心理上癮的話，可能會發展出情感依賴或習慣，當快感消退的時候，則會易怒、分心或失眠。若把獎勵迴路上的所有按鈕通通按下去，效果會比大多數人想得更好，而且可以開啟強化循環，很快就會變成習慣。

但是在享樂工程的領域裡，我們還要考慮到第三種變化：本體成癮。某些練習所收到的資訊和心得非常有說服力，凌駕了一般的制衡。有些研究參與者表示：「就好像是透過水晶球在看我們的生活」和「我俯視著……這是完全不同維度的人類體驗」。這種體驗很新穎、強大、而且可能會耗盡精氣神。

在《哈利波特：神祕的魔法石》中，小男孩發現了意若思鏡，反映出一個人在世界上最渴望的畫面。但校長鄧不利多警告他：「很多人在這面鏡子前面浪費了生命，不知道自己看到的是否是真實的畫面，或是否可能成真……記住：不要沉溺於夢裡，而忘了把握人生。」享樂工程擦亮了這面魔鏡，如果你不小心，可能會被光線弄瞎。

當你有意識把整套演化驅動力都催下去，可能會觸發比預期更強烈的結果。快樂的心流狀態和破壞性的強迫症之間的唯一區別是：對生活的影響是「積極」或「消極」。說白了，鍊金術師與癮君子之間的唯一區別就在成果評價。

如果我們認真對待提供不帶渴求的狂喜和不伴尷尬的宣洩，那麼享樂曆的最後一個元素就變得至關重要——週期性禁欲。正如登山者在抵抗登頂狂熱時會事先約定一個不可更改的回撤時間，我們也需要在年度的享樂曆中安排某些時段完全「徹底戒斷」，以確保我們仍然能夠控制自己的行為（要獲得完整版享樂曆，請至 www.recapturetherapture.com/tools）。

大齋節、齋戒月和贖罪日，都是把禁欲變成儀式的傳統。新的一年、新的自己，以及清醒的十月，這些承諾則更現代。對於大多數的練習來說，每年有一個月作為禁欲期已經足夠，這段時間可以幫助你重新檢視自己的習慣是否過於依賴。而對於像本研究中探索的那種

心流覺醒鍊金術與癮

三種依賴的類型

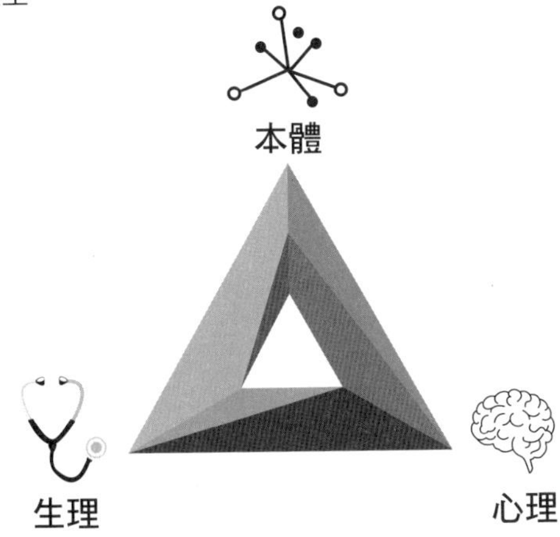

全光譜性的瑜伽，我們建議每個月增加一週的禁欲期，這樣可以更快的檢查內在狀態，並進行必要的調整。

不妨把享樂工程想像成高難度的五級攀岩——絕對不適合小孩，而且還有會致命的瀑布。你不會在沒有繩索、錨、護具的情況下，爬上危險的山壁。如果你因為這麼做傷害了自己，就不能怪任何人。

另一方面，好好裝備自己、好好訓練自己，讓值得信賴的嚮導和夥伴帶領你，謙卑的進入不同的地形冒險，接納不同的結果，到了高處，你會很滿意的俯看著風景。就是因為有風險，這種體驗才值得。

我們一旦理解了「覺醒心流的鍊金術」有何含義，我們就可以調整我們的意識，要選什麼都可以。我們可以深入內心，釋放創傷，並建立持續一輩子的凝聚感。意識到打開牢籠的鑰匙，也是通往天國的鑰匙，這就是令人激動也令人畏懼的責任了。現在，大門敞開了，我們的監獄已經打開了、花園也開了。

第三部分

文化與倫理的心流建設

但你們要毀壞他們的祭壇，打碎他們的神像，砍伐他們的樹林。
——《出埃及記》（Book of Exodus），由蓋瑞・史耐德（GarySnyder）引用

人類總是被釘在十字架上並被焚燒。
——歌德（Goethe）

邪教和宗教之間的唯一區別，是他們擁有的房地產數量。
——法蘭克・札帕（FrankZappa）

第一部分「意義的虛無與重建」調查了全球目前的狀況，以及意義1.0和意義2.0的崩潰。我們確認了以下幾點洞見的重要性：擴展視野、消化痛苦、與他人連結，以共同應對未來的挑戰。第二部分「覺醒心流的鍊金術」探討了五大關鍵驅動力，提供了覺醒、成長和展現自我的工具——意義3.0。我們在上一章中，討論了一個測試案例，透過心流覺醒的工具，將這些洞見整合應用到現實生活和人際關係中，並展示了可能帶來的效果。如果能實現這一目標，那麼我們就有機會將這些更廣泛的想法推向世界。

但我們還沒有完成討論。在那項研究中之所以關注親密關係，其唯一的理由是，演化促使人類以「成雙成對」的形式存在。和其他人際關係相比，親密關係更能激發神經化學的作用。如果我們無法在親密關係裡促進療癒、靈感和連結，那麼在更複雜、更艱難的情境只會更辛苦。正如梅特卡夫定律（Metcalfe's law）的提醒，網絡的複雜性與網絡中節點數量的平方成正比。換句話說，當人數增加時，管理大量人們之間的緊密聯繫，難度就倍增。

無論我們的關係形式如何，在尋找前進的道路時，都必須從小處著手，慢慢來，並與他人建立親密且信任的聯繫。就像登山者在山頂上承諾相互保護一樣，我們需要確信自己的旅行夥伴會支持協助，尤其是在我們可能失去控制的時候。

亞里斯多德簡要的闡述了三種常見的友誼形式：功利型（transactional）、享樂型

（hedonistic）和美德型（virtuous）。功利型關係是基於交換條件，其中至少有一方為了獲取自身所需。享樂型則是只要有趣就會持續下去。當派對繼續進行時，酒肉朋友也會繼續。這種關係在當代充滿刺激性技術的世界中尤其豐富，舉例來說，末日派對吸引了更多人不請自來。無論是天使還是飛蛾，都會被燈光吸引。

就其本身而言，功利型或享樂型這兩種關係並沒有錯誤。問題出在我們未能清楚界定彼此之間的聯繫，或者是當我們將心流體驗的銷魂感與深度療癒的脆弱性混合，進而導致混亂時，這兩種類型的關係才會出問題。

美德型的良性關係，是一種更為罕見且更有價值的承諾。這就是地獄或高潮，無論疾病還是健康，沒有人會留下這種羈絆，這種羈絆需要在惡劣的天氣和充滿挑戰的地形中，安全的相互支持。這就是真正讓彼此「受保護」的意思。

泰森·雲卡波塔（TysonYunkaporta）在他的《沙談》（SandTalk）一書中解釋道：「連接的第一步，是與多個其他代理結對（如親屬結對），這些代理也與其他代理結對。下一步是創建或擴展這些連接的網絡。最後一步，是確保這些網絡，能與你系統內及其他系統中的其他代理的網絡進行互動。」

我們需要把我們的二重奏變成幾十個，把我們的幾十個變成好幾十個。讓靈活的自家人網絡輻射到世界各地，做真正需要做的工作。

然而，將心流覺醒的巔峰體驗和深度療癒，結合成強大的聯繫有著曲折的歷史。而且，我們其實很不擅長。這是一個以理想為中心的社群，且經常淪落為：享樂化（對快樂的無休止追求）、商品化（銷售神意）或武器化（讓個人或機構操縱這些工具而牟利）。

因此，在第三部分「文化與倫理的心流建設」中，我們將解決最後一個、也是最困難的問題——創建健康的信仰崇拜。如果我們能夠以真正開源、規模化和反脆弱的方式實現這目標，那麼我們就有機會將這些更廣泛的想法傳遞給世界。

第十二章

信仰與心流的交會點

你不是來自本地的吧？

每年的二月十五日，這樣的儀式都會重演。旗手小心翼翼的將美國國旗摺疊起來，露出星星，然後捧著國旗走向閱兵場。美國大兵們扛著刺刀步槍，列隊前進。穿著正裝、披著綬帶的將軍一聲令下，旗手就將國旗升上旗杆。圍觀的群眾都熱烈的歡呼了起來。

然後，他們開始等待。

可是貴賓從未現身。但不論貴賓是否出現，他們似乎毫不在意。

近五十年來，他們一直堅持這樣的儀式，希望神話般的美國步兵約翰．弗魯姆（John Frum）會回到他們的萬納杜島（Vanuatu）。這是南太平洋美拉尼西亞島群上的一個小島，最近因為實境節目《倖存者》（*Survivor*）而出名。

沒有人知道約翰是誰，但據推測，在第二次世界大戰期間，美國將萬納杜島做為補給基地，支援各種戰役，當時很多士兵介紹自己時會說：「我是約翰，來自……內布拉斯加、加州、愛荷華州。」於是，這個名字就流傳開來，成為「約翰．弗魯姆」。

這個約翰帶來許多奇妙的東西，很多都是從天上掉下來的（從貨機後艙推出來，跟著降落傘飄到地上）。罐頭食品、口香糖、收音機、藥品、洗衣機甚至摩托車。

但是在一九四五年戰爭結束後，約翰收拾行囊離開了，所有的「魔法聖物」也隨之離開。當地人運用他們擅長的交感巫術，認為如果能重現當初把約翰帶來這裡的場景，或許就能加速他的回歸。於是，他們用竹子製作來福槍，把衣服塗成軍隊制服，用稻草做出仿真大小的飛機，點燃火炬，在叢林裡開闢起降跑道，接著耐心等待。

一位與儀式相關的長老前陣子告訴記者：「約翰答應我們，只要我們向他祈禱，他就會從美國運來整臺飛機、整船的貨物，收音機、電視、卡車、船、手錶、冰箱、藥品、可口可樂和其他美好的東西。」

「當然這架貨機始終沒出現，」英國人類學家彼得．伍斯利（Peter Worsley）指出：「儘管如此，這些信仰崇拜仍然存在。如果千禧年沒有如期到來，那或許只是魔法失靈了、儀式出錯了。於是，會分裂出新的小團體，組織『更純粹』的信仰和儀式。只要產生信仰崇拜的社會環境還存在，信仰崇拜就不太會消失。」

是怎樣的社會環境讓島民崇拜約翰？正是這群在兩個世界間拉扯的人，他們想理解人生，也想要值得期待的未來。美國貨的物質世界和千年以來對救贖的渴望，產生強大的交集。雖然我們很容易把對約翰．弗魯姆的貨物崇拜，當成是荒島上愚蠢的歷史遺跡，但事實上，我們都是貨物崇拜的信徒。我們絕望的等待救贖，同時滿懷希望的囤積著能讓我們蛻變的護身符。

我們之中有多少人在夢想著，買下名車就能吸引性感的伴侶，或贏得朋友的讚賞？穿上一件有勾勾標誌的紅襯衫，就有了老虎伍茲的活力？或者穿上一雙紅底鞋，這樣我們就有了卡蒂B（Cardi B，全球知名嘻哈女歌手）的氣勢？

萬納杜人比我們有個明顯的優勢——他們用於施展魔法的竹子來福槍和椰子纖維火炬都長在樹上，但我們用來供奉貨物崇拜的鈔票卻不是長在樹上。

我們和萬納杜島民之間的共同點，不僅是對「魔法材料」的迷戀，我們也都有尋找和追隨救世主的衝動，不管希望多麼渺茫。「每個人都會崇拜。」大衛．福斯特．華萊士（David Foster Wallace）在他著名的散文集《這是水》（*This Is Water*）裡表示：「我們唯一的選擇是：要崇拜什麼。之所以要選擇某種神或屬靈的東西來敬拜，有個特別的理由……不管你崇拜什麼，那東西會把你生吞活剝。」

以崇拜之名的邪教

我們就是在這對話中找到自己——弄清楚該崇拜什麼、學習如何崇拜，並努力避免被生吞活剝。無論你何時翻閱「覺醒心流的鍊金術」，無論你何時展開銷魂和宣洩的強大體驗，你都會感覺到界線在消融，隨之而來的是一種放開束縛的社群共睦感。

一不小心，這種組合可能迅速演變成信仰崇拜。我們會屈服於魔幻的想法，放棄自我的中心，被擅長言語煽動的人牽著走。我們不能假裝這些現象不存在，現在就是重新建立健康的崇拜關係的時候。

＊＊＊

「崇拜」（Worship）在拉丁文中，原本是指傳統的邪教（cult），就如宗教學者所說，這是指一群信徒以共同的信仰和儀式而形成的組織。例如：印度迦梨女神（Kali）有自己的膜拜儀式、希臘酒神也有、艾盧西斯祕儀（Eleusinian Mysteries）也有、美洲原住民教會也有，甚至在君士坦丁皇帝將基督教定為羅馬國教之前的三個多世紀，基督教也是一種邪教。

這些歷史悠久的邪教要求成員服從傳統，並對祭司階層的神聖血統表現絕對的敬畏。新入教者的脆弱心靈則被前輩細心引導。幾千年來，這些神祕的邪教在世界各地蓬勃發展。由於入教規則複雜且門檻高，很少擴展到主流宗教的規模，但足以代代相傳的保留直接啟示的經驗。

接下來，在十九世紀和二十世紀，隨著全球化旅行的普及，世界變得愈來愈小。這造成意義 1.0 的力量下降，這些古老的神祕邪教逐漸脫軌，當其移植到渴望精神體驗的現代化西方世界後，有些領袖打破了傳統。這些大師不把自己放在任何門派裡，而是發表了「新的公約」，堅稱他們的信仰完全原創，沒有先例也不服膺過去的任何人事物。這些公約無法證實真偽，也無法被辯駁。

此時，入教者仍然要需要服從，只是這一次，不是因為任何傳統的權威或血統，而是自願臣服那些被奉為「至高無上的自我」（Self）的個人——上師（the guru）。

哥倫比亞大學教授愛德華．薩依德（Edward Said）以「東方主義」一詞，形容西方如何浪漫化東方的一切，並賦予東方神祕色彩，結果卻讓事情變得更糟。像是：只要隨口說出藏傳、禪宗或蘇菲派的頭銜尊稱，或堅持修道院在幾個世紀前就形成了嚴格的修行等級制度，以及聲稱「首席覺悟者」具有神祕的能力。從這些說法就不難看出發展的方向為何會走歪了。

然後，就愈走愈偏。

例如，巴觀．希瑞．羅傑尼希（Bhagwan Shree Rajneesh，後來更名為奧修〔Osho〕）打破了印度教傳統，開闢出更狂野的道路，走上一條充滿感官享受和奢華（很多輛勞斯萊斯）的道路。阿諦達（Adi Da，原名為法蘭克林．瓊斯〔Franklin Jones〕，出生於紐約皇后區）的靈修生涯以一些對人類處境的深刻洞察為起點，最終卻因遭控施虐流亡斐濟，但仍困惑於這個世界為何未能承認他是救世主。提摩西．李瑞（Timothy Leary）放棄了哈佛大學的世家傳統，成為搖頭丸詐騙牧師在聯邦監獄進進出出。

此外還有「瘋狂、邪惡且危險」的性魔術師艾利斯特．克勞利（Aleister Crowley），他摧毀歐洲的西方神祕學校，留下混亂、破壞和癮症。羅恩．賀伯特（L. Ron Hubbard）曾經是克勞利的弟子，他利用克勞利的教義創立了戴尼提（Dianetics）和山達基（Scientology）等偽科學宗教。據說賀伯特在作家大會上曾說：「寫科幻小說不會發財，如果你想致富，就去創立一個宗教。」至少在這一點上，他很信守承諾。

除此之外，這樣的人還有好幾百個。

但真正讓邪教的「邪」字大放異彩的人，是查爾斯．曼森（Charlie Manson）和吉姆．瓊斯（Jim Jones），透過極大的魅力妖言惑眾。他們用血腥的悲劇為一九七〇年代寫下註腳，使得披頭四的〈迴轉遊戲〉（Helter Skelter）和「喝下酷愛飲料」（drinking the Kool-Aid），成為人們失去理智（甚至失去生命）追隨那些虛有其表的大師的代名詞。正如阿克頓勳爵（Lord Acton）曾說：「絕對的權力帶來絕對的腐敗，偉人幾乎總是壞人。」

幾十年來，這些血腥事件似乎削弱了人們對邪教的熱情，並強化人們對邪教的懷疑。這個原本只是中性描述信仰社群的學術用語，現在已經變成不折不扣的貶義詞——提醒我們尋找自己的時候，可能會失去自我。

不過，最近這種趨勢開始逆轉。我們似乎正滑向那個危險的斜坡，再次容易受到邪教的影響。這現象背後的原因有很多，甚至足以寫成一本書。但目前，這四點似乎正在互相強化：

- **世代集體失憶**：我們總是健忘。如果不健忘，我們可能會因為悲傷而發瘋。不管是分娩的痛苦還是戰爭的恐怖，有時候不記得反而是更好的選擇。人類學家韋德・戴維斯（Wade Davis）說：「記憶的流動性和遺忘的能力，也許是我們這個物種最強烈的特色。」但如今圍繞在我們周遭的這些邪教化現象，似乎是在重演一九六〇和七〇年代的警世寓言。令人難以理解的是，不知為何我們難以理解眼前正在發生的事情。

這個惡化的情況，可能與目前正在崛起的千禧世代有關——他們是戰後嬰兒潮的小孩。許多孩子在離開父母、逐漸個體化的過程中，都有兩種假設：第一，他們的父母從來沒有做過任何很酷或具有啟發的事；第二，孩子們認為自己所有的發現都是新的，且從未有人嘗試過。這就產生了智慧的代溝，有一整個世代都活在同溫層裡面，進入他們父母走過的同一條壕溝，沿著同樣危險的髮夾彎前行，絲毫不在意前人留下的煞車痕。

參加火人祭（Burning Man）的網路社群用戶可能根本沒聽過《飛越杜鵑窩》（*One Flew Over the Cuckoo's Nest*）的作者肯・凱西（Ken Kesey）和追隨他的快樂惡作劇者（the Merry Pranksters），還有他們在一九六二年打造的藝術車（art car）和舉辦的迷幻派對（Acid Tests）。第一次從網路廣播節目中聽到死藤水的人，可能沒聽過哈佛民族植物學家理查・伊文斯・舒爾茲（Richard Evans Schultes）或「垮掉的一代」作家威廉・布洛斯。多角戀支持者可能從來沒聽說過《異鄉異客》（*Stranger in a Strange Land*），或這部作品所催生出來的萬界教會（Church of All Worlds）。邱吉爾曾哀嘆：「只認識自己那個世代的人，永遠都還是個孩子。」當我們進入一個不確定的時代，感覺卻愈來愈像一場小孩的十字軍東征。

- **狂喜技術**：我們之前提過這一點，但在這裡有必要再重申。在人類歷史上的任何時刻，都不曾像現在這樣，這麼多人能在幾乎沒有指導的情況下獲得如此多的東西。水瓶座時代（Age of Aquarius，編按：嬉皮文化和新時代運動的重要象徵，代表愛、和平、平等、迷幻文化、自由戀愛，以及對傳統權威的挑戰）被大肆宣傳為性、毒品和搖滾樂實驗時代，但實際上，那只是少數邊緣群體的行為。它之所以在我們的集體想像中如此突出，是因為媒體喜歡報導。

但現在，高濃度的工業級大麻在很多州都合法，幾千萬的使用者都在參與迷幻「復興」（比一九六〇年代還多一整個量級）；多重伴侶（Polyamory）和其他形式的非傳統性關係達到了歷史新高；呼吸法、感官剝奪、冰浴和桑拿浴、密集瑜伽、電音派對、沉浸式數位世界——幾乎整個「覺醒心流的鍊金術」的內容都可以隨點隨取，且需求量還很龐大。這些都是會造成不穩定的強效工具，尤其是在離開脈絡使用的情境下。得到啟示與成癮同樣可能成為結果。

- **數位網紅文化**：在過去，如果你想成為某個領域的權威，要先成為某個系統的門徒。如果你是學者，就要努力取得博士學位；如果你是作家，就得一步步努力，在重要的期刊上累積作品；武術、瑜伽或冥想也一樣。入門、拜師、習藝，也許，僅僅只是也許，在年復一年的證明了自己之後，你會在某個時間點得到認同，承接老師的衣缽，成為新一代的導師。

然而，網際網路出現後，這一切都變了。守門人的中介地位被打破，內容變得民主化。只要你有意願，現在有成千上萬種方法可以實現目標。雖然創造力得以蓬勃發展，多元聲音也逐漸被包容，但品質管控卻被忽略了。

大家開始比爛。靈性市場徹底的商品化，追求靈性的動機本末倒置。以前，傳統雖然不完美，但有個很重要的功能：推廣明師，驅逐騙徒。現在，任何覬覦王位的人都可以打造一個漂亮的網站，推出數位廣告，開始培養自己的「羊群」。他們的目標是那些無知的尋道者，分不清楚金剛鑽石和假水鑽。如今，那些「要錢的人」又溜回了神廟，而這次他們只收行動支付。

- **末日救贖意識形態**：除此之外，最近的情況變得更加怪異。綜合我們在書中討論到的種種原因：權威崩塌、全球系統危機和錯綜複雜的神話敘事，使得我們愈來愈難判斷接下來會發生什麼。

末日救贖的召喚很誘人。我們愈不安、愈不確定，就愈容易在群體中尋找慰藉。最吸引人的社群，往往就是那種會自信的宣稱自己明確知道世界的狀況，並確定自己站在歷史正確的那一邊（他們只是在等待某個「終極瘋狂事件」發生，來證明他們的觀點）。

末日救贖就像個巨大的本體真空，吞噬一切。你可能會看著朋友和家人陷入陰謀的兔子洞，聽聞被緩慢吞噬的吮吸聲。但這不是兔子洞，而是某種黑洞——「知識交織性」。當所有的末日遊戲都正融合成一個整體，除了少數被選中的人，沒人能全身而退。

我們應該預見，未來的路只會更加險惡。二〇二〇年我們已見證了世代集體失憶、狂喜技術、數位網紅文化和末日救贖意識形態的指數成長，而且它們相互疊加放大。

當瘟疫、火災、饑荒和洪水（更不用說全球陰謀組織祕密操控世界，或外星人即將到來）出現在我們身邊時，很難不去對這些事情過度解讀。跡象和預兆比比皆是，千禧年的預兆無處不在。

與此同時，社群媒體的同溫層正將我們內心的陰影放大，變成一個現實中的怪物。只要我們用手指點一點，邪惡的東西就降臨了⋯⋯

恐懼、追隨、抗爭、迷戀

「揭露邪教」的標準套路是，旁白總會問：「為什麼一群成功、聰明、有成就的人，會落入這種騙局呢？」」這對曼森家族裡的校隊四分衛和返校節皇后來說是事實，對最近性奴邪教NXIVM中的繼承人和電影明星們來說也是如此。理由無限多，每個人都有屬於自己獨一無二的理由——可能是為了試圖填補心中「上帝形狀的洞」、父母留下的心理空洞，或其他任何形式的空缺。不過，還有一個更根本的原因：我們是部落靈長類動物，天生就會尋找群體中最具威權的存在。

當一個真正非凡的「領袖型人物」出現，打破常規並似乎具備我們只能夢想的能力時，某種可預見的事情就會發生。深刻療癒帶來情緒的釋放和淨化，「找到歸屬」的社交慰藉，以及心流的巔峰體驗帶來一波又一波的神經化學衝擊，讓我們對那個「打開我們眼界的人」產生了銘印。

就像剛孵化出來的小鴨子，錯把農場裡的豬當成母親一樣，「重生」的人很容易腦筋打結，跟著錯誤的領袖走。在內心感到矛盾又激動的時候，我們很難保持清晰的判斷和理智。哈佛醫學院心理學教授麗莎·費德曼·巴瑞特在新書《情緒跟你以為的不一樣》中對這種情況給出了一些線索。巴瑞特認為在情緒的表面之下，還有一層「內感受」，也就是我們的直覺。在那感覺層面上，相比於擁有數十種的情緒，內感受的層面其實非常簡單——我們的體驗映射到兩個核心軸心：**積極到消極**、**主動到被動**。所有的內感受都落在這四個象限裡。

主動積極，就像幸福感和興奮感；主動消極，就像憤怒或逃避；被動積極，則是平靜與滿足；被動消極，是指憂鬱和悲傷。在這些基本的內感受狀態之上，我們添加了不同的詞語、思想、情節和人物，為我們的感覺創造出更複雜的解釋，但在最根本的層面上，我們的體驗總是來自這四種狀態之一。

當面對一位有魅力的領袖時，這四種反應也會出現，不過在情緒高漲的體驗中，我們的內感受會被放大到極致，這也就是為什麼邪教的影響如此難以控制。當我們完全投入其中，最簡單的那個反應就是「被動積極」。當我們感覺在這個人的陪伴下有良好的感受時，就會想要跟隨，不管他們要去何處。這種「接觸的高峰」讓我們心醉神迷，甘心接受自己被支配的地位，追隨新的領袖。

如果情況變得更嚴重，心流狀態和深度療癒會產生一種「主動積極」感。對我們很多人來說，除了戀愛之外，我們鮮少經歷過這麼洶湧澎湃的感覺。即使領袖在性這方面表現得無懈可擊（但許多領袖並非如此），我們也可能會將「靈性之愛」（Agape）與「情慾之愛」（Eros）混淆。此時，僅僅是追隨領袖已經不夠，我們渴望與他們共融，渴望愛他們，將我們的存在性渴望誤解為浪漫之情，甚至可能會想與他們發生關係。

但這只是內感受方程式的一半。或許我們對大師完全沒有好感，覺得自己被拖進了深水區而感到不安。不管是當下或隨著時間的推移，我們開始懷疑他們的真誠或成就，開始懷疑他們真實的身分，或被不在船上的朋友與家人拉回溫暖的港灣。在這種情況下，你感覺到的是「被動消極」。你可能會畏懼這位導師，然後選擇逃走。他們比你更強大、更有力量，雖然你無法百分百確定真相，但最好的選擇似乎就是逃跑，盡可能遠離他們的現實扭曲力場。

在更罕見的情況下，如果你感到受到夠多的威脅，或者被其他人慫恿，你可能會決定挑戰領袖，與他們戰鬥。接下來可能出現的就是乾草叉、火把、十字架（或拆解十字架）。此時，唯一能做的就是消滅那個讓你不安的存在。

所以在面對某位化身時（不管是真實或想像的化身），就可能出現四種基本的內感受反應：我們想要追隨他們、迷戀他們、恐懼他們或挑戰他們。這些模式深植我們內心，幾乎可以解釋歷史上所有轉型（改革）運動的結果。

不管這位領袖是真貨還是冒牌貨都一樣，靈長類的神經系統就是會啟動這些內感受。從耶穌到聖女貞德，從曼森到韓國統一教，從麥爾坎・X（Malcolm X）到馬丁・路德・金。歷史上出現過無數形式的這種激情戲碼，從推上神壇到摔入深淵。最終崩解，無一幸免。

然而，還有第五個選項這條路可走，這是一條不那麼常見，但對於建立一種可擴展的「意義3.0」至關重要的中間道路。當一個真正傑出的人，像普羅米修斯的反抗精神一樣，強大到可以把焰火傳遞給別人時，我們是否能選擇不去追隨、迷戀、恐懼或對抗，而是在我們的內感受交集處穩穩停留，完全感受這一切？與其選擇拋棄我們自己的權威性和能動性，或將情感投射到無論好壞的他者身上，不如選擇站起來，真正擁有我們自己的力量和潛能。

就像那首古老的福音歌曲〈可愛的馬車輕輕搖〉（Swing Low, Sweet Chariot）的歌詞：「如果你比我早到天堂，打開窗戶、拉我進去！」在

情感共鳴的內感受

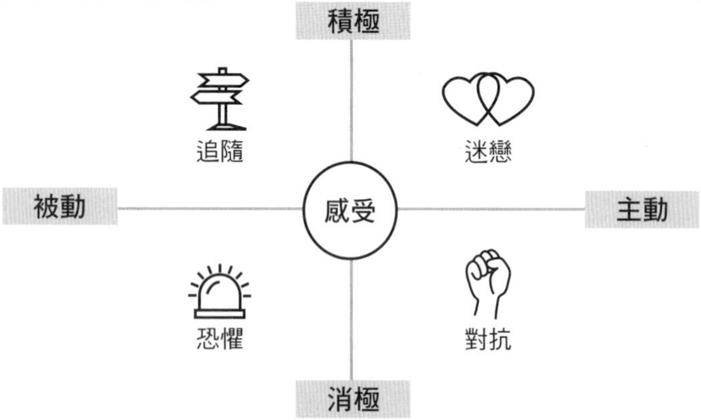

這個版本中，最重要的不是誰先抵達天堂，而是要讓更多人跨過門檻進入其中。當我們一起邁向集體的可能性時，不平凡就會變得平凡。

聽起來很美好，但實際上沒那麼簡單。心理學所說的「陰影」（shadow）概念，也就是我們否認自己或壓抑的那個黑暗部分。而二十世紀著名的榮格學者羅伯特．強森（Robert Johnson）創造了「黃金陰影」（golden shadow）一詞，來描述另一個現象。

「黃金陰影」不是指那個難以面對的黑暗，而是指我們害怕擁有的光明。強森寫道：「黃金和我們更高等的使命有關，而這可能令我們難以接受。」如果我們不能接受自己的力量，就等於「放棄自己的黃金」，把責任交給那些所謂的領袖大師。我們會將黃金掛在領袖大師的脖子上，認為他們是智慧、力量和慈悲的化身。他們解決了人類的困境，並實現了自我解放；而我們永遠不可能做到。無論他們一開始看起來多麼強大、多麼值得尊敬，最終我們投射的重擔會讓這些領袖和他們的社群跪倒在地。

亞伯拉罕．馬斯洛（Abraham Maslow）將這種否定自身的力量稱為「約拿情結」（Jonah Complex）。這個名稱出自《舊約聖經》裡試圖逃避上帝賦予使命的約拿，他最終落入鯨魚的腹中。在馬斯洛的解讀中，我們會恐懼自己的偉大與恐懼自己的失敗，有兩個相同的原因：第一是「我到底要怎麼堅持下去？」，第二是「別人會怎麼看我？」。

這就把我們帶到最不常見的一種邪教：倫理邪教（ethical cult）。傳統邪教要求自我臣服於血統；有毒邪教（culty cults）要求自我臣服於領袖上師，而倫理邪教兩者都不做，而是強化個人主體性，同時提高集體智慧。這是種微妙的平衡，很難達到。追隨、恐懼、對抗、迷戀都是簡單且可預測的反應，而感受這一切卻難得多。掌握自己力量的同時還要對更高的力量表示尊重，這需要機緣、謙卑和技巧。

如果說傳統邪教就像參加管弦樂團，在樂團中找到自己的樂譜位置；有毒邪教像行進樂隊，追隨鼓手的指引；那倫理邪教就像是在演奏爵士樂，沒有樂譜或指揮的引導，只有我們在當下共同傾聽節奏、創造和諧。

但是在我們探究倫理邪教的運作方式前，要先釐清有毒邪教是怎麼失靈的。光是堅稱我們的群體比那些已經失敗的團體更優秀、更聰明、更有原則還不夠，因為每個失敗的群體都這樣說過。當我們玩弄巔峰體驗的高度興奮、情感宣洩的深刻脆弱性，以及集體共鳴的群體心流時，我們正處於幾百萬年進化形成的危險地帶。正如大衛・福斯特・華萊士提醒我們：「人人都信邪教。唯一的問題是，信仰的是哪一種邪教。」

「有毒邪教」檢核表

下方有個簡短的檢核表，可以識破邪教的有毒傾向。這份檢核表基於對各種具遠見與烏托邦理念的社群的廣泛調查，從十八世紀和十九世紀的奧奈達部落（Oneidans）、耶穌再臨教派和摩門教派，到前文提到的一九六〇與七〇年代人物，再到靈性市場的當代案例。《清單革命》（*The Checklist Manifesto*）的作者葛文德（Dr. Atul Gawande）借鑒飛行員的飛行前例行檢查的程序，幫助徹底改革醫院的照護標準，這份檢核表也可以確保變革性社群避免出現嚴重錯誤。若這對腦外科醫師有效，也可以適用於建立倫理邪教的領袖和追隨者。

我們在探索開源的「意義3.0」時，將看到很多實驗和變化。這種「千火燎原」的多元探索很關鍵，既能彰顯集體的多樣性，也能為本地創新提供充足的空間。不過，這也可能會導致對強大心理社會技術的誤用或濫用。

這些準則經過設計為開源的協議，供不同的團體自主採用，以規範它們在銷魂狂喜、宣洩釋放和社群共睦領域中的實踐，找出道德文化建設的最佳作法。這也可以當做檢核表，做為靈性探索者進入靈性市場時檢查使用。這檢核表能幫助人們更快的識別模式，並提高對危險滑坡的反應能力，從而重新掌握我們的崇拜方式。

雖然建立狂喜社群的錯誤方式幾乎無窮無盡，但歷史上常見的三大邪教化陷阱如下：「貪求力量之戒」、「非我族類，其心必異」、「把銷魂狂喜和宣洩釋放當成武器」。

有毒邪教檢視表：「不該做」的指南

一、貪求力量之戒

絕對的權力會導致絕對的腐敗。就像電影《魔戒》一樣，剛鐸之子波羅莫或白袍巫師薩魯曼都誤入歧途了，不要和他們一樣，以為自己能讓魔戒聽話，結果受制於魔戒。要像甘道夫和精靈女王凱蘭崔爾一樣有足夠的智慧知曉大局。這是一條不容妥協的原則。以下是領袖被誘惑過度索求權力的三種常見方式：

㈠**神話化背景**——精心編排的故事，反覆提及創辦人出生、童年或早慧等不凡的條件，又或是提到創辦人經歷過「靈魂暗夜」或「大馬士革之路」（Road to Damascus，改變人生的經歷）等轉變，賦予其領袖地位的合法性。在極端情況下，創辦人會透過自己認定自己是天選之人。舉例來說在資訊行銷的年代，這已經演變為：「我已經擁有了一切：豪宅、跑車、爽日子，然後……有一天我在醫院病床上醒來，意識到我必須站在這裡和你們分享○○○（請在○○○處填入他要賣的產品或服務）。」

(二) **唯我獨尊**——無論是在靈性、知識、性、創業或藝術領域，創始人通常會宣稱達到了某種「絕對成就」。這些成就的聲明通常僅適用於創始人本人，有時會延伸到他們的核心內圈。一旦宣稱無誤性，任何與創始人相悖的意見或質疑都會被解釋為追隨者的盲點、投射或抗拒——或者被視為創始人故意提供的「瘋狂智慧」（crazy wisdom），以幫助解放追隨者。絕對不是創辦人不可靠，也不是因為他是凡夫俗子，而是因為創辦人無可挑剔。

這種無可挑剔的無誤性，還延伸到他們所提倡的世界觀完整性。該世界觀被認為是全面的，超越其他所有的知識模式。最常用的兩種說法（也常常合在一起用）分別是：聲稱自己達到「完全開悟」（Absolute Enlightenment）獲得了絕對的真理，以及忽視客觀現實，將其斥為幻覺，取而代之的是對心靈力量、顯化法則（Visualization）或正向思考（Positive Thinking）的推崇。

(三) **維持儀式感的距離**——領袖和營運、職責、日常寒暄等活動維持距離。透過採用東方修道院的傳統和術語（如「參見」，意思是「坐在覺悟的大師面前」），也可以效法名人，像是透過保鏢、綠幕、舞台布置（通常包括華麗的座位，擺放百合或蓮花、布置祭壇，穿白衣、長袍或祭袍，不穿便服），除非是在刻意安排的情況下，否則領袖都會遠離信眾。

二、非我族類，其心必異

將成員劃分為「我們」（內群體）和「他們」（外群體）的作法，是邪教扎根的核心動力，會導致成員迷失理性與方向。任何把人們從自己的傳統、文化、連結中「拯救出來」的作法、經驗和社群都有問題，只有傳教士自己走入人群的作法是沒有問題的。以下這三種病毒都會引發「我和你們不一樣」的症狀：

㈠ **救世主的使命感**——在這類團體中，「微觀社群」（micro，即團體內部）被視為「宏觀世界」（macro，即整個人類社會）的縮影，團體內部所進行的活動被賦予超越個人生命的重大意義。這既建立了拯救世界的潛在宏觀使命感，也可以用來壓制成員的個人需求與關注，讓提出需求的人顯得小氣、自私或心胸狹窄（像是要求報酬的人對比志願的義工）。在極端情況下，還可能引發「祕密清教主義」（Crypto-Puritanism），將團體內部的人視為純潔、有天賦且能得救，而外部的人則受到玷汙、只會妥協或需要救贖。

㈡**特殊語言**——有毒邪教往往使用新穎的術語或引入偽靈性，來描述或重新定義日常概念，以賦予無法驗證真理的合法性。漸漸的，這種語言使成員與日常語言或主流論述脫節，讓他們無法和家人朋友進行健康的討論或辯證。例如：非物理學家就常常在新時代圈子中，很籠統模糊的使用「量子」（Quantum）一詞。

㈢**打破過去的先例**——邪教領袖不太會讓自己被更年長、更聰明的人（不管活人或死人）批評指教。即使他們的發展來自某個學派或傳統，也會聲稱自己是「從零開始」，而且還會指控其他邪教的行為，像是主動批評過去的領袖，認為自己的傳道才是在導正視聽。他們甚至宣稱能和人類集體的制約斷得乾淨，也就是說，他們代表了痛苦、自我、制約、恐懼或創傷的終結，而且是前人從未辦到過的（或只有軸心時代的偉人如佛陀、耶穌、穆罕默德與老子成功過）。

三、把銷魂狂喜和宣洩釋放當成武器

銷魂狂喜和宣洩釋放會讓人很容易銘印和接收暗示，雖然這可以強化自主權，但也可能迅速弱化自主權。無良的領袖充分利用這事實，以這三種方式來控制追隨者：

㈠**嚴格管控**——藥、性、呼吸法、音樂、舞蹈、祈禱、感官剝奪和熱情狂喜等銷魂術，以及體現、團體療程、個人諮詢、特殊飲食、淨化等宣洩術。根據領袖和群體規範，在未經核准的情況下使用銷魂術和宣洩術並從中獲得靈感的話，往往會被勸阻或禁止。與此同時，若組織成員對心流狀態、療癒或更廣泛的哲學理念，提出新的見解或不同的見解，就會被視為顛覆團體的異端。

㈡**鼓勵退化，重視感受多於思考**——打預防針說思考力或洞察力都是自我的投射或抵抗，不應該太信任這個「小我」。反之，透過宣洩或釋放創傷後得到的「真相」，以及領袖的傳道會更值得信任。因為個人洞察力（或相信自己的直覺）和邏輯批判已經被領袖貼上負面標籤，所以就算是最深思熟慮、最精準正確的顧慮，也會被當做是成員在抵制變革，被理所當然的駁斥，任何人都沒有辦法從內部打破這種表象。

㈢**鼓勵或強迫成員，在非常狀態下做出關鍵的決定和承諾**——無論是愛、忠誠、贖罪或金錢捐助的見證，這些團體透過成員處於愉悅的心流狀態，或宣洩釋放後軟化邊界和判斷力受損的時候，鼓勵或強迫做出情緒、社群或財務承諾。成員會被要求把自己所得到的內在「真理」，當成歷代大師們所主張的真理。也就是說，如果我們欣喜若狂被沖昏頭，或是在創傷釋放中顫抖，這對我來說就是不容否認的事實，那我們會被這個團體強迫認同他們的整套神話。

關鍵的決定和承諾，都是在非常狀態下被鼓勵或強迫的，而不是在清醒且能完全同意的狀況下做出。

如果辨識有毒邪教就像確認這份檢核表那麼容易，那麼多數的邪教組織就不可能成立。以下是另外三種特殊狀況，可能會削弱我們的洞察力，讓我們難以及時辨識，直到為時已晚。

- **偽陰性**：許多健康的實踐社群可能會符合上述檢核表中的某幾項（尤其是有強烈群體認同和心流狀態儀式的群體）。宗教、武術、兄弟會／姊妹會和新創企業，都可能有前述的現象，但不會演變為極端的有毒邪教行為。這些有歸屬感的「深層結構」，會在部落靈長類動物集體創造意義時自然出現。我們圍繞著鼓舞人心的共同目標團結，彼此相伴時感覺更好，獲得更多樂趣。要區別哪些行為是健康的、哪些又是病態的，觀察者需要仔細辨別，並且在所有因素中進行多方檢測。
- **偽陽性**：許多像邪教的團體剛開始會表現出強烈的能量、熱情和成長，就是因為他們利用了上述的銷魂術和宣洩術。任何人若運用「從其成果看知其本質」（憑成果論斷）的方式來觀察這個社群是否正派，可能會產生認知失調。一棵結實累累的樹很容易讓人得出「樹根很健康」的結論，透過利用領袖魅力的傳遞（charisma tictransmission）、鼓勵退行性宣洩（regressive catharsis）、控制連結的銷魂儀式，以及倡導魔法般的思維（magical thinking），確實能產生強大的效果。問題在於不是沒效，而是效果太強大了（最後就不免失效）。

- **有才華但有汙點**：通常，特別是在醜聞爆發或社群崩潰之後，專家會把領袖貼上騙徒的標籤。在這種判斷中，大師只是假裝有靈性本質，實際上只是想要錢、性、名聲和權力，而所有追隨他們的人都被騙了。就像性奴組織 NXIVM 的基斯・拉尼埃（Keith Ranière）最近所展示的那樣，這種低級的叫賣者到處都是，但是對境界更高的奧修和阿諦達等人來說，一切還未成定局。

一般來說，領袖最初擁有一些卓越的才能和洞見，這些特質讓他們可以展開教學、建立社群。但隨著時間演進，事情開始明顯惡化或崩解。這通常是因為領袖緊抓著權力的戒指，導致領袖失去自己的人性。當一位有天賦的老師接受了追隨者的黃金陰影，允許自己和別人相信他們是例外，而且絕對正確，那就不免會開始腐敗了。

頻繁使用變更意識狀態的方法和退行性情緒，進一步讓追隨者與他們的常識和判斷力脫節，使得注意到這種衰退變得更加困難。

這些都是危險信號，一定要抽身。領袖公開接受這三種行為——宣稱絕對無誤、操控情緒狀態，以及反智主義（Anti-Intellectualism，鼓勵盲從，排斥批判性思維）——的情況極其罕見，但一旦發生，幾乎總是伴隨著顯著的偏誤或別有動機。即使這些問題在初期不那麼明顯，隨著時間的推移，它們都會逐漸腐蝕整個社群。

第十三章

心流覺醒文化的工具箱

我一定要開創一個系統，否則就會被別人的系統奴役。

——威廉・布萊克（William Blake）

我們以IDEO的人本設計思想為基礎，試圖重新活化意義1.0的三種功能：靈感、療癒、連結。然後我們再把這三種功能，移植到意義2.0的三種價值上：開源、規模化、反脆弱。意義3.0要有效可行，就必須能在不同的文化中發揮作用，所以我們刻意的迴避了任何具體或特定的教義。

社群要選擇哪種信仰和歸屬、賦予他們的集體經驗哪些價值，這些問題都要在地方層面解決。不是每一種都有效，但有些確實有效，各種方法都需要實驗的空間，在傳統和創新之間找到最適合的平衡。

我們在書中所提到過的工具（呼吸、體現、性、音樂、迷幻物質），若能有意識的謹慎使用，就能幫我們更好的實現人性化的目標。這些工具給予我們更可靠、更有效的途徑，來體驗銷魂狂喜、宣洩釋放和社群共睦。話雖如此，但若每個人都自己摸索而沒有指導手冊，可能就會浪費很多時間、錯失機會。這就好像是每個人都在自家車庫打造火箭，而不是加入太空總署或 SpaceX 來實現太空計畫。自製火箭可能會成功，但更多可能會是多次的失敗與中止。

現在，我們已經勾勒出個人和小團體如何覺醒、成長和行動的基礎實踐方法，接下來需要拓展設計思維，放大格局、建構文化。意義 3.0 的基本要素是什麼？換句話說，建構倫理文化的工具包有什麼？

如果我們回到比較宗教的領域，我們可以在不同的時空找到一些線索。儘管崇拜的方法幾乎有無限的變化和排列組合，但意義 1.0（有組織的宗教信仰）往往有五個核心要素。

首先，你需要形上學。宗教事業一直在擔任神明的中介，我們需要可靠的方法來理解不可言說的玄妙，否則，就會迷失在未知的崇高領域中。當我們遠離熟悉的路牌和地標，進入奇妙夢幻或難以攻克的領域，就很容易迷失方向。糖果屋故事裡的小兄妹，靠留下麵包屑找到走出森林的路；忒修斯用線球協助他走出牛頭怪的迷宮。當我們跨越自家圍欄，到陌生之處探險，得有方法來維持方向感。扎實的形上學可以讓我們理解悖論和領悟，功能就像宇宙定位系統一樣，幫我們找到回家的路。

接下來，你需要倫理學。如果這個實驗沒有護欄，沒有更高的目標或使命，那就很容易被人濫用，成為極樂癮君子追求巔峰狀態、頓悟的妓女渴求痛苦宣洩，或沒有膽量的羊群想要追隨大師。倫理學就像直升機尾部的螺旋槳，少了尾旋翼，直升機就只會在原地打轉。

然後，你需要神聖儀式。如果沒有可靠的迷幻術可以來傳遞神明（可自行定義）的訊息給信眾，那就少了充滿啟示的洞見和強大的凝聚力（這可是靈性社群的燃料）。社會學的發起人艾彌爾．涂爾幹（Émile Durkheim）說：「沒有任何一個社會不需要定期維護、強調集體感受和共同思想，這些是其統一性和有個性的來源。」沒有具有持續變革力的啟蒙儀式，最後一定會因為電壓耗竭（voltage drop）而結束，也就是創辦人的直接智慧會在傳承過程中遞減。基督創造出更多基督徒，而不是更多的基督；佛陀也是，創造出更多佛教徒而非佛陀；而李小龍雖然激勵了更多的人模仿他，卻沒有啟發他們成為真正的武術家。有效的神聖儀式可以防止這種情況，並且讓傳統活下去。

從長遠來看，你還需要經文。我們生活在傳統的故事中，透過前人的經歷，讓生活更有意義。這些管理制約的楷模和典範，為我們帶來榜樣，關於他們的描述就像釘子，讓我們可以把生活事件掛上去，才不會全堆在地板上。

最後這點也很重要，你需要神祇。這就是撐起邪教這頂大帳篷的頂梁柱。如果沒有某種更高等的力量在激勵我們，那就真的只是在為自己的利益著想了，而這通常都不會有好結果。尼采就警告過：殺死你的神，你就撕裂了祂們帶來的社會結構。老實說，很多苦難也是「以神之名」發起，所以這個部分值得我們謹慎三思。

有一項研究調查了成功的烏托邦社群，這些社群幾乎都可以在富有群眾魅力的創辦人去世後，依然堅持下去。這些成功案例有個共通的精神，就是認為「社群比自己的個人需求更重要」。我們若要發展出有彈性的社會運動，就必須學會如何駕馭更好的天使（和更好的神）。

好了，就是以上這些。打造和諧社群的倫理文化工具包有：形上學、倫理學、神聖儀式、經文與神祇。史都華・布蘭德（Stewart Brand）在《全球型錄》（*Whole Earth Catalog*）的第一頁就寫道：「我們就和神一樣，我們也可以做得很好。」

形上學：把難以言喻的說清楚

傳說中，柏拉圖在學院的門口張貼了一張告示，上面寫著：「不懂幾何的人禁止入內」。倒不是因為柏拉圖擁護美國現代的教育課綱，而他是在警告即將進入「神祕領域」的學生，務必記得把邏輯和理性帶進課堂。

那麼，我們需要哪些基本工具來進行理解呢？要詳細回答這個問題，那就需要嚴謹的邏輯學、修辭學和詮釋學教育，如同柏拉圖所堅持的那樣。但現在時代不同了，那種古典的學習法已經過時，簡答這個問題的現代答案，就是一個堅固的三角形：帕斯卡賭注（Pascal's wager）、奧卡姆剃刀（Occam's razor）和貝葉斯機率（Bayesian probability）。

我們先從「帕斯卡賭注」開始。十七世紀的法國數學家布萊茲．帕斯卡（Blaise Pascal）有個著名的說法：「寧可相信上帝，哪怕希望渺茫，也不要否認祂的存在而因此被燒死在地獄裡。」寓意是：至少要想像一下不可思議的事情，以免最後這件事被證實為真。當我們進入了知識交織的年代，從宗教語言、全球陰謀到存在主義的崩潰，一切都被擺上了檯面，所以我們最好像帕斯卡一樣，寧可信其有，免得其中一

後傳統形上學

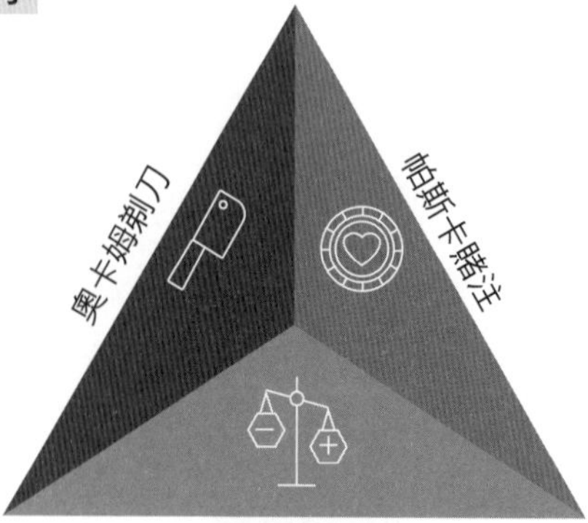

項或多項最後都成真了。

第二項方針引自中世紀方濟會教士奧卡姆威廉（William of Ockham），他提出了著名的「奧卡姆剃刀」原則，其核心是「最簡單的解決方法通常最好」。寓意是：針對陰謀論、深夜狂歡、靈性開悟等現象，在提出無比複雜的解釋之前，我們應該先考慮一個比較不吸引人，但是比較有可能的解釋。正如卡爾・薩根（Carl Sagan）的提醒：「非凡的主張，需要非凡的證據！」佛洛伊德也曾戲謔的說過：「有時候，一支雪茄就是一支雪茄。」

第三根支柱，來自提出貝氏定理的十六世紀統計學家托馬斯・貝葉斯（Thomas Bayes）。貝葉斯認為這個世界很混亂、複雜且令人困惑，我們能做的就是追蹤所有的變量，並且在得到新資訊的時候更新它：「鼓勵暫時的不確定性，而不是追求虛假的確定性。」寓意為：不要太早下結論。持續追蹤所有可能的真實，但對還不確定的事情，隨著自己的理解進行滾動式更新。正如那句話所說：「統計學家不敢涉足的領域，傻瓜常常自己衝進去。」

如今，我們被切斷了傳統的定錨，同時也背負更多解釋這個廣闊多元宇宙的祝福與負擔。無論是迷幻研究揭露人類內心的複雜性，還是日益數位化、虛擬化「黑鏡」生活的詭異迷惑，我們都必須升級自己的亞里斯多德或笛卡兒式認知框架。嚐不到、感覺不到或看不到的東西，不代表就不是真的。現在，我們已經從懷疑論者的「看見才相信」，轉變為藝術家或修行者

「當我相信，我就看得見」的認知。

對那些勇於離開岸邊，冒險探索未知廣闊世界的人來說，還有一套最後的指導方針，引領他們在形上學的深處航行。這個指南需要將帕斯卡、奥卡姆、貝葉斯三人的原則，在無限賽局裡交叉參考，再將整個框架丟進光速引擎裡。

這些提醒和警告來自菲利普・狄克（Philip K. Dick）、約翰・李利、羅伯特・安東・威爾遜、肯・凱西和其他「腦航員」。關於這些暫時的指南，有個需要注意的重點：留意他們沒說的話。現在的冒險家和過去不同，不像過去的宗教啟示提供確定性，而是以面對「無限」的謙遜態度取而代之。這樣的開放結論才能確保「意義3.0」維持實驗性且非教條主義的精神。

羅伯特・安東・威爾遜認為在經歷過「極端神祕」（mysterium tremendum）的浩瀚之後，只有兩種結果：發瘋或成為不可知論者（Agnostic，因為你開始意識到，真正的現實可能超越人類理解範圍）。你可以把下方的這個列表當做是「宇宙形上學」（meta-metaphysics），暗示了不可知論的靈知主義（agnostic gnosticism），該主義認為直接進入現實的本質不但是有可能的，而且是大家都想要的（靈知的部分），但是又對於「這一切到底代表了什麼」不說破且有所保留（這就是不可知論的部分）。

如果你還沒有開始探索這領域，可能會覺得這聽起來毫無意義或難以理解（那就跳過這一段，去看下一段倫理學吧），但如果你已經開始接觸神祕學，這些指導方針可以當作是麵包屑，留下線索，讓你（或你愛的人）安全回家。

「無限遊戲」祕技

有限遊戲裡，玩家守規則。
無限遊戲裡，玩家玩規則。

——詹姆士．卡斯（James Carse）

- 這個遊戲有無限多的關卡，存在於無限多的維度之中。
- 整場遊戲的目的，就是要記得你在玩這個遊戲（記憶或自我覺察）。
- 你記得自己過的關卡愈多，遊戲就愈有趣（且更具意義）。
- 遊戲當中的高階關卡會滲透到三維世界（3D）裡：通常以巧合、共時性（Synchronicities）或荒謬的形式出現。這是「已知的問題」，最好將它當作遊戲正在進行的提醒（不必太認真）。

- 3D關卡可以通往遊戲中的其他關卡，但如果在遊戲裡的3D關卡死掉了，遊戲就結束了（除非能證明還有其他可能）。所以無論如何，不要死在3D關卡中！
- 說出來的話和想過的念頭都會成真，所以除了真心的渴望之外，其他什麼都不要說，什麼都不要想。
- 搞懂遊戲之後，你就可以幫助許多非玩家角色（NPC）變成玩家，並協助玩家變成遊戲建構者（Architects）。
- 保持清醒。創造價值。幫助他人。

倫理學：十項建議

這些形而上學的篩選工具，幫助我們解讀那些看似不可能的事物。它們提供了一些指導原則，本質上是價值中立的，幫助我們思考所有可能的路徑，但無法幫助我們選擇應該走哪條路。然而，我們不能只因為有些解釋有趣或有利就選了它，因為它們都是「假象」。我們不應該只選擇自己喜歡的幻想。

那麼，我們要如何處理幾乎數量無限觀點中的部分事實呢？我們必須帶著自己的邏輯和洞察力。如果我們正在建構倫理文化，就需要有方法來做出有效的價值判斷，否則，我們可能會陷入道德相對主義，這種主義會讓一切看起來都很合理。

在試圖構建健康且具變革性的文化時，我們必須從一開始就承認一個絆腳石：狂喜體驗本質上是反律法主義（Antinomian）的。反律法這個詞源自希臘語，「anti」意為「反對」，「nomos」意為「法律」，這顯示要為一個本質上無法律的領域建立規則變得相當棘手。約翰・霍普金斯的羅蘭・格里菲思寫道：「從主要神祕經驗中所產生的那種權威感，會對現存的階層結構構成威脅。」巔峰體驗的口號可以總結為「我不歸你管」。

美國陸軍在一九五〇年代經歷了慘痛的教訓，當時在士兵身上測試LSD，看能不能用來讓敵方的戰鬥人員失去方向。結果，許多目光呆滯的士兵經過一番思索，直接放下武器，徹底離開這場鬧劇。這也是為什麼銷魂術很少被廣泛傳播到緊密的傳承之外——它們往往會瓦解有系統的組織結構。

完全拆除護欄可能會產生問題，甚至會搞死一個健康的社群。「你應該」和「你不應該」這種讓人放心的穩定感，沒辦法搭配直接體驗的反律法論或貝氏定理的不確定性，因為不確定什麼是真的，所以每件事都可以試試看。我們當前的時代已經變得過於複雜，舊約傳統的黑白二分法再也無法有效應對。

那麼，我們能不能提出一個替代「十誡」的方案，既有足夠的靈活性，讓不同信仰、不同背景的人都覺得很有幫助，又能夠提供足夠的引導，讓我們走上正軌？要做到這一點，我們需要發展心理學家所說的「解放結構」——一種能夠幫助但不受限的規則體系。

這表示道德的確定性（明確、清楚、二元），被因況制宜的倫理所取代了，而倫理則不再是行為本身的對與錯，而是與行為的關係決定了其價值。就像人類學家的玩笑一樣：「只有在你不是食人族的時候，吃人才是錯的。」

當代變革文化產生了許多持續的問題，下方這是一份應對清單，而不是嚴格的戒律，比較像是經過考量的建議。就像我們在討論的每件事一樣，這並不是任何人對任何事件的最終定論。只是我們在開源系統中，使用工具建構出來的一些例子。有些我們已經在書中其他部分詳細的介紹了，有些會在這裡簡略的提到。有用的就拿走，剩下的就別管了。

倫理十建議

一、該做的先做：有很多產業致力於個人成長、生物駭客和心靈勵志。大多數都是在嘴砲。與其被所有優化選項壓得喘不過氣，不如該做的先做：好好睡覺、常經運動、吃真正的食物、走向戶外、多沐浴、玩音樂、深呼吸、充分釋放悲傷、做愛、心存感恩。你可以把所有多餘的時間和金錢，投入到活力十足的充實生活中。

二、別幹蠢事：以前從來不會像現在這樣，我們可以在不受指導或限制的情況下，獲得如此強大、變革性的科技。在《美麗新世界》（*Brave New World*）裡，我們都是靠自己的認知在運作。所以，無論如何，在嘗試「覺醒心流的鍊金術」時，千萬別讓自己意外落入以下情況：加入邪教、進了屍袋、關進監獄，以及進入離婚法庭、康復之家或精神病院。你會毀了這些機會，給那些急於全面禁止的人提供藉口（當然，人生中有時會因其他原因而面對這些挫折，我們應對正經歷這些的人提供全力支持——這裡談的不是這種情況。就像登高山和衝大浪的人一樣，想成為鍊金術士的人在出發前就要知道自己正在涉險，否則只會製造事故，還要拜託別人來收拾）。

三、讓神祕繼續神祕：你探索神祕的深度愈深，就會愈意識這不是可以掌握或描繪的東西，完全就是在尋找無限的盡頭。如果你比較一下歷代製圖者對神明的描述，很快就會發現這些敘述大相逕庭。他們的經歷受到生物學、自我身分的過濾、文化和語言局限的影響。「答案永遠不是答案。」肯・凱西說：「真正有趣的是其中的神祕。如果你追求的是神祕而不是答案，那麼你就只能永遠在追尋。我從沒見過任何人找到答案，但他們自以為找到了，於是停止了思考。而我們的工作是要尋找神祕、喚醒神祕、種下一片園地，讓奇異的植物生長、讓神祕綻放。對神祕的需求大於對答案的需求。」

四、覺醒與破碎的八二原則：由於早期的心流體驗非常強大，我們會忍不住浪費這八成的精力，去追求想像中的完美。但事實上，我們是人，人的本性中就有無法減少的痛苦和悲傷。因此，與其把所有的時間都浪費在白日夢，不如讓我們回頭看看，幫助一些不幸的人擺脫困境。走到創傷和才能的交會處——強烈感受到這個世界的創傷，並想想我們有能力做些什麼。我們所需要的只是最初那八十%的觸動，來提醒我們遺忘的使命，然後就去達成！

五、別再回顧旅程：或者用聖保羅（Saint Paul）的說法更能鼓勵人：「愛不計較過錯」。不論是什麼連鎖事件讓我們進入「深刻的當下」，這些鳥事都構成了人生道路的一部分，和我們所擁有的幸福時刻相比，那些逆境完全無關緊要。現在，我們都在這裡（或我們不在這裡，說什麼也改變不了這個事實），所以不要再當宣洩的投機客，只會重複崩潰和突破。展現你的成長吧！

六、完成困難的事：如果你專注於心流狀態，通常感覺輕鬆愉快，你可能會誤以為人就應該一直這樣。但事實並非如此，路易．巴斯德（Louis Pasteur）說：「命運，偏好有準備的人。」馬克．吐溫（Mark Twain）也說：「如果你的工作是吃兩隻青蛙，那就先吃最大的那隻。」如果你想在生活中擁有更多心流、幸福與恩典，那就直接面對最棘手的問題吧。斯多葛派在這一點上很正確：障礙就是道路。

七、永遠不要失準：音樂家獨奏的時候，可以自由的即興，只要能在節拍與旋律上回到合奏不失準就行（也就是節奏的起點與主旋律）。事實上，他們飄得愈遠，音樂就愈有趣，即興合奏就愈隨興。但如果失了準，曲子就分崩離析了。運動員也是如此，基準就在於他們的重心（或武術中所說的「丹田」或「腹」）。他們可以在空中翻轉、旋轉和扭轉，只要保持核心，就能雙腳落地。形上學的探索也是如此，你可以去任何想去的地方，做任何想做的事，只要能夠回到最後共識現實的基準點就行。想要隨興、調整、自由的重複都可以，但一定要落地。

八、事實不一定是真理：每當我們以為找到了「它」，我們就會感受到巨大的多巴胺衝擊，這種模式辨識帶來了確定感，讓我們在當下感覺一切都無比真實。但當你把現實情況誤以為是真理，那就錯了，你只是放大了這個主張。我們不可能完全開悟，就像我們不可能受過所有學科的教育一樣。把現有的真知灼見整合起來，將它們內化，然後繼續前進。

九、練習復活：西藏僧侶一輩子都在冥想，為的是在死亡的那一刻能保持清醒，進入中陰（Bardos，過渡期）並最終脫離輪迴。那如果我們每天都在練習這種狀態呢？如果我們練習從自己的故事中、痛苦中、快樂中、對錯中死去，每一刻都在死亡，然後深刻的活在當下，那又會如何？這是一種激進的修行。迷幻藥、冥想、呼吸法、性行為、武術和極限運動——這些都可能是死亡的練習。所以，去練習復活吧，從一切中死亡，看看我們在冥河彼岸的樣子。

十、善良最重要：這建議來自阿道斯．赫胥黎（Aldous Huxley），他在臨終前服用了兩百微克的迷幻藥LSD。他握著妻子蘿拉（Laura）的手，說出：「最重要的是：善良。」如果我們忘了這個部分，那麼其他的一切都不重要了。這點值得一遍又一遍的重溫提醒。

創造和諧與平衡的「儀式」

這十項建議可以當作是倫理的指導方針，引導我們進行個人的探索。但這十項建議並沒有提供明確的方向，去規範神聖儀式的運用，而神聖儀式正是推動其他一切的核心體驗。這就是問題所在：我們如何在追求解放與結構化之間找到平衡，來處理這些無法言喻（Ineffable）的核心經驗？

在最理想的情況下，神聖儀式會使我們暫時脫離日常生活，窺見神聖的世界和最好的自己。如果撇除文化特殊性的細節，大多數儀式化的神聖儀式都有三種功能：節拍器、音叉和輔助輪。如果我們能充分利用這些功能，就有辦法建立為我們服務的神聖儀式，而不是讓我們為儀式服務。

在生活的壓力下，我們永遠不知道自己有沒有跟上節拍。如果我們感覺到壓力或焦慮，可能是自己的節奏太快，被外力強迫去感受，而沒有感受到原力。如果我們感到疲憊或憂鬱，

神聖儀式的三大功能

可能會開始拖拍，永遠比流逝的時間慢半拍。但是，當我們經歷過心流體驗後的全面重置時，我們的神經系統會重新校正，一切都從頭開始——從日出日落、季節交替到我們的心跳。節拍器讓我們知道自己是快了還是慢了，並將我們帶回穩定的生命脈動。

除了節奏，我們還要校正音準。人生很苦。我們遭受打擊，被打出毛病、打到走音。但功能正常的神聖儀式，讓我們有機會再次聽到音叉的完美音準，它可以讓我們判斷自己的聲音是否太高或太低，我們很難注意到音調的微妙偏差。這可能是身體開始走下坡，或是不在乎重要的人際關係，又或是職場動力衰退。這些變化會在不知不覺中發生，但現在，和完美的音準一比，差距就很明顯了。高度感知的心流狀態讓我們清楚聽到差異，重新校準自己。

神聖儀式也可以當作輔助輪，讓我們不偏不倚，在搖晃時支持平衡，不用擔心摔倒或受傷。這就是搖頭丸在創傷後壓力症候群心理治療中的作用機制。搖頭丸讓經歷過創傷的人感受到被愛、安全和保障的超飽和狀態。這種植根於身體、心靈和心中的感覺通常足夠強烈，使患者可以從這種視角練習生活。幸好有輔助輪，我們才有可能重新感受在愛中生活的樣子。這種感覺不會永遠持續下去，但隨著時間過去，可以讓人練習把新的狀態轉變為新的常態。

這三個功能幫我們平衡心流體驗的程度和療癒。同時，也提供了一個簡單的見解，告訴我們要如何相處。這三樣是修復我們的工具，讓我們為充實的生活與和他人產生連結做好準備。

畢竟，音樂家不會把所有的時間都用在玩節拍器和音叉上；有志的自行車手學會保持平衡之後就會拆掉輔助輪。接著，音樂家一旦調好音準和節奏，就會去找其他音樂家一起演奏；騎自行車的人，一旦會直線騎車，就可以去探索世界了。神聖儀式為我們帶來一些簡單的東西：準時、和諧和平衡的體驗。這是我們的起點、我們的休息站，更是我們可以重新開始的地方。

用你我的故事寫「經文」

對於那些已經屬於現有智慧傳統的人來說，這部分應該很簡單。經文很容易取得，即使你已經偏離了你的家庭信仰，啟發祖先的經文可能仍圍繞在你身邊——在節日裡、在書架上或在口耳相傳的故事裡。它們就在那裡，等著被撣去灰塵、重新發現。如果我們在親自感受神聖境界後回頭閱讀這些經文，很多內容可能會與我們童年的記憶完全不同。正如鮑伯・狄倫曾唱過：「每句話聽起來都是真的，像燃燒的煤炭一樣發光，從每一頁傾瀉而出，就像寫在我的靈魂裡。」世界的神聖文字蘊含人類數千年的歷史、洞見和反思的智慧，我們最好記得這一點。

然而，這些頁面上也難免存在一定程度的混亂與排斥。今日，很多人都離開了祖父母的信仰，因為他們沒辦法從那些故事中找到共鳴。所以才會有「靈性但無宗教」的無教人士。對於那些沒有在靈性傳統中成長的人來說，他們可能難以找到重新進入那些經文的方法，尤其是那些在完全不同的時代和地點所書寫的經文。

我們需要提出的問題是：是否有經文能同時提供救贖和包容？有沒有能夠打動所有人的故事？如果我們只用經文來執行過時的教義，忽略了經文的正面作用，那就錯了。神聖的故事可以將我們聯繫在一起，鼓勵我們做得更好，並且在需要時療癒我們。

例如，普林斯頓大學社會神經科學實驗室的心理學家發現：閱讀故事的人比不閱讀故事的人，擁有更強大的社會認知能力。在影像掃描時，書蟲大腦中負責同理心的區塊，顯示出更多預設模式網路的活動。當我們能想像別人的生活時，就會更善良、更聰明。

我們也會因此更堅強。艾默瑞大學（Emory University）的心理學家馬歇爾・杜克（Marshall Duke）發現，孩子若能了解好幾代以前的祖先所流傳下來的家族故事，就會有更強的自我價值感和自制力，甚至在面對創傷的時候也更有韌性。若這些跨越時代的故事有許多曲折，反映出生活中的起起伏伏，我們就能繼承最強的適應力。「我們家最優秀」的說法對孩子沒那麼有幫助，「我們經歷過光榮和災難，而我們毅力不搖」的描述，對孩子的幫助更大。就像馮內果所分析的《仙履奇緣》的故事一樣。

值得注意的是，馮內果還提到了另一個著名的故事，曲線也是往下、往上，下墜到真正的低谷，再往上攀升到真正的巔峰——《新約聖經》。在這個例子裡，原罪的墮落（先往下），接著伯利恆誕生了希望（往上），悲慘的耶穌受難日是下墜到真正的低谷，最後在復活節攀升到真正的高峰，才能獲得救贖。我們似乎直覺裡都很喜歡最後皆大歡喜的故事。

或許是時候把這套可靠的框架重新擦亮，開始編織更多能激勵希望、韌性和同理心的故事了。認知心理學家基斯．歐特利（Keith Oatley）認為，故事就是「大腦的飛行模擬器」。我們要學會並練習那些在現實生活中可能不被原諒的事情。我們可以利用想像力的力量，做好準備，面對這世界必然會拋給我們的難題。所有的故事都一樣，尤其是那些直接闡述內心深處渴望的故事。我們是誰？我們從哪裡來？我們要去哪裡？這就是經文的作用。

能提供資訊的不僅有古老故事。現代經文也存在於我們周圍的詩歌和散文中，裡面有比傳統經文更廣泛的聲音和觀點。我們在第七章關於音樂的部分已經討論過了，在美國經驗中所鍛造出來的救贖音樂（福音音樂、藍調音樂、爵士樂、鄉村音樂、民謠音樂和嘻哈音樂），都和過去的每一種傳統一樣，強而有力的訴說著苦難和復興。我們有悲傷的故事、心痛的故事、失落的故事，也有東山再起的故事。這份證詞現在屬於全世界。答案都在經文裡，其中一些最棒的故事，剛好被譜成了音樂。

我們都是人性化的「神祇」

前面在探討倫理文化的工具箱時，我們迴避掉了最明顯的爭論焦點——神祇本身。引入一種暫時性的形上學、提供一些倫理指導方針、勾勒出神聖儀式的節奏，以及為經文提出案例，這些本來就已經足夠提供一個結合了之前兩個版本的「意義3.0」框架。無論你要稱之為「先驗的人文主義」或「理性的神祕主義」，它巧妙的把那個「神祇形狀的空洞」保持空白。但我們已經走到了這一步，我們應該追問這個問題，直到它的必然結論。

一方面，對於真正的信徒來說，要暗示我們在人與神的關係中有發言權，這有點自以為是的意味。耿稗思（Thomas à Kempis）觀察表示：「謀事在人，成事在天。」另一方面，對於堅定的懷疑論者來說，試圖恢復那些曾被用來為迷信和苦難辯護的神祇，似乎是一種倒退。對這些人來說，進步就是遠離信仰，而不是回到信仰。

如果媒體理論家馬歇爾．麥克魯漢（Marshall McLuhan）的說法是正確的，也就是「我們成為我們所凝視的對象」，那麼我們就應該要注意自己看到了什麼。畢竟，人人都會崇拜，問題只在於崇拜的是什麼。

這種「成為與凝視」的觀念遠早於麥克魯漢，有著幾千年的歷史。西藏的比丘和比丘尼有相當高階的作法，他們冥想出憤怒和仁慈的神祇。首先，他們透過冥想來理解意識的複雜本質，以及佛教腦海心境裡所有的微妙輪廓和變化。漸漸的，這些修行者試圖描繪出神明的本質。他們不以第三人稱的方式去崇拜這些神明的原型，而是追求第二人稱「你與我」的親密交流，甚至達到獨特的第一人稱「我與我」的成佛體悟。這些神祇只是提供了路線圖。

這方法並不限於東方「異國情調」的高山王國。中世紀基督教對聖徒的崇敬實踐也有類似的結構。信徒會靠近守護神的祭壇，點燃許願蠟燭，跪下來禱告。思考神化自我的故事，會讓一個有志者擁有更多聖徒的素質。

儘管神父會擔心有些行為會淪落為偶像崇拜，甚至全力阻止這種行為，但他們從未能徹底消除它。而當教會發揮其權威，當地的異教神祇就轉入地下，然後以守護神的形式再次浮現。法國沙特爾（Chartres）的黑色聖母（Black Madonna）就是一例；墨西哥的瓜達露佩聖母也是；印度迦梨女神和美洲原住民的玉米女神，亦只是穿著不同服飾。

尊崇、凝視和化身，是我們一直在重新發明和重新利用的靈性工具。這種文化的融合、混搭與演變，就是宗教一直以來的作法。創造豐富多樣的神明生態，讓追尋者在型錄一樣的萬神殿中，找到與自身挑戰與願望相契合的對象。

儘管異教的神被偷偷走私回基督教的型錄中，但西方一神論的程式裡還有一個特殊的漏洞，使得我們對末日救贖的意識形態產生迷戀，並讓這些理念顯得如此熟悉且無法抗拒。如果我們真的想要更新自己與神的關係，就必須解決這個問題。

***

前陣子，我在看《美國眾神》（*American Gods*），這部描述美國新舊諸神之間衝突的電視劇，改編自尼爾・蓋曼（Neil Gaiman）的著作。在影集中一段回顧裡，一位殖民時代的愛爾蘭女子遇見了一位小精靈，並感謝祂帶來的所有好事。小精靈回答道：「噢，好事和壞事都有，我們就像風一樣，會吹向兩邊。」

這讓我想到了普林斯頓的宗教學者伊蓮・佩克絲（Elaine Pagels），寫過關於西方世界邪惡的起源。佩克絲是世界上研究猶太基督教傳統的頂尖學者之一，也是牛津大學翻譯《拿戈瑪第經集》（*Nag Hammadi*）、《諾斯底福音書》（*Gnostic Gospels*）的團隊成員。她還從舊約中發現了一些被刪除的部分，並且在《約伯記》裡發現了一些有趣的東西。

約伯的故事很有名，上帝和撒旦在這個不幸的人身上，以他的忠誠度打賭。撒旦踢了他一腳，證明約伯只有在一切如他所願的時候才虔誠。

但事實並非如此，真實的情況恰恰奠定了西方形上學以及知識交織的基礎。就像許多經典故事一樣，《約伯記》的故事最初由一位原作者撰寫，隨後在漫長的歷史中不斷被添加和修改。我們現在所認為的《約伯記》那流暢的敘事，其實是經過幾個世紀拼湊而成的。

事實上，在最初的構想中，只有耶和華和約伯，找不到撒旦（在但丁和浪漫主義者將路西法、撒旦、魔鬼和所有的大壞蛋結合在一起之前，撒旦〔S'tan〕這字原意為對手或反對者，更像是一個讓情節通順的角色，而不是邪惡的化身，也就是說撒旦在希伯來聖經中並未以我們今天所認知的形式出現）。

所以，一號作者的約伯故事有個情節上的問題：如果亞伯拉罕的神既全能又全善，他為什麼要對可憐的約伯做出這麼可怕的事情呢？這根本說不通。上帝要麼是全能的，但有點殘酷；要麼是全善的，但不可能如此具有仇恨。在二十世紀，這被稱為「奧斯威辛問題」（Auschwitz problem）——一個無所不能、全仁全善的神，怎麼會袖手旁觀讓毒氣室大屠殺和廣島原子彈這種事情發生呢？

二號作者的故事也有同樣的困境，所以為了解決這個不可能的情節張力，他創造了一個新角色「撒旦」，並在故事中加入了一段來自約伯的存在主義咆哮（卡繆若看到了肯定會很驕傲）。這是一個天真的解決辦法，現在上帝可以保持全能又全善，因為髒事都外包給壞蛋了。

不過，事實上，，這只不過是把問題踢到了幾千年後，並讓我們陷入了一場巨大的神學後遺症。從聖保羅到聖奧古斯丁，從康德到休謨都要和這個問題纏鬥，所有人都不得不費盡心思來解釋這個無法解釋的問題。

這裡需要注意的是，這並不是神祇通常的運作方式。猶太基督教的一神論裡，全能全善的結構是萬神殿的突變。如果我們要讓奧林帕斯（多神信仰的典型象徵）重新開門，我們就要修復這行程式的漏洞。

回想一下希臘神話，宙斯、赫拉、赫密士、阿芙蘿黛蒂這幫傢伙只要心血來潮，就可以幫助人類也可以傷害人類。眾神心胸狹窄、嫉妒心強、復仇心強、力量強大、驕傲、有創造力、有勇氣、可敬、淘氣又任性，正如眾生。佩克絲說：「崇拜這些神祇的希臘人並不需要撒旦，因為先知從來沒有說過神祇都是至善的。」同樣的情況也出現在奧丁和北歐眾神中，凱爾特人的精靈也一樣，你永遠不知道神明會怎麼選擇——會支持還是反對。「就像風一樣，兩邊都會吹。」小精靈說道。

原住民傳統也是如此：到處都是愛惡作劇的神。西非的蜘蛛神安納西（Anansi）、印第安智慧之神伊克托米（Iktomi）、草原狼（Coyote）、布雷爾兔（Brer Rabbit），以及後來的卡通化身兔巴哥，會在我們最需要的時候現身幫助，或是在我們需要認清現實的時候把我們耍得團團轉。有時候，祂們只是因為心情使然。

「如果我們相信全能的上帝創造了一個非常『美好的世界』，那麼這個世界到底怎麼了？」佩克絲在一年之內，悲傷的陸續失去了兒子和丈夫，提出這個疑問。「佛陀佈道的第一聖諦就是『生即是苦』，但猶太和基督教神學家談論到痛苦的問題時，彷彿痛苦和死亡都不是自然的固有元素，而是從外面侵入了原本完美的創作。」

以哲學傳統那種奇妙的方式運作來看，這個簡單的分離——將善與惡清楚的劃分成兩個獨立的陣營——種下了十九世紀末神秘主義「新思想」（New Thought）的種子，結出了諾曼·文生·皮爾（Norman Vincent Peale）和《積極思考的力量》（*Power of Positive Thinking*），又催生了「新時代」（New Age）運動，最後導致現在的靈性陰謀論時刻，愈來愈多人把古怪的神話拼湊在一起，而不是對偏離軌道的世界做出有意義的回應。

在這些設想中，我們拒絕接受這樣的現實：人生有時沒有規則，好事就是有可能降臨在混蛋身上，壞事有可能發生在好人身上（該死的因果報應）。如果我們拒絕承認生活中有惡作劇的成分，那我們不得不瘋狂或甚至病態的支持「事發必有因」這概念。

這就是為什麼末日救贖的意識如此誘人，它為所有不可能的情節張力提供了一個解決方案。我們看著這個世界每天都變得愈來愈不合理，但不知為何仍天真的堅持，這世界本就應該這樣，或者說曾經就該這樣。

「沒有什麼方法能壓制變化……就算是在天堂也不行，」路易士·海德（Lewis Hyde）在

《騙徒創造了這個世界》（*Trickster Makes This World*）裡寫道：「那些恐慌並試圖束縛他人的騙徒，選擇了控制和災難的道路。最好是學會和他一起玩，尤其培養一些（文化、精神、藝術）技能，以便與意外進行某種交易，接受偶然總會發生的變化。」

因此，與其堅持我們的神全能全善，同時把不可避免的苦難轉移到陰暗的邪惡力量上，我們能不能聽聽小精靈的警告：有時候神明會保佑我們，有時候不會。而要弄清楚其中的「為什麼」，超出了凡人的理解範疇。

相反的，我們是否可以盡最大的努力，為我們的生命和在更大格局中的角色承擔責任，但同時又能對一切保持一種輕鬆的態度，並像警惕其他假偶像一樣，對那些虛假的確定性保持警覺呢？

***

因此，雖然許多「靈性而非宗教」陣營的人，可能覺得自己已經不再相信神了，但仍有一種實用的心理技術值得我們複習。就像飛到外太空會改變太空人對這個星球的看法一樣，對神的崇拜也會改變我們的生活體驗。

「我們塑造工具，」馬歇爾．麥克魯漢繼續說：「而工具也塑造了我們。」在這種情況下，他還不夠宏觀。我們的神可能塑造了我們，但我們也塑造了我們的神。我們可能是按照祂們的形象被創造的，但不可避免的，祂們也是按照我們的形象創造的。如果我們忘記給神賦予惡作劇的幽默感，提醒我們的生活有悲劇、有喜劇、有魔法，那這個笑話必然會開在我們自己身上。

第十四章
終點團隊與心流社群

哭再多也無濟於事（進屋來）
別再掛在十字架上了，這樣我們還能用那塊木頭（進屋來）

——湯姆・衛茲（Tom Waits）

當我在科羅拉多州博爾讀研究所時，還是個年輕的窮光蛋，最喜歡的平價娛樂就是去當地的書店。我會買一杯可以免費無限續杯的咖啡，然後在書架間漫遊，尋找一些好看的書。有個晚上，一位名為薩爾曼・夏克斯特（Zalman Schacter）的當地教授兼拉比在樓上有場免費講座，所以我就去聽了。

信念轉化的「耶穌迷因」

夏克斯特說起他年輕時，在加拿大曼尼托巴省擔任哈西德派（Hasidic）拉比的故事。他在一九六二年發現了「迷幻藥聖餐」後，便離開了自己的傳統信仰，開始探索佛教、蘇菲教和所有反文化的事物。那正是適合做這類事情的時代，而夏克斯特也樂於投入其中。

但後來，在一趟前往耶路撒冷舊城的哭牆之旅時，他陷入了信仰危機。他祈求神的指引，詢問是否應該追隨佛陀的教誨，還是投入蘇菲神祕主義的實踐。每次他提問，腦海中的聲音都在說：「但是，薩爾曼，你是猶太人！」他試圖逃避，提出各種理由說服自己佛陀或阿拉更有意義，或者嬉皮的群體生活更接近真正的靈性共融。但是那個聲音總是回來：「但是，薩爾曼，你是猶太人！」

最終，他妥協了，回到美國，創立猶太復興運動。該運動將更新的哈西德派和卡巴拉（Kabbalah）元素帶回禮拜儀式，並融合了來自其他世界傳統的歌唱、舞蹈、神祕主義和冥想。他用自己微薄的力量，透過跨宗教的探索，以全新的眼光回歸自己的傳承，並為自己和成千上萬的其他人重振這個信仰。

他風趣、有魅力，而且充滿活力。我對他拒絕自己的傳統，並渴望更有趣、更純粹、更貼近真實的信仰感同身受。我回到家，拿了瓶啤酒，放了點音樂，然後坐在破舊、被我當作沙發的坐墊上。毫無預警的，我對著我自己的哭牆，淚流滿面。

我意識到，儘管我不懈的研究歐洲以外的一切事物——道教、佛教、蘇菲派和美洲原住民文化，但我卻無法逃脫自己深深沉浸在猶太基督教傳統中。我的母親是會慶祝復活節和聖誕節的聖公會教徒，我父親是無神論者，必要時他會心不甘情不願的會跟著去教堂。小時候離開英國後，我被丟進天主教學校，所以我也花了十年時間觀察種種奇怪的習俗——從第一次聖餐到懺悔，再到令人毛骨悚然的耶穌受難日。

不管我有多麼不重視自己的歷史，這些所有的經歷，和我從小到大喜歡的故事（從《飛越杜鵑窩》到《鐵窗喋血》〔*Cool Hand Luke*〕，再到《異鄉異客》）一切都根植於悲劇性、犧牲性的英雄主題中。在兩千多年的歷史中，這一直是西方經文、藝術和音樂的顯學。就算我想逃，也無處可逃。再說句老實話，其實誰也逃不掉，無論是信徒或非信徒都一樣。

這就是我那天晚上哭泣的原因。我假裝我有選擇，但一切只是徒勞。

我意識到佛陀太超然了，無法真正吸引我。輕鬆、優雅、高深莫測，佛陀就像啟蒙運動中的羅傑·費德勒（Roger Federer）。悉達多（Siddhartha）生來就是王子，有信託基金撐腰，他拋棄一切去尋求啟蒙，並成功開悟。然後，他坐在一棵巨大的無花果樹下，彷彿被傳送回母艦般的瞬間昇華到另一個層次。他的哲理洞見非常令人敬佩，但他的悲情（痛苦的生活經歷）對我來說卻有些不足。我無法在他那完美的修行故事中，找到自己的疑慮、疏離感和困惑。

道家學說的宗師老子，彷彿是一個朦朧的傳說。在相關的故事裡，他已經一直以笑呵呵的神祕主義者形象現身，但關於他得道前的模樣和經歷，卻一樣朦朧神祕。就像科恩兄弟（Coen brothers）的電影《謀殺綠腳趾》（*The Big Lebowski*）的中年大叔一樣，老子總是隨遇而安、超越時空，沉浸在「道」中。這個世界上的任何苦難都只是與「道」不和諧，而所有的恩典都來自臣服於「道」。儘管在我追求山海之間的心流狀態時道教仍不可或缺，但做為引導我穿越平凡生活中種種困惑的指引，它對我幫助不大。

如果說佛陀和老子對我來說太過超然和脫離歷史，那麼穆罕默德則對我來說過於貼近與歷史化。畢竟，他是軍閥、將軍和傑出的戰略家。就像美國內戰的名將謝爾曼（Sherman）所戰皆捷，穆罕默德的軍隊也攻無不克。他的法律寫於中世紀，就幾乎不再更新了。我發現波斯詩人哈菲茲（Hafez）和魯米（Jalāl ad-Dīn Rūmī）充滿靈性的作品當然能給人啟發與靈感，但我並沒有特別與他們筆下的信仰產生共鳴。

雖說如此，我對主流基督教的官僚式陳詞濫調和僵化儀式則更是毫無興趣。隨便翻翻歷史就能發現，幾個世紀以來他們以上帝的名義進行的無情控制和腐敗。在我自己的生活經歷中，週日去教堂的女士、對男孩出手的變態牧師、以為靠著週三告解就能贖罪的撒謊和作弊的同學——這一切都讓我無法產生歸屬感。

然後我讀了普林斯頓大學教授伊蓮．佩克絲的《諾斯底福音書》，這作品獲得了國家圖書獎。她是在牛津大學翻譯《拿戈瑪第經集》的譯者群之一。《多馬福音》（*Gospel of Thomas*）、《抹大拉馬利亞福音》（*Gospel of Magdalene*）等福音書已經被人遺忘，佩克絲在揭開這些福音書的過程中，有著極為重要的角色。

雖然新時代的寓言作家和《達文西密碼》（*The Da Vinci Code*）等通俗小說對深奧的基督教有各種瘋狂的揣測，但佩克絲提供了不一樣的視角：她細緻的針對原始文本進行學術研究，並探究原始文本對第一世紀教會（*First-Century Church*）的影響。

佩克絲一次又一次的揭露信仰支柱的來源——教皇和主教至高無上的地位、把聖餐變成血肉的奇蹟，再到聖母產子——這些都是為了爭奪組織權力和方向。我原以為是神學，實際上是政治學。這種根基上的裂縫，給了我重新思考自身信仰的機會。

因為佩克絲指出：歷史上並不存在一個單一且確定的耶穌（historical Jesus）。我們對他和他所代表的一切的理解，始終無法脫離人類的利益和歷史背景的影響。

他是上帝的聖子，來到地球上是為了讓我們擺脫原罪嗎？他是一個開悟的凡人嗎，還是一個尚未開悟的普通人？或者，他是一個虛構的人物（從中東太陽神和神祕邪教而來）嗎？或者他是一道密碼，一個隱藏神祕主義者啟蒙指示的寓言？他真的曾經存在過嗎？

為了回答這些問題，人類已經付出了太多的鮮血和墨水——通常帶著過多的確定性和過少的好奇心，遠超出實際需要。但是，如果我們在追求確定性的過程中，無論支持或反對，打從根本就搞錯了重點呢？

無可爭議的是，耶穌這個概念、耶穌的迷因（Jesus Meme），無論是做為神、人還是神話，已經比幾乎所有其他人類個體更深刻的塑造了過去兩千年的歷史。這整件事情本身儘管充滿了模糊性，卻很值得思考。

當然，歷史上的一些偶然事件改變了進程。君士坦丁大帝的皈依，使神聖羅馬帝國全力支持基督教，否則它可能會像其他猶太教派一樣逐漸消失。歐洲殖民主義的崛起，則以刀劍之力將這些理念傳播到了世界各地。如果沒有這些簡單的命運轉折，也許我們根本不會記得耶穌這個人。但這些事件確實發生了，我們也確實記住了他。

這是我在閱讀佩克絲的研究著作時，學到的另一件事：在這兩千年的人為官僚體制、教條和政治之下，或許隱藏著一個關於個人啟蒙的傳統。這代表了「祭司」和「普羅米修斯」之間永恆鬥爭中最重要的章節。只是在這種情況下，祭司的代表是保羅和早期教會之父，而普羅米修斯是基督意識的原始啟蒙者——諾斯底教徒（又稱「靈知派」），他們從眾神那裡偷火，並因自己惹出的麻煩而被釘死。

諾斯底教徒燃燒著激情，透過「我與我」的關係去實踐，透過「我與你」的關係去體驗，但他們的成長策略不太尋常。他們信奉「憑作為判斷人」的格言，也就是看一個人的言行中是否有散發光芒，來決定他能否加入。婦女通常是領袖和傳教士。藝術、音樂，甚至神聖的性行為都很普遍。他們在探索神祕，而不是打造宗教組織。

但是保羅和早期教會神父們採取了不同的策略。他們敏銳的意識到，如果你只接納那些被聖靈感動的人，那就無法走得太遠。相反的，他們的成長策略更接近平價商店的座右銘「薄利多銷」。大家都能進來，無論是猶太人還是外邦人，無論靈性成就如何，只要確保有傳遞過奉獻箱就對了。就像電影《大亨遊戲》（*Glengarry Glen Ross*）中的格言：「永遠要收錢，要上天堂可以以後再說。」

主日學從沒說過有這種岔路。我們最終建立了有組織的基督教，而那些真正擁有基督意識的人卻被遺棄在歷史的路旁。這並不是說這兩千年的宗教組織毫無價值，或從未培養出真正的信徒，或沒有發揮強大的社會凝聚力。事實上，這些組織宗教確實都做到了，也仍在做。

但可以這麼說：早在基督教最初的日子裡，它就面臨著教條權威（Doctrinal Authority）和靈性解放（Experiential Liberation）之間的分裂，這種分裂一直在影響著歷史和信仰。或許，現在是該回頭並考慮這條人跡罕至道路的時候了。

＊＊＊

讓我們面對現實吧——基督教有一些非常糟糕的品牌問題。對於忠實的人來說，或許仍能找到一些值得咀嚼的內容。但對於未曾接觸教會、對宗教敬而遠之的人，或其他信仰的追隨者呢？想要激起他們對基督教復興的熱情幾乎是徒勞的。而試圖這麼做，將是一個錯誤。但完全棄置基督教，更是一個錯。兩千多年來，「耶穌迷因」一直在病毒式傳播，創造世界公認的巨大影響力、共鳴感和共通性的參考。

最讓我印象深刻的是拿撒勒人的故事，這故事與正典經文毫無關係。只要讀過莎士比亞、但丁、迪倫的作品，加上《霸王妖姬》（*Samson and Delilah*）；變成鹽柱的妻子；該隱殺亞伯；六十一號公路上的亞伯拉罕和以撒；聖枝主日（Palm Sunday）；最後的晚餐，最終，我就已把《聖經》大部分的內容給看完了。

通常，當你將這些典故追溯到原始經文時，會發現只有幾行晦澀的文字，沒有我們記得的那些劇情、配角或色彩。重複這樣的探索次數多了，你就會意識到：這些文本幾個世紀以來，一直是藝術、歌曲和故事的跳板，而這些猶太基督教的傳統，其實並不局限於信徒。這是全人類的遺產，現在真正屬於全世界。

所以，如果壞消息是「我們在一個缺乏意義的世界裡，時間幾乎所剩無幾」；那麼好消息就會是「有些答案一直就在我們面前」。

如果我們不充分利用這一事實，那就太瘋狂了。

共同的盛宴，人人都有入場券

自從那天晚上聽過夏克斯特這位拉比演講之後，基督教品牌糟糕的問題就一直困擾著我。我一直受拿撒勒人的原型所吸引，同時又排斥許多組織以他的名義建立，端出各種概念。我被困住了，就像在衣櫃裡不表態的困惑基督徒。

一個有血有肉的凡人，可以感受到內心燃燒的真理，並努力和世界分享，可是卻被想幫助的人們背叛和嘲笑，同時不得不獨自面對個人的懷疑、絕望和不確定性？這聽起來比我在其他地方找到的那些超越性的故事，更貼近我們每個人都必須經歷的人類生活。

更奇怪的是，「過基督的生活」這種隱喻更能引起我的共鳴。因為那些在我被打擊時觸動我的心弦，並鼓勵我繼續前進的隱喻，甚至根本不是來自基督教。這些隱喻比我在教會學校聽到的任何東西，都更能體現教義的精髓。

藏傳佛教老師佩瑪．丘卓在《當一切崩潰時》（*When Things Fall Apart*）中寫道：「要充分的活著、充分為人、和完全的清醒，就是要不斷的被拋出巢穴……活著就是願意一次又一次的死去。」這我可以明白。這是把不確定性和毀滅性，作為基準線，表示一切都正常，而不是出了問題。

禪宗猶太人李歐納孔（Leonard Cohen）在他的歌曲〈讚美詩〉（Anthem）中寫道：「敲響仍能響起的鐘聲／忘記你完美的奉獻／有裂縫，萬物皆有裂縫／光就從裂縫灑進。」這歌詞讓我雞皮疙瘩，李歐納孔沒有對破碎的自己宣戰，而是允許自己歌頌這些傷勢。

《恩寵與勇氣》（*Grace and Grit*）見證了人文精神歷久不衰，這不僅是西方的概念。日本人有兩個相關的術語，來表達這種在不完美中得到救贖的感覺——「侘寂」（Wabi Sabi）指有瑕之美，和「金繼」（Kintsugi）用金漆修復破損陶器的藝術。侘寂是一種關於萬物不完美和無常的哲學，正是這個美學，使生活變得更加精緻動人。金繼則將這種抽象的哲學並落實於物質層面，突顯了每個容器裂痕的獨特性。李歐納孔那「光就從裂縫灑進」的意象，在金繼過程中成為具象，並加以讚頌。哈利他媽路亞！

中文也有自己的版本，稱之為「沖喜」。「沖」是洗刷的意思，「喜」是好事。所以沖喜字面意思是「用快樂沐浴」——相信你可以用喜事來洗滌不幸。將狂喜的救贖與淨化般的痛苦連結起來，似乎是各地文化免疫系統的重要組成，而就是這張地圖，能讓我們找到回家的路。

愛麗絲・華克（Alice Walker）曾是一名佛教徒，後來成為頑固的異教徒，她曾寫到非裔美國藝術家如何在種族隔離時期的亞特蘭大互相問候：「他們會說：『所有參加宴會的人！』然後握手或擁抱。有時他們邊說邊笑，有時則帶著淚水，但他們始終堅信，他們都在生命的宴席之上。」

幾乎在世界各地，你都能聽到這個主題在迴盪。生活很艱難，但很美好。既是悲劇也是魔法。正如歌曲所唱，我們被擊倒，但我們又重新站起來。這不屬於任何單一的傳統，但它是我們都可以從中獲得滋養的慰藉。宴會上的所有人，所有參加生命宴會上的人。

衝向終結點的集體目標

星星王子會在天空出現
他要我們別放棄
因為他知道這一切都很值得

——大衛・鮑伊（David Bowie）

全球神話中，最有趣的例子之一，就是叛變的耶穌會牧師德日進（Teilhard de Chardin）。他感到有必要在信仰與科學之間搭建橋樑，但卻讓教會領袖們極度不安，以至於他從祖國法國被流放到中國。他許多最具爭議的著作，都是禁書，直到他死後才解禁。一份教會公報寫道：「『如此多的模糊之處，甚至嚴重的錯誤，以至於冒犯了天主教教義』，所以我們必須『保護思想，尤其是年輕人的思想，免受德日進神父危險作品的影響』。」

但他也是一位古生物學家，喜歡挖掘遠古時代的骸骨。他協助中國起土了史前北京人，並幫助英國發掘皮爾當人（Piltdown Man，後來證明是場騙局）。儘管演化生物學家朱利安・赫胥黎（Julian Huxley，阿道斯・赫胥黎的哥哥）很欣賞德日進，但他那宏大的理論，經常讓生物學家和物理學家感到不安。他的一些想法過於激進，或者無法經受住科學或神學進展的檢驗，許多學者認為他是一個充滿詩意的怪人。儘管他被他試圖聯合的信仰與理性兩大守門人所排斥，但德日進還是激發一代又一代作家和藝術家的想像力。

意外成為神祕主義者的科幻小說作家菲利普・狄克（Philip K. Dick）寫過他，安妮・狄勒德（Annie Dillard）、亞瑟・查理斯・克拉克（Arthur C. Clarke）、芙蘭納莉・歐康納（Flannery O'Connor）、唐・德里羅（Don DeLillo）都在著作中提過他。超現實主義畫家薩爾瓦多・達利（Salvador Dalí）創作了他的巨幅傑作《天堂眾天使圖》（*The Ecumenical Council*），靈感就來自德日進對於歷史終結的救贖願景。

半個多世紀以來，他試圖將人類進化置於宇宙展開的背景下，這引起了廣泛共鳴。猶太基督教教義對「起初」的阿爾法點（Alpha Point）有著明確的記載，但對於「終結」的奧米茄點（Omega Point），就變得模糊了。當然，在《啟示錄》中有帕德摩的約翰（John of Patmos）在胡言亂語，但那描述的是人類歷史的暴力中斷，而不是優雅的完成。還有一些像基督復臨安息日會這樣的宗教團體，等待著基督的二次降臨，但希望的截止日期來了又過，一次又一次。

這並不是德日進的看法。他除了提出包含萬物的生物圈和包裹我們星球的大氣層，還發現了另一種元素——心智圈（noosphere，字面意思是心智的領域）。回到二十世紀初，這種概念對讀者來說很抽象，甚至很神祕。但如今，在這個數位資訊、即時傳播迷因和人類無時無刻的連接時代，「共享心靈領域」的概念不再是假設。「心智圈」連接全球的共享思維空間永不打烊，支持著地球上十大最有價值公司中的七家。光纖電纜和無線網路是我們共享的神經元，位元和字節則是我們數位邏輯的新字母表。

在德日進的想像中，我們在演化上會愈來愈意識到個體性和彼此的連結性。心智圈在不斷成長。他認為，這種增長最終將在奧米茄點達到高潮——也就是歷史的終結。

「如果我們大腦中數十億的細胞的合作，能夠產生我們的意識能力，」他寫道：「那麼這個想法就更合理了，一部分的人類或所有的人類合作，就能組成哲學家奧古斯特．孔德（Auguste Comte）所指的『偉大超人』（Great Superhuman Being）。」

德日進將我們成為「偉大超人」的過程稱為「基督創生」（Christogenesis）。從字面上看，就是我們一起成為基督的身體。關鍵的是，對於現代的個體主義觀念來說，並不認為這是與某種非個人化的博格集體（Borg，群體意識）或集體心智的融合。事實上，他看到的恰恰相反。他認為「終結」是要讚揚我們的獨特性和連結度。

「如果一個有意識的宇宙本身不集合，那麼我們根本無法想像宇宙的密度……每一個意識……在任務結束時保持清醒……」德日進寫道：「愈接近終結，每個意識都變得更像自己，因此與其他人更有區別。」

如果我們試圖闡明開源的意義3.0，提供通用的框架來構建，同時尊重不同文化、習俗和社區的獨特性，那麼這似乎是一個值得考慮的有用框架。我們彼此的聯繫愈多，就愈能保持我們的差異。這是一種神祕的多元主義（mystical pluralism），也是一種先驗的人道主義（transcendental humanism）。任何更決斷的形式，隨時間推移都可能帶來法西斯化的危險。

越南佛教導師一行禪師（Thich Nhat Hanh）在寫出「下一個佛陀將是僧伽（Sangha）」時呼應了這個想法，這意味著下一個大覺醒不會由個人化身（佛陀或耶穌）領導。而是將以社群的形式出現——僧伽或僧眾。這種拯救的版本是集體的、包容的。

畢竟，當我們成長起來，不再等待二次降臨時，會發生什麼事？當我們能夠迎來無數次的「降臨」時會發生什麼事？那麼有那麼多人回應這種召喚，以至於這不再是一件例外的事，那又會怎麼樣？在這些版本中，基督的身體，在時間的盡頭時，就是我們所有人。

信奉末日救贖者常常幻想著，這個終結將是一場最後一刻的救贖，將我們從不可能的命運中拯救出來。對於一堆棘手的問題，這是一個誘人的簡單解決方案，德日進卻不那麼樂觀。即使我們能在自毀之前解決存在的難題，他也不確定所有人都能隨之而行。

「終結會被拒絕還是接受？」他納悶著：「可能會產生衝突……心智圈會分裂成兩個區域，分別被兩個對立的崇拜極點所吸引……普世之愛（Universal Love）最終將活化並帶走心智圈的一部分，這部分人將決定『跨出那一步』，脫離自己，進入他者（the Other）。」

這與我們在本書第一部分探討的內容非常吻合，有些人以全球為中心進行無限遊戲，有些人則以種族為中心進行有限遊戲。無限遊戲承認每個人都有參與遊戲的權利，並設法讓愈來愈多玩家加入游戲——這就是在實踐德日進所說的「博愛」。拒絕邁出這一步並保持獨善其身的人，會擁護有限遊戲，追求自己的勝利和其他人的失敗，並將戰利品據為己有。

一些人能挺身而出完成任務，而另一些人則不願意或無法做到，這種觀念恰好符合心理學家亞伯拉罕・馬斯洛的發展金字塔模型。他的模型從底層的基本生存需求開始，隨著個性化、歸屬感和自我實現，愈往上愈小，一直到自我超越——這就是回歸簡單的為他人服務的狀態。

德日進的「基督創生」概念，實際上可以理解為那最後一步，聚集在一起，共同圍繞著幫助他人的共享願景。從這個角度來看，神話詩意的終結，其實只是對人類發展階段的一個最終修飾。這聽起來很神奇，因為我們很少有人抵達過。

政治學回應了這種由一小群人（心智圈的一小部分）來實現變革的概念。哈佛大學甘迺迪學院的艾瑞卡・錢諾維斯（Erica Chenoweth）提出了一個著名的假設，那就是歷史性的民權運動只需要三・五%的人口，即能達到轉型的臨界點。對於當前的環境和社會正義運動來說，這個數字幾乎具有神話般的意義。

懷疑論者認為，我們今天面臨的大規模危機都互相有關連，挑戰大過於錢諾維斯研究時所用的先例。畢竟，堅定的爭取在一輛油箱滿滿、可以按時到達目的地的公車前排座位上的權利，是一回事；而試圖在那輛公車即將衝下懸崖時將其轉變成直升機，則是另外一回事。

但是，既然我們離三・五%的終結人口（那些真心讓人類快樂、放下自我擴展無限遊戲的人群）還差得很遠，但這似乎是一個值得努力達成的里程碑。我們應該盡快達到這個目標，並在達成後進行檢視。當我們要朝終點衝去，德日進曾準確的設想了這一切將如何進行——這場競賽裡有三條相交的曲線：地球的可持續性、追求共融的人，以及堅守分裂的人。

「在這個更接近傳統世界末日的假設中，」德日進建議：「未來，我們周圍可能會同時出現三條曲線：地球有機可能性必然會減少，（和）意識的內部分裂，因為演化運動中出現了兩個對立理想，意識會愈來愈分化。」

在某種宇宙交錯碰撞中，我們將如坐針氈直到最後一刻，不確定一切究竟會如何收場。「地球將在這三條曲線交會，並同時達到最大值的三重點終結，」他提出：「地球將因物質枯竭迎來的死亡；心智圈將因人類意識的分裂而撕裂，人們無法就世界應如何整合達成共識；而與此同時，宇宙的一部分將獲得最終解放——那部分的成功，在於時間、空間與邪惡的重重考驗中，艱難完成自我的存在。」掙脫束縛，抵達終結。這一刻，將賦予整個事件真正的意義與價值。

我們不得不佩服這位老耶穌會士，他並沒有說錯。看看今天的頭條新聞，都是在談論冰冠縮小、熊熊大火和全球流行病，再加上激烈的內亂和社交媒體口水戰，我們似乎確實準時趕上時間終結的時刻。這三條曲線——行星穩定性、無限遊戲玩家和有限遊戲玩家——正在逐漸逼近最後的臨界點。我們不再是緩慢的向伯利恆爬行，而是全速衝向它。

對於我們這些看著末日火山和魔多，習慣了X翼戰機對抗死星，或是麻瓜和食死人中長大的人來說，這種感覺再熟悉不過了。我們的神經元天生就為這樣的反叛者故事所設計：在最後一刻，排除萬難，從壓倒性的邪惡中拯救銀河系。少了這種驚險刺激的情節，幾乎不足以成為「有史以來最偉大的故事」的合格結局。

所以至少在這一點，我們已經為自己準備好了。

蛻變與重生的「復活練習」

如果我們接受德日進的假設「時間的終結（End of Time）最終可能會以某種深刻的方式，讓我們認知到人類的共同命運」，那麼問題就是：在哪裡可以找到終結點。我們的衛星定位系統無法幫上忙；終結點若真的存在，那幾乎肯定是在人跡未至之處。夢幻島還好找一點，彼得潘教過溫蒂，到達那裡的唯一方法就是按照指示：「向右第二顆星，一直走到早上。」

雖然衛星定位系統幫不上忙，但我們的宇宙定位系統（CPS, Cosmic Positioning System）可能有用。一旦我們升級導航軟體，就會發現終結點有非常具體的坐標。它就在「無時之時」與「不曾存在之處」的交匯點，也就是「時刻」（Kairos）與「時間」（Chronos）的交叉點。

古希臘人定義了兩種截然不同的時間類型。「時間」是是線性的、離散的鐘錶時間。從過去到現在再到未來，勢不可擋。它是一種橫向穿越空間的運動。這些日子以來我們都太熟悉時間了——時間永遠不夠，生活像是從後視鏡中飛逝而過。既瘋狂又無聊，無論我們感到多麼成功或懊悔，都永遠無法挽回。

古人也表達了「時刻」的概念，也就是神聖時間，指深刻的「當下」。時刻指事件當時的時刻，過去現在未來都被捆綁到一個無縫和神聖的時刻。時刻是生命回到伊甸園的狀態——超越線性時間及其無情的朝向熵增與衰退的行進。時刻是垂直的「世界軸心」（axis mundi）——世界之杆，懸掛著按時間順序排列的旗幟。

十字路口有個罕為人知的解釋，深埋在深奧傳統中。只有玫瑰十字會、諾斯底教徒和其他亞伯拉罕宗教如伊斯蘭教才知道：「十字架」不是在描述死刑，而是在象徵成為終結者（Omegans）的極刑。在這個隱藏的傳統中，基督創生只能出於自願決定，讓自己對「時刻」的永恆性敞開，同時錨定於「時間」的轉瞬即逝。在兩者的十字路口帶著一顆痛苦而跳動的心來實踐。

這將終結者與我們已經討論過的末日救贖者區分了開來。終結者沒有試圖逃避人類制約，而是選擇接納。他們並非聽天由命，也不是忘記自己的真實本性，而是以心甘情願的心態，同時持有「時刻」的永恆不滅和「時間」的轉瞬即逝。

他們在完成這項不可能完成的任務時，變成了重生的人類，或者如耶魯大學的哈洛・卜倫所稱的「完人」。在這種轉變中，人類既存在於「時間」又從屬於「時刻」，這是人類最好和最壞的狀況中：心流體驗帶來的耀眼光芒和喜悅，隨後又不可避免的意識到仍然受到存在狀況的局限。這是一個不斷反覆的循環，在這兩個極點之間震盪既痛苦又銷魂。這就像黑格爾的辯證法，一個終結所有過程的過程，稱之為「極樂與受難的十字極刑」（Blissfuck Crucification）。這個說法雖然大膽，卻貼切。然而，想擺脫時間的束縛並不容易，因為我們與時間相連。

我們的自我、身分、痛苦、驕傲，以及所有不正確的追求、奮鬥、渴望，都把我們束縛在塵世的時間漩渦中。就像要趕搭霍格華茲特快車一樣，你必須冒著撞上磚牆的風險，才能進入九又四分之三月台。因為正確「時刻」的車票沒得議價。

肉體的死亡，是最明顯、最笨拙、最不可逆轉的脫離「時間」選擇。那些有幸經歷過瀕死體驗的人，往往描述他們瞥見常規時間之外的生命形態。這樣的體驗往往影響深遠。不過，冒著死亡的危險去感受活著的感覺，這是愚蠢的差事。不安全、不可重複，也無法規模化。

我們之前提到過，藏傳佛教徒曾經嘗試了另一種方法。他們用一生的時間來冥想，思索那個死亡的門檻，相信如果他們能夠毫不畏懼的跨越這道門檻，就能夠永久的擺脫輪迴和苦難。但是這需要極大的付出，才能得到一次機會。如果在虔誠的修行中經過四十年，卻不幸踩到香蕉皮上滑倒，或者被那輛致命的公車撞上呢？那該怎麼辦呢？

脾氣乖戾的農夫詩人溫德爾·貝瑞（Wendell Berry）提出了另一種建議：

> 期待世界的終結……
> 儘管你已經考慮了所有的事實，仍要感到喜悅……
> 練習復活。

這段詩詞充滿著深奧的啟示。「儘管你已經考慮了所有的事實，仍然要感到喜悅」這句話，表達了透過徹底悲傷並走出陰影而帶來的自由，這是一種矛盾的調和。

倘若我們逐字照著他的建議去做，我們怎樣才能「練習復活」呢？

***

從最字面上來看，我們必須學會超越自己。正如《鬥陣俱樂部》的作者恰克·帕拉尼克（Chuck Palahniuk）寫道：「如果我們能寬恕經歷過的事，如果我們能原諒自己對別人所做的事……如果我們能放下我們的故事，不論是受害者或加害者的身分。只有這樣，我們或許才能拯救這個世界。」

只有當我們放下我們的故事、希望、恐懼、快樂和痛苦時，我們才能瞥見所有故事背後的真相。在我們的一生中，我們不斷整理自己的故事、重述自己的怨恨、撫慰自己的傷口，並用這些來合理化我們與他人的隔離。

但這只是自尊在說話。不是那種顯而易見的「自以為是」的自尊，而是更內隱的自傲。我們以自己承受過的苦難為傲，我們才是經歷過人上人才吃的到那種苦中苦的人。艾米莉·勃朗特（Emily Brontë）便曾觀察道：「驕傲的人為自己孕育悲傷的苦果。」

我們花了這麼長的時間精心收集我們的悲傷故事，並用這些故事做為盾牌，讓自己不必以真身示人，結果等到可以燒毀這些故事時，我們反而猶豫了。就像洛特的妻子逃離所多瑪一樣，因為她回頭而讓自己變成了鹽柱；就像奧菲斯在拯救他的愛人尤麗迪絲的時候，無法抗拒回頭看地獄一眼的誘惑。恩典降臨時，我們卻質疑了，在救贖行動的臨門一腳上搞砸了。

因為「時刻」的特性就在於：如果我們能達到那個狀態，即使只是一瞬間，我們就會發現自己回到了伊甸園。若試圖用線性時間的單位（無論是片刻、幾分鐘還是幾個月）來衡量它，都沒有意義，那完全是錯誤的刻度。如果我們曾在永恆中停留過一秒鐘，那就等於是永遠，因為「無限」無法分割。

舉例來說：十年前，我母親七十歲生日。我們全家人在維吉尼亞州布魯嶺山的一個湖畔度假勝地團聚，我們已經連續好幾十年，都來這裡露營、釣魚和滑水。對於一個跨越三大洲、充滿軍人子女和孤兒的家庭來說，這已經是我們能擁有的最接近「故鄉」的地方了。

慶生的那一夜，我們把所有的節日元素都準備好了：大帳篷、燈籠和旗幟，還有音樂、煙燻鮭魚和香檳。那是家族長輩的大生日，這樣的盛會氣氛很適合。

然而，太陽快下山時，我母親做了一件出人意料的事情。也許是因為有點微醺，或因為完全不在乎自己的生日，她走到碼頭上，脫掉所有的衣服，然後跳進湖裡。

她以前也曾裸泳過，但那通常是很多年前，並且是在夜幕的掩護下進行。我們一個個走到碼頭邊，沒有任何對話或討論，就全部脫光衣服，跟著跳進湖中。我們家族的三代人，從幼童到長者，都裸體在湖裡嬉戲，就像我們出生時一樣。像這樣的事情以前從未發生過，也再也沒有發生過。對於一個保守的英國家庭來說，那是我們唯一一次不受拘束的表現歡樂。

當太陽下山後，一彎新月恰好掛在樹上方。我們笑得太過瘋狂，甚至難以踩水保持漂浮，空氣充滿了愉悅的氣息。星星閃爍著。四十五分鐘的玩耍、嬉戲和打鬧之後，我們上了岸，互相擁抱，然後各自回房睡覺。

第二天，我送我哥去機場時，我們回顧了昨晚的事情。「昨晚發生了什麼？」我問。「我不知道，但那肯定是某種家族的恩典狀態。」他說。

一個月後，我的父母回到英國。一年後，幾乎在同一天，我母親死於多年來在她體內潛藏的癌症。那次裸泳的生日派對是我們最後一次聚在一起，也是我們曾經度過最美好的時光。

儘管我們常因失落而悲嘆，但那個晚上的完美光輝卻始終存在，讓我們驚嘆不已，它讓我們充滿敬畏，因為即使只有那一次月光下的游泳，我們全家曾經在一起，充滿對彼此和對生命的熱愛。那就是時刻的力量。只要嘗過，就不會再懷疑，也不會想要擁有更多。否則，那就有些不知足了。

***

當聖保羅說「愛不計較錯誤」時，並不是在談論母親的寬恕或浪漫的第二次機會。他在談論的是「時刻」，在指引通往終點的道路。

如果我們足夠幸運找到或摸索到「時刻」，唯一要做的就是跪下來並感恩的哭泣。不能在救贖前遲疑。這也表示，我們不用再質疑自己走過的那條崎嶇之路。在那過程中，我們最深的傷口、最黑暗的夜晚和最困難的考驗都被救贖了。

就像那首古老的詩歌所說的：「經歷了所有的動盪和掙扎，我仍能聽到那美妙的音樂，在我生命中響起迴音，我怎能不歌唱？」

第十五章
用心流思維打造共同明日

若不懂「死而復生」的祕密，就會永遠在這地球上當一個陌生人。

——歌德

在人類歷史裡，往往是神秘主義者獲得領悟後，走出荒野分享給大家。從這些最初閃電般的領悟中，逐漸衍生出習俗、儀式和禁忌，但最終卻使得最初的人神合一的體驗變得幾乎無法辨認，被文化包袱所壓垮。若這種體驗很稀有、難理解且幾乎無法複製時，也難怪我們會這麼珍惜和甚至偏執的追求難得又短暫的心領神會。

但這種方式，現在已經完全本末倒置了。與其一次次加倍努力，在門外解釋門後的玄妙崇高（Sublime），何不提供每個人一張門票，讓他們自己去看看？我們正在嘗試打造，適合世界各地不同人群的開源方法，而這種強調實驗和體驗的方式，至關重要。

如果我們真誠的想要建立一個靈活而包容的方案來替代教條式的宗教，這種顛覆就很關鍵。與其基於創始者遙遠且無法重現的啟示，據此告訴別人該信什麼，不如現在就分享創造信仰的方法，讓每個人自己做出自己的決定和抉擇。這正是「覺醒心流的鍊金術」所能提供的：翻轉幾千年的信仰，取而代之的是自我驗證的狂喜技術。

從結果回溯起點的工程

讓我們花一分鐘回顧最前面的討論，也就是「如何重新設計意義3.0，才能有開源性、體驗性和實驗性」。要讓終結主義（Omeganism）成為可用的神話，我們就需要採取大膽的步驟，才能可靠的找到終結點。我們已經在「時間」和「時刻」的交叉點上，標出地圖上的位置，只是我們還不知道要怎麼讓所有人都安全抵達那裡。

如魯米所說：「跪下來親吻地面有一千種方式、回家也有一千種方式。」他說的沒錯，但我們只有一個神經系統，而那正是我們走向救贖的王道。在我們調查了五大技術：呼吸、體現、性、迷幻物質（例如藥物或化合物）和音樂，有個簡單到讓人不敢相信的配方一直反覆出現。

- 盡量增加內源性大麻素、腦內啡、多巴胺、一氧化氮、催產素和血清素。

- 增加迷走神經張力和心率變異度。
- 調整大腦進入基準的 α 波和 θ 波的活動狀態，並時不時切換到 γ 波或 δ 波。
- 利用一氧化二氮、K 他命或刺激顱神經的方法，全面重新設定大腦系統（這些都和誘發腦波進入 δ 波的腦電圖有關）。
- 以電流、磁力、光、聲音、疼痛或性高潮的形式，讓能量脈衝活化神經系統。
- 調整脊椎，使骨盆、四肢和筋膜能夠靈活運動和整合對齊。
- 透過有意識的氣體混合物或輔助呼吸法，調整血液中氧、二氧化碳和氮的比例。
- 播放高保真的多節奏音樂，擺脫大腦「預設模式網絡」，成為主觀體驗的載波（carrier wave）。
- 記憶回溯（anamnesis）：回想起你早已遺忘的情節。
- 保持清醒。創造價值。幫助他人。

藉由這些簡單的工具，我們可以有效的設計出一個「狂喜死亡練習」；如果你感性一點，可以稱之為「痛並快樂的性經驗」（Blissfuck Crucifiction）。如果你比較實際，可以稱之為「蛻變性瑜伽」；如果你比較老派，可以稱之為「性恍惚的清明」（Erotocomatose Lucidity）。但名稱不重要，重要的是這個練習帶來的影響。

這可以全面重啟神經系統，進而是改變我們的心理狀態和對自己的認知。雖然死亡與重生的儀式和人類文明一樣古老，從原住民的薩滿儀式到古希臘的艾盧西斯祕儀，但到目前為止，這些儀式都很形上學，充滿比喻。由於神經科學和心理學的進步，我們有了更深入的了解，知道如何創造出一種神祕而過去被誤解的體驗。曾經被認為是形上學或比喻性的東西，現在變成了簡單的生理現象。這改變了一切。

如果我們希望人人都能直接上涅槃，我們就不能只依賴傳承下來的描述；我們必須要自己體驗。閱讀勵志語錄或是凝視哈伯望遠鏡拍攝的照片，都無法達到這個目的。我們需要實際能升空的啟動程式。

重要的是，這種靈知的死亡與重生的啟蒙體驗，其實內容很中性。你在那種高深狀態中的所見與所得，都是只屬於你一人。當你思索意識的無限奇蹟時，你所選擇的內心獨白可以是不可知論的；當你與自己神祇的天使或神靈交流時，可以是有神論的；當透過心靈之眼看到對稱圖像而驚嘆不已時，可以是美學的。在終結點團隊中，這一切都有空間可以並存。

相信自己所欲相信的事情，但永遠不要失去信仰（也不要抱著迷惘死去）。

在活生生、具體體現的真理瞬間中，「信仰」並不意味盲目的跟從別人的教條或信條，也不意味迷信的服從神職人員或天神，而是更接近於貴格會神學家和史丹佛校牧艾爾頓・杜魯柏（Elton Trueblood）所形容的：「信仰不是沒有證據的信念，而是毫無保留的信任。」

我們透過身體感受到這種毫無保留的信任——相信自己、彼此、宇宙。我們在心中和骨髓中感受到信任，否則就是一無所覺。這正是完全變革性的狂喜和宣洩體驗帶來的禮物和力量。我們不僅能說出口，而且能真正意會：「這一切我記得，而今天我重新開始。」

***

關於窺見「時刻」，有個重點要提：這件事不但本身就是目的（autotelic），而且還有自學功能（autodidactic）。本身就是目的的意思是：無需其他理由或動機，就像海豚玩浪、孩子從山坡上滾下來，這麼做只是出於純粹的喜愛。那自學的部分呢？這表示這種體驗是自我教導或自我揭示的。

「時刻」有一種令人難以置信的特質：它讓人不可思議，難以置信的及時發生，往往還帶著一種絕妙的幽默。為什麼會這樣？沒有人真正清楚，但「時刻」確實如此，無庸置疑。

我們往往會忍不住將這種智慧擬人化、神格化或具體化。我們是無法、也不願意讓神祕保持神祕的敘事性動物。若有人把一切可能性都壓縮成一個偽確定的解釋，我們就扭曲了這種智慧的本質、目前的形態和可能的未來。我們最好是讓那燃燒的荊棘繼續燃燒吧。

揭開心流密碼的資訊理論

我們是宇宙了解自己的方式。我們某部分的存在知道我們就來自宇宙……由星塵組成的。

——卡爾・薩根（Carl Sagan）

我們至少應該思考那遠方。如果我們考慮將生命和未來託付給「時刻」所揭示的洞見，那麼我們需要對這些資訊的來源有一個暫時的理解。

我們不做形上學的揣測，而是探索幾種資訊層解釋，不必跨越信仰的鴻溝。這些解釋代表了已經確立的合理科學推斷。這並不表示這些解釋最終都會被證明為真。因為隨著理論、測量方法和探索的不斷進步，它們一定會被更準確的模型所取代。

但是，這確實表示我們該脫離新無神論者的還原式唯物主義了，唯物主義只接受顯微鏡或望遠鏡能看見的真理，其餘的一概拒絕。同時，我們還需要避免另一個極端。如果我們選擇了無拘無束的天馬行空，那麼最終也只是用更新穎、更閃亮的版本，來代替沾滿灰塵的古老原教主義。

我們可以透過理性的神祕主義更新這兩種立場，稱其為「新柏拉圖主義」，仍然重視理性、證據和邏輯，但也保留超越我們所知的空間。在沒有熟悉地標的地形中導航時，我們需要更精確的指南針方向，而不是更模糊的方向。畢竟，迷路之後要找回來比較難，一直留在軌道上比較容易。

接下來，是關於心流覺醒狀態下資訊來源的四種解釋，從最實證的說法到最具猜測性的說法，分別有這四種解釋：

● **第一種解釋：環境界效應。**無時無刻，現實狀態的原始數據都以每分鐘數百萬位元的速度，穿梭在我們身邊。而大部分時間，我們清醒的意識都調整在「過勞靈長類」模式，徹底忽略這些數據。這就是亨利・柏格森（Henri Bergson）和阿道斯・赫胥黎所稱的「減意識閥」（reducing valve of consciousness）。舉例來說，我們的意識每秒鐘可以處理大約一百二十位元的資訊，而視網膜可以處理高達一千一百萬位元的訊息。在非常情況下，我們可擴大「減意識閥」，使我們的環境感隨之擴展，也就是讓我們能感知更多現實狀況。高效的神經化學、超連結的神經解剖學和優化的神經電活動，可以讓我們接收到更多資訊。這看起來很像超能力，但其實只是更多數據。對嚴格的唯物主義者來說，這是最精實、最奧卡姆剃刀式的解釋。艾登・

菲爾波茲（Eden Phillpotts）寫道：「宇宙充滿神奇的事物，正在耐心的等待我們的感官更加敏銳！」心流覺醒狀態，就是讓我們足以銳利的感知道那些神奇的事。

●第二種解釋：祖先效應。過去這十年，許多研究追蹤身體和心理健康的標記，有被代代相傳的情況。從瑞典偏遠的北極村莊到南方聯盟的戰俘後代、大屠殺的倖存者以及長時間遭受實驗的實驗鼠，一些暗示性的證據表示，我們會從家族中繼承了某種形式的遺傳記憶（無論是生物學還是心理學）。

表觀遺傳學（epigenetics）領域仍然處於發展初期，研究人員透過每一篇新發表的論文，在為他們的發現和方法辯論。不過，我們已經從中學到了很多。例如，「甲基化」是指基因能否根據現實世界的條件，來開啟或關閉的能力；RNA是一種單鏈核酸，可以向DNA發出訊號；組蛋白（histones）則是附著在DNA上的蛋白質，這些機制都有可能解釋，我們如何「記得」過去幾代人的經歷。如果在非尋常的意識狀態下，我們的環境感知（umwelt）會往外拓展，或許可以更加有意識的接觸到世代積累的經驗。

這種幽靈般的直覺似乎很神奇，明顯超出我們自己的個人認知——就像在遊戲節目《誰想成為百萬富翁》（*Who Wants to Be a Millionaire?*）中使用「生命線通話」，只不過我們不是打給家鄉的朋友，而是打給已逝的親人。儘管聽起來有些不可思議，但這與許多原住民和傳統文化的作法非常一致，從美洲原住民到希臘人以及日本人，他們都有「祖先崇拜」的傳統，藉此向先祖尋求指引。如果把這樣的理解延伸到多個世代之前，就有一個明確的可能性，那就是我們在自己身上擁有某種形式的祖先知識，超越了文化和故事，深入到生物核心。最新的科學提供了一個可能的解釋，說明這種現象是如何發生的。

- **第三種解釋：星塵效應**。建構出人類與銀河系的其他物種生命的關鍵積木，有九十七%是一樣的：碳、氫、氮、氧，磷和硫，正如瓊妮・密契爾（Joni Mitchell）的歌詞：「我們是星塵」。人類骨骼、血液和大腦的原料，以及觸發我們突觸和心臟的複雜化學反應，全部來自宇宙大爆炸的殘骸。我們如此之大，如此之古老。

在《與星辰共舞》（*Living with the Stars*）一書中，史丹佛大學教授艾麗絲・斯赫雷弗（Iris Schrijver）得出結論：「我們所有人，以及宇宙和地球上的一切，都源於星塵。即使在今天，星塵仍在我們體內流動，直接將我們與宇宙聯繫起來，使我們的身體在我們一生中一次又一次的重建。」

這一切就深藏在我們的DNA中。自從詹姆斯・華生（James Watson）和法蘭西斯・克里克（Francis Crick）首次發現DNA雙股螺旋結構以來，我們就已經了解到，DNA包含所有生物的基本編碼。最近，我們開始理解這些雙螺旋如何保存和存儲大量資訊，其效率是現有方法的五百萬倍。

哥倫比亞大學電腦生物學和生物資訊學中心的亞尼維・埃爾利赫（Yaniv Erlich）說：「DNA具有幾個重大優勢……已存在三十億年，人類不太可能失去閱讀這些分子的能力。」德州大學有個小組前陣子在DNA上使用世界語（Esperanto，又名「希望語」，世界上最通用的人造語言）編寫了《綠野仙蹤》；哈佛大學的喬治・丘奇（George Church）成功將一九〇二年的無聲電影《月球之旅》（*A Trip to the Moon*）編碼到一個雙股螺旋上。這些例子都顯示出，儲存在DNA上的數據和我們自己的生活與故事之間的雙向連接。我們從思想實驗的領域邁向物理實驗。

如果我們追著這些線索往下，將會推導出到一個可能令人震驚的概念——我們是由星塵組成，並擁有銀河系的化學成分。這一點已經是已知的。DNA負責所有生命的程序編碼和解碼，不僅會指揮細胞成長為心臟、腿或樹木，還可以存儲電影或莎士比亞全集作品，以及遠遠超過這些內容的東西。DNA可能是全世界最有效、最有彈性的儲存系統之一，橫跨時間和空間。

在高度意識狀態下，當我們的神經系統準備好感知模式，可獲得清醒意識時無法獲得的資訊時，我們是否可能以某種方式「讀取」我們DNA中的資訊？如果我們可以解碼這些數據（無論多麼笨拙或直覺），這會給我們帶來什麼樣的故事？

「一開始，我就在了。」

「在月亮和星星之前，我就在了。」

「在亞伯拉罕（或網路社群）之前，我就在了。」

唯有在這個思想實驗中，偉大的「我在」就是我們自己。這個概念被編寫進我們的身體中，被大腦解碼，發現我們就是真正的「起始點和終結點」——我們從一開始就在。碳、氫、氮、氧、磷和硫的原子物質，以及DNA鏈的磷酸鹽和糖，構成了所有的生命和我們自己。而回溯（anamnesis）——我們忘了自己曾經忘記過，從而想起了那時刻的吉光片羽——就可以記得那個簡單的事實。

正如艾麗絲．斯赫雷弗所承認的那樣：「我們身體的物質，幾乎沒有哪些部分能夠持續好幾年。當然，這不符合我們對自己的認識……但我們並不是固定不變的。我們更像是一種模式或過程……身體的短暫性和能量的流動，促使我們探索自己與宇宙的聯繫。」在這個令人驚嘆的認識中，每個人都可以把自己視為終結者。但我們必須消除人我分離的幻覺才能窺見真相。

• **第四種解釋：資訊層**。究竟領悟所得的資訊從哪裡來的？前三種解釋雖然都是假設，但還停留在物質面。擴展到環境感知（umwelts）和處理更多數據，以及從父母傳下來的表觀遺傳訊號（epigenetic signals），和儲存宇宙元素週期表的DNA硬碟。這些都還是發生在我們的大腦和身體裡。

最後這種解釋超越了物質，甚至需要思考這些靈感可能不是來自本地。打從哲學家開始思考這件事，他們就一直認為有個實相領域，超越了我們的五感與環境感知。哲學家堅信，這個領域比我們日常生活中體驗到的任何事物都更真實、更完整。柏拉圖稱之為「理想境界」（Realm of Ideal Forms）。在那裡，我們所能體驗到的一切都會以抽象、理想化的方式完美存在。根據柏拉圖的說法，這個層面上的蘋果或桌椅，都只是原物的局部再現，而原物在「理想境界」裡以純粹且完美的形式懸停在那裡。

柏拉圖和後來的西方學者，還提出了「以太」（Aether）的概念：一種不可見的宇宙背景物質。以太被認為是所有物理存在的基底，承載著光與聲音等一切現象的載體。但經過數個世紀的考察後，維多利亞時期的物理學家邁克生（Michelson）和莫雷（Morley）駁斥了這個概念，並且為愛因斯坦的相對論理論和許多當代物理學奠定了基礎。

然而，思想家們仍然在尋找一些隱喻，來描述他們所窺見的資訊層。巴克敏斯特・富勒

（Buckminster Fuller）稱之為「設計領域」（Design Realm），並且將他在建築、永續發展和未來主義領域的巨大成就，歸功於他能夠進入那個領域。他客氣的表示，他只是在轉譯已經存在的東西，而不是從無到有的自產創意。

在二十一世紀，匈牙利物理學家鄂文・拉胥羅（Ervin László）將這個假設性領域稱為A場（A-field）或阿卡西場（Akashic field），梵文的意思是「空間」。對他而言，量子真空跨越時間和空間，並承載著資訊。如果能夠進入那個場，就能進入一個密集且非局部化的數據世界。想像一下，將訪問A場想像成在逛網際網路，而不是從書架上取下《大英百科全書》。

在這時代，要理解資訊層（以太、心智圈或任何冠上「量子」的名堂），都被視為一種冒險的職業選擇。科學家們為了嘗試理解一個超越虛空的世界是否存在，得冒著幾乎一定會被嘲笑和邊緣化的風險。自邁克生和莫雷推翻「以太」之後，這種思維就不受歡迎。但這些想法從未徹底消失。最近，「這些資訊是從哪來的？」的研究又再度出現了。

這些資訊不是從特定來源傳過來的，而是無處不在，這是當代物理學最引人注目的假說之一。雖然大多數科學家認為宇宙是由能量和物質的組合，甚至由時空的組合所構成，但其他人則認為，在其最簡單的表達方式中，宇宙的本質就是資訊。

十九世紀數學家查爾斯・巴貝奇（Charles Babbage）相當博學，是「巴貝奇機」（Babbage

Engine）原型計算機的發明者之一。他是最早主張資訊是宇宙中心和基本元素的人。不過這個想法要等到一九八〇年代物理學家約翰・惠勒（John Wheeler）才加以更新。約翰・惠勒是曼哈頓計畫的成員，和愛因斯坦合著物理統一場論，「黑洞」和「蟲洞」這兩個名詞也是由惠勒所創。

一九八九年春天，惠勒在聖塔菲研究所（Santa Fe Institute）發表了一篇論文，介紹他的「由位構物」（It from Bit）概念。惠勒寫道：「由位構物，代表著每一個物理世界的元素，本質上（大多數情況下是在非常深的層次上）都有一個非物質的來源與解釋；而我們所認知的現實，最終分析起來，是來自『是非題』來建構我們對現實的理解……；簡而言之，物質世界的一切都源於資訊論，這是一個參與式的宇宙。」

惠勒的參與式宇宙呼應了德日進的「終結點說法」。在這兩個框架中，意識和存在匯聚成一個自我意識的奇點。惠勒說：「物理學引起觀察者的參與，觀察者的參與引發資訊，資訊引發物理學。」如此不斷循環。

一切存在都被編碼為資訊，在二元對立的「是／否」中運行。根據惠勒的說法，我們既觀察到這個事實，也參與其中。從電子在宇宙中旋轉的上／下二元性，無論相距多遠都彼此聯繫，到計算機編碼的二進制，一切都是二元的：生或死、戰或逃、黑或白、友或敵、男或女、天堂或地獄，以及起始點或終結點。從現實的最基本組成部分，到單細胞生物的生存機制，再到人類經歷的種種變化，我們的大腦神經系統天生就喜歡對比。

構成宇宙的資訊量逼近無限，為了理解我們是如何獲得如此大量的資訊，牛津大學的數學家羅傑・潘洛斯（Roger Penrose）提出了一個理論：人類大腦在特定的情況下，能夠透過神經元中的微管進行量子計算。這個想法為看似不可能的認知或直覺行為，提供了結構性的解釋。儘管潘洛斯的數學成就贏得了極高的讚譽（諾貝爾獎和爵位），但他的量子意識理論並未得到熱烈的讚譽。麻省理工學院的馬克斯・鐵馬克（Max Tegmark）經過計算，發現潘洛斯在計算我們的心智能力方面至少錯了十個量級。鐵馬克在一篇論文中表示：「大腦進化出量子行為的可能性相當小。」

史丹佛大學的神經科學家大衛・伊葛門（David Eagleman）謹慎的提出一個替代的解釋，即「意識的二元論」。唯物論的論點，認為「心靈」只是大腦活動的副產物。二元論的論點則認為，大腦是硬體，硬體接收來自宇宙的訊號（惠勒所說的那個資訊宇宙）。伊葛門在他的書《躲在我腦中的陌生人》（*Incognito*）中寫道：「我不是斷言說大腦就像收音機一樣，但我想指出這可能是真的。我們目前的科學沒有任何東西能排除這個可能性。」

傑福瑞・克里帕爾（Jeffrey Kripal）是萊斯大學（Rice University）宗教學教授，熱衷於獵奇和探索玄妙的一切。他將伊葛門的理論放在更廣泛的歷史背景下：「威廉．詹姆斯、亨利．柏格森和阿道斯．赫胥黎早在伊葛門之前就已經提出了同樣的觀點。柏格森甚至用過同樣的收音機比喻。這就是宗教史學家（無論是誰）介入的地方。畢竟，在宗教史中，還有無數其他線索支持收音機理論，並且暗示（雖然不是證明）人腦的功能，像是超進化的神經收音機或電視，並且在富有啟示性的難得時刻裡，頻道突然『切換』時，大腦就成了接收某些超人類訊號的不完美接收器，而這些訊號並不遵循我們所知道的規則。」

愛因斯坦曾經說過：「每個真正的理論家，都是一種被馴服的形上學家。」這是他的朋友和同事約翰．惠勒的真實寫照，也適用於古生物學家和神學家德日進，對我們來說也可能是如此。隨著可重複實踐的出現，帶領我們進入資訊層，我們有機會探索可用的廣闊靈感。

「我們有朝一日能理解存在嗎？」惠勒回答道：「毋庸置疑，總有一天，我們相信，我們將會領悟這一切的核心理念是多麼的簡單、美麗、引人入勝，以至於我們都會彼此說：『哦，怎麼可能會不是這樣！我們為什麼會花那麼長時間都只在盲目的追尋！』」

奇妙的宇宙，甜美的聲音，我們曾經一無所知，但現在我們已經看到了。

回歸本源，成為土生土長的新人類

到目前為止，我們已經討論了許多的領域。從第一部分中意義的崩潰開始，到第二部分中我們需要利用演化的驅動力。在第三部分中，我們已經踏進了建構文化的領域，以及如何盡量利用這些強大的工具，來進入心流覺醒的巔峰狀態、進行療癒，但不犯下過去犯過的錯誤。

然而這些廣泛的討論，最後都要收斂到起點，看看這個啟發自我的過程，如何影響我們最重視的幾段人際關係。這是在成為「終結者」指南手冊中的最後一節。

接下來，是這一過程的視覺描述。如果我們能勇敢且持續的旅行和實踐，這套方法將引領我們變得成熟。以這種方式繪製，它看起來像一個「魚符」（Ichthys），或者經常被稱為「耶穌魚」。這是一個由兩條弧線交疊在一側形成尾巴的圖案。在基督教早期，這曾是信徒之間的一個祕密象徵。自一九七〇年代以來，耶穌魚符號又重新流行起來，現在出現在各種汽車的保險桿上。

我們要講的並不是神祕圖騰，只是看起來很像。如果這版本有個前身，那可能是科幻作家菲利普．狄克在一九七四年的頓悟。當時有個迷人的快遞女孩戴著一條金色的耶穌魚項鍊來到他家門口，據他的回憶，粉紅色的星光從耶穌魚中射出，把他擊倒在地，讓他脫離了時間軸。

後來他用一輩子來試圖理解那次遭遇。所以，這個版本比較不像是廂型車的保險桿貼紙，比較像是菲利普．狄克的「宇宙啟示」。

現在，讓我們簡化一下，稱它為「DNA耶穌魚」。這個模型大致是通往「全人」自我啟蒙的路徑圖，是關於如何成為「重生的人類」（twice-born human），如何從資訊層、心智圈或其他你想稱呼的地方汲取靈感。

這過程的起點從我們的肉身誕生開始，結束於我們的肉身死亡。在生死之間，我們的生命有著各種各樣的變化，那就是圖中下方的曲線。在我們的傳記生命（Biographic Life）中，壞事常常會發生：悲劇、創傷、挫折。那些灰色的點代表著這些事件：各種童年的不良經歷、成年後的不良經歷：疾病、離婚、背叛、

我們如何開始記起

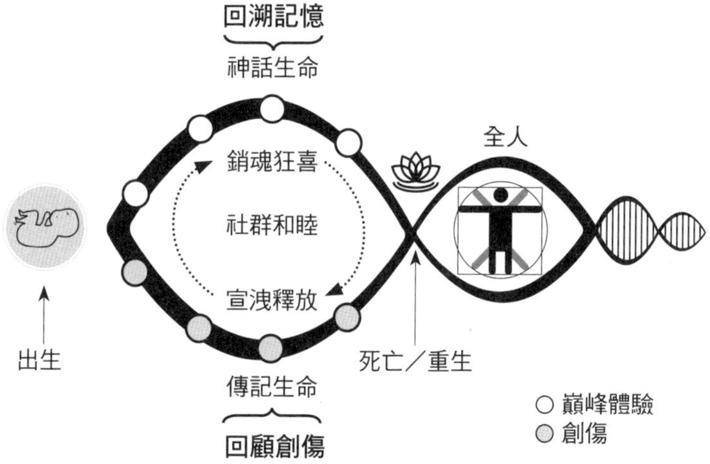

虐待、暴力、絕望。這些都是少數人才幸運能逃脫的苦果。從出生到死亡，這中間充滿了許多傷害。

如果我們全身心投入、擁有獨特的天賦或好運，我們或許會窺見「更高的存在」、品嘗到「時刻」的滋味。這就是圖中上方的弧線，代表著我們神話生活（Mythic Life）中的一部分。可能是在大自然中驚嘆的瞬間（美麗的日落或露營時的流星），時間彷彿靜止；也可能是與我們最喜愛的樂團一起合唱副歌的音樂會；或與真愛共度的超凡之夜，那時我們感覺自己的心要爆炸了。

無論這一刻是如何發生的，我們都會珍視、會回顧，當作是生命中讓一切都有意義、都值得的極少數時刻。但由於這只是時間上的一個點，無法找出模式。

除非再次發生。

再一次之後，又再次發生。

數學迷喜歡提醒我們，觀察趨勢需要三個點。一旦我們經歷了幾次突破性的經驗（上弧線上的點），下次回到「時刻」，再一次經歷「回溯記憶」（anamnesis），記起更深的真相時，我們也會記得之前已經來過這裡。「有趣的是，儘管很新奇，其中有些東西給人感覺就像回家一樣熟悉。」心理治療師安・舒爾金（Ann Shulgin，知名迷幻藥物化學家薩沙・舒爾金〔Sasha

Shulgin）的伴侶）發現了：「好像有一部分的我早就知道，我認識這個領域——這感覺會說：『哦，是的，當然！』就好像我們終於想起來了一樣！」

一旦我們在時間中將這些點連接起來，開始看到趨勢的起點時，上方曲線的模糊輪廓就會顯現出來，成為我們神話生命的故事線。它是我們傳記生命的鏡像，代表我們最好的可能性。

在這裡，我們不是默默過著絕望的生活，而是在茁壯成長，過著有靈感、有力量、有目標的生活。對於我們俗世中的所有曲折、混亂、困惑、刻薄和單調，這生活感覺像是救贖，能夠放下負擔，充滿活力。我們開始記起自己到底是誰。或者至少，我們可以成為誰。

然而，我們也能以更清晰的眼光與慈悲心，看待我們生命中的創傷、傷口、盲點和妥協之處。如果回溯記憶讓我們想起了核心的本質，那麼它也會列出我們應該去做卻未完成、不應繼續執行並應該停止，以及我們需要致歉的事件。

當恩典的「時刻」消退，我們回到日常的「時間」生活時，我們面臨一個選擇：是要利用超越雲層那一瞥，所悟出的資訊和靈感來進行療癒，將那些巔峰體驗用來填補我們的低谷？或者，是要選擇靈性迴避（spiritual bypassing）？

如果選擇後者，我們會在巔峰體驗後，環顧四周，感受充滿動力的自我，但不會回頭以全新的慈悲心和承諾看待我們的日常生活，只會說：「操！我再也不回去了！」那些髒兮兮的碗盤和臭烘烘的衣物、麻木的工作、不和諧的朋友和家人，所有的一切都在我們的口中變成灰燼。看到光明後卻必須潛回地下室，太痛苦了。我們會脫離原本的生活，並傾向於自己剛建立的神話生活。

我們可能會瘋狂於新的銷魂狂喜練習和社群共睦——無論是呼吸練習、譚崔療癒或腦部刺激。我們可能會開始沉迷於「迷幻醫療」，而那只是名為醫療，實為享樂主義和感官體驗。在極端情況下，我們甚至可能改變我們的名字以反映我們的新身分，開始穿著飄逸的麻衣、涼鞋、戴念珠（語言學家也還不知道為什麼，似乎沒有人會把名字從莎莉改成貝琪、鮑伯改成喬治。莎莉會改名為薩其達南達〔Satchananda〕，梵文意念的無限極樂；鮑伯會改成先鋒或阿基里斯。）

無論採用何種應對策略，如果我們陷入靈性迴避，沉迷於靈性的旁門左道並拒絕離開巔峰，那最終我們只會跌得更深。在這個容易迷失之高地，永遠不缺夥伴。

＊＊＊

還有一個已知的問題值得討論：那就是走向自我成長之路上，我們常常混淆時態。現代心理學大多假設我就是「我」，你就是「你」，當我們坐在一起時，我們的時間同步。事實上，我們幾乎從未真正的共同分享當下。我們的肉身可能在空間上共處，但時間上並非如此。我們迷失在一片故事的海洋中，處於痛苦的過去和我們想盡一切避免的恐懼未來，或是那些美好的過去和我們渴望擁有更多的美好未來。我們很少在「深刻的當下」（Deep Now）真正相遇。

當我們開始培養自己的神話生命，往返於「時刻」和「時間」之間，一切會變得更奇怪。在一般狀況下可能會這樣：我們很幸運的有了一些突破——在某些時刻裡，我們能充分的感受自己，回想起一些隱藏的線索，找到我們最深刻的使命。這感覺令人驚嘆，我們迫不及待的想回家，向我們所愛的人傳達好消息。

我們回到家，心中充滿著真正的「靈感熱情」（entheosiasm），被靈性所充滿。但是，完全出乎意料的事情發生了：我們所愛的人並不理解我們的感受。我們認為這一定是因為沒有表達出這種經歷，它強大且具備完全改變人生的力量。所以，我們開始加強宣傳，以為這樣可以讓他們理解，而且，我們仍然沉浸在那種感覺中，有多餘的愛可以傳遞。

但這只會讓情況變得更糟。我們愈是轟炸他們，他們就離我們愈遠。我們剛開始還很確信，自己能夠以堅定的信念贏得他們的支持，但事情通常不會如願，主要是因為我們在時間上「脫軌」了，不再與我們的伴侶同步。

當我們經歷了自己「最真實、最崇高、最理想的自我」時，就順勢忘了以前的債。「沒錯，那個索爾是來討債的，真的很混蛋，我承認啊，但，寶貝，那不是我，我現在是保羅，你看不出來我脫胎換骨了嗎？」

我們領先的「時刻」，剛好對上他們在「時間」中的傷口。那些最親近我們的人，不願意或無法相信我們的「新我」，除非我們承認過去曾經傷害過他們的「舊我」，並為了過錯進行彌補。

他們沒有錯。我們過去可能確實自私、傷人、軟弱或不專一。無論我們現在看起來多麼不同，他們若直接放下戒心並全然信任我們就太蠢了。我們必須從馬背上躍下來，鏟掉馬糞，他們才有足夠的安全感，能夠應對我們過去一起造成的創傷。

旁門左道的誘惑可以毀掉婚姻、毀掉友誼。由於我們的伴侶猶豫不決或拒絕承認我們的新成長，我們可能沮喪洩氣，變得暴躁不安；我們可能會退縮，翻閱更多「靈性」書籍、加入網路論壇，或是去結交新朋友，因為他們才「懂我們」，他們會講我們的語言。

若這種緊繃的關係持續數週或數月，我們甚至可能會做出這種結論：「你知道嗎？我不認為我們還是同路人，可以一起前行。我想我比你更在乎成長、靈性、療癒。」我們可能確實是如此。並不是每個高中死黨或長期配偶都會用相同的節奏，被吸引到相同的事物上。人的確會漸行漸遠。尤其是如果我們在人生較早的階段裡找到了旅伴或隊友，而現在我們已經離開了那個階段，裂縫就可能變成鴻溝。

但不見得每段關係都會這樣。很多時候，那些最愛我們的人正是那些勇敢承擔我們所忽視的盲點和責任的人。儘管我們有缺陷，他們仍盡力支持我們。但他們無法信任我們而放下自己的傷痛，來跟著踏上我們人生旅程的冒險。如果我們不願對我們做過的事情負責，對我們沒有完成的事情負責，那他們決定要保持距離也沒錯。

我們自己的「個人旅程」，如果沒有照看，可能會導致危險的自我膨脹和扭曲。任何讓我們斷絕人際關係的經驗或領悟，可能都是不成熟的。相反的，能讓我們走下神壇、走進人群去靠近最不幸的兄弟（和姊妹），那才是最值得信任、最穩定的啟示。

這正是傳統上的師承門派曾經如此有用的地方，有門派，就能讓我們踏實，就能提醒我們要勤練基本功。但現在，我們大多都拋棄了傳統。我們可能獨立於世，但仍然彼此相依。這就是為什麼三大支柱裡需要社群共睦，來提供平衡，並且對銷魂狂喜和宣洩釋放的探索負責任。社群共睦讓我們謙虛、讓我們保持人性。

金窩銀窩，不如自由選擇的生活

如果你願意接受這個過程，不被陷阱所困，就會意識到在「傳記生命」和「神話生命」之間的往返逐漸增強，且相互影響。銷魂的狂喜能給我們靈感，同時提供療癒的藍圖；釋放的宣洩能淨化心靈，整合所獲得的領悟和心得；社群共睦使我們在慶祝和支持中相互聯繫。

這三個要素組成了一個飛輪，旋轉得愈來愈快，推動我們穿越人生。沒有捷徑，也不能略過任何步驟。如果我們只專注於其中之一，就會失去平衡。如果我們否認神聖，庸俗會壓垮我們；如果我們否認庸俗，神聖會燒傷我們。但是一旦我們接受了兩者，就會告別分裂的人生。

這就是我們所說的「極樂與受難的十字極刑」，的確既痛苦又歡愉，且永恆如此。我們擺脫了束縛，不再神經質的追求。但我們肩負著十字架，見證人類制約的所有災難。「沒有過去的罪人，也沒有未來的聖人。」桃莉・巴頓提醒我們：「我們永遠沒辦法完全修復，也從來沒有徹底壞掉。」

當我們不再想著要怎麼擺脫承諾，就會發生美好的事情。我們致力於療癒和整合，獲得靈感和啟發，開始沿著「時間」的生命弧線上升。我們在「時刻」裡體會到的神話生命的弧線也開始向下彎曲，因為我們承諾把領悟帶回人間。我們開始編織這兩股生命，最終交匯於我們生命的十字路口時，就表示我們完成鍊金術了。就像《綠野仙踪》中的桃樂絲，厭倦她在堪薩斯州平淡無奇的生活，必須跑到遠方才能找到渴望的東西。我們想找魔法，只會意識到沒有什麼地方像家一樣神奇。膽小獅、錫人和稻草人這些奇幻角色，最後原來都是牧場工人。印度哲學家尼薩迦達塔（Nisargadatta）觀察發現：「另一個世界，原本就是這個世界，只要我們能以正確的方式看見它。」

我們重生為全人。我們以土生土長的在地人類（HomeGrown Humans）活在世間。我們不再渴望超越和遁逃，而是開始珍惜這些短暫的有限生命。這不就是為什麼神仙和天使一直以來都嫉妒著我們的原因嗎？人類是宇宙中存在的蜉蝣。我們的壽命如此短暫，所以對我們來說每一個瞬間都很重要，永生的存在永遠無法體驗這點。我們有前額葉皮質和靈活的拇指，我們在短暫的數十年裡相愛與失去，戰鬥與交歡，創造與破壞，渴望與悲傷。

如果卡爾．薩根說的沒錯：「我們是宇宙認識自己的一種方式。我們的某一部分知道我們來自哪裡……我們由星塵組成。」那麼要驗證真理就只能「靠直接體驗」。一旦毫無疑問的證明了這個真理，我們就獲得了恩賜，可以完整充分的活出自己的人生。

＊＊＊

禪宗有一系列著名的《牧牛圖》（*Oxherding*），共十幅，象徵著尋找覺悟的過程。我第一次在大學裡讀到時，驚訝的發現，我以為是覺醒最終目的地的階段，其實出現在第四幅圖上，這讓我更加謙卑。第五到第九幅圖展示了一些當時超出我理解的區別。但是第十幅畫真的讓我印象深刻。這幅畫裡有個拄著拐杖、笑容可掬的大肚子老人。

「當他緊閉門窗，最聰明的人也找不到他。但他出現在市場上，走進人群，伸出援手。」

演化人、重生、神人、菩薩，這些名稱在東西方文化中都有不同的表達。

然而在今天，不需要如此複雜。土生土長的人類就在我們四周：老師、農民、消防員；醫師、護理師和父母；士兵、歌手和木匠。他們引領我們走向終結點，解鎖我們與生俱來的智慧和創造力。土生土長的在地人類，活出人性、體驗人性、哀悼人性。他們深入人群之中，以助人的雙手行動著。

結論

快樂與希望的覺醒啟示

疫病、戰爭、飢荒和死亡，這些是舊時代的風暴騎士——《啟示錄》中的四騎士。這可不是一個特別受歡迎的團體，也絕對不會帶領我們前往想去的地方。如果我們要「揭露真相」，我們需以珍愛生命而非摧毀生命的方式來實現。

為了到達終結點，我們需要把我們的馬車拴在四匹非常不同的馬上：勇敢老鼠、坦克人精神、靈魂力量、激進的希望。

勇敢老鼠：直面恐懼的神經

幾年前，史丹佛大學的神經科學領域新星、教授安德魯・休伯曼（Andrew Huberman）在《自然》期刊上發表了一篇有趣的研究。這領域裡多數研究論文都在關注老鼠。但休伯曼和同事們問了一個從未有人想到的問題：「當我們看到恐懼的事物時，大腦會發生什麼變化？」

每個人都聽說過「戰或逃」的機制。但琅琅上口並不表示這一定正確。事實上，面對致命威脅有兩種不同的反應，一種是逃跑或僵住，另一種則是站穩和對抗。

在大腦中心附近有個叫視丘的結構，功能類似交通圓環，將感覺運動訊息傳遞到大腦皮質。視丘會和兩個關鍵的神經中樞連接：劍突核（xiphoid nucleus）會引發「顯著性減弱」（你不要看我！）的行為，而連結核（nucleus reuniens）會讓「顯著性增強」（你想來找我麻煩嗎？）。

毫不意外，普通老鼠會選擇僵住和逃跑。當面對頭頂掠過的猛禽時，超過九十%的老鼠會逃向可藏身之處。只有二%的老鼠會採取對抗行為（例如：用尾巴敲擊地面），不過牠們的勇氣也只夠牠們在安全處嘗試。

但是，當休伯曼刺激老鼠的連結核時，情況就不一樣了。老鼠變勇敢了。牠們不再逃跑，而是選擇挺身而戰。休伯曼寫道：「直接察覺到威脅的存在時，刺激腹內側下視丘（ventromedial Thalamus, vMT）會促進老鼠覺醒，並增強卓越感，導致『勇敢』的行為……」當牠們面對鳥類掠食者的巨大影子時，這些老鼠會轉身面對危險，在尾巴拍打地面，就像是老鼠版的李小龍知名的「來吧」手勢。

休伯曼想知道，這樣的實驗是否是在操縱老鼠、將牠們推向危險境地。但是，若給予老鼠選擇機會，是要尋求這種刺激或靠自己時，老鼠都積極的尋求這種刺激。「由腹內側下視丘刺激引起的覺醒，會強化獎勵機制，也就是說，這種刺激具有正面的價值。」他在論文中寫道。

不只老鼠渴望勇氣。我們也是。在早期的兩項研究中，休伯曼指出：「對應人類大腦區域的自我刺激……有強烈的強化作用，甚至比刺激有關性欲的區域更強。」換句話說，我們選擇變得勇敢的時候，就不會想上床。這大有深意。

那個叫做連結核的微小神經群，讓我們變得更勇敢，能夠直面危險，而不是逃避危險？在拉丁語中，連結核的字面意思是「重聚的種子」。種在「意義 3.0 時」代的肥沃土壤中，正是這份勇氣能將把我們重新聚集在一起。

坦克人精神：為正義挺身而出

你認真想想，我們其實不需要解剖老鼠的大腦，來證明勇氣在我們的生活中的重要性。在所有的傳說和神話中，故事總是如出一轍：大衛與歌利亞、奧德修斯與獨眼巨人、佛羅多與索倫、哈利波特與佛地魔。

正如那隻小老鼠對抗高大的鷹，從來都不是公平的戰鬥，其他的故事也是一樣。但不知為何，他們最終總能找到出路，只要我們保留足夠的空間讓恩典降臨。

我們銘記這些關鍵時刻：那是萊奧尼達斯（Leonidas）國王面對著十萬波斯人進逼，向斯巴達三百壯士發表演說；那是《末路狂花》（*Thelma & Louise*）裡的泰瑪及露易絲偕手踏上大峽谷的邊緣；那是《春風化雨》（*Dead Poets Society*）裡的男孩們，站在課桌上高呼「啊，隊長！我的隊長！」，向被迫離開的老師致敬；那是一九八九年北京天安門廣場的「坦克人」，冷靜的站在坦克車車隊前；那是一九六〇年格林斯伯勒四位黑人學生，在當地伍爾沃斯商店（Woolworth's）的白人專用午餐櫃檯前靜坐，禮貌的要求餐廳進行服務；那是鐵達尼號上的弦樂四重奏，在船沉下去時拿起樂器演奏〈與主更親近〉（Nearer My God to Thee）。

真相存在於每個時刻。有些時刻廣為人知，多數時刻默默無聞，在這樣的時刻裡，一個人在面臨危險時，他們選擇犧牲安全和保障去做必須要做的事，並盡其所能的表現出勇氣、優雅和尊嚴。

***

如果我們只是要點出，歷史和虛構作品裡英雄主義的時刻，那價值不過如此。「廉價的情感」無法帶領我們走到需要去的地方，我們必須在這脈絡中挖出實用的洞見。

那些故事如此吸引人，是因為我們喜歡把自己想像成那些英雄。我們喜歡相信當老鷹盤旋、戰鬥號角響起時，我們會挺身而出。

但現實是，大多數人其實都不會。希臘詩人亞基羅古斯（Archilochus）觀察到：「我們永遠不會在關鍵時刻超常發揮……我們只會跌回訓練的水準。」拳擊手邁克．泰森（Mike Tyson）的表達更簡潔：「每個人被打倒之前都有一個計畫。」

這就是為什麼我們需要提升訓練的水準。而唯一能應對關鍵時刻的訓練，就是死亡實踐（death practice）。如果我們不練習超越求生的本能，就會在關鍵時刻畏縮。我們幾乎每次都是如此，那些傳奇的例外只是規則的證明。

透過「練習復活」讓可以我們一次又一次的回到那個獨特時刻，有機會走出追求快樂和避免痛苦的生活。尤其是在人生取決於重生的此時。在那一瞬間，我們獲得了機會，走出「時間」的倉鼠輪，勇敢走向「時刻」的十字架。不管後果如何，只要經歷過死後重生，再死就不那麼難。

對於那些因世界崩壞的種種指數圖表而感到絕望或不堪重負的人，我們必須在這一簡單事實中尋求庇護：我們在內心最深處，天生就有勇氣的基因。雖然英勇犧牲的史詩級案例，很容易吸引人的注意，但日常的微小勇氣更有力量。像是睡眠不足的母親，做三份工作來養活孩子；在操場上保護弱小的學生；向流浪漢提供關愛和安慰的陌生人；一個疲憊無名的男子，在坦克車前方大聲喊出「夠了」。

我們的勇氣一直都在，雖然在沉睡，卻充滿力量。當我們採取行動時，勇氣會在時間和空間中引發震盪。這是當今唯一能夠朝正確方向發展的指數曲線。能讓我們的力量倍增，也是我們度過困難時的王牌。

＊＊＊

哈佛商學院的歷史學家南希・柯恩（Nancy Koehn）在她的著作《時勢造英雄》（*Forged in Crisis*）提到了五位領袖，包括南極探險家薛克頓爵士（Ernest Shackleton）、美國總統林肯（Abraham Lincoln）、試圖暗殺希特勒的德國牧師潘霍華（Dietrich Bonhoeffer）、環保主義者瑞秋・卡森（Rachel Carson）和廢奴運動領袖福雷德里克・道格拉斯（Frederick Douglass）。他們或多或少因為自己在歷史中的角色而出名，但柯恩重視的是更深層的意義：「這些人有意識的（有時甚至是勇敢的），在最脆弱、最混亂的人性狀態下，仍然讓自己成為推動價值變革的行動者。」在最危機的時刻，他們或許不知道自己在做什麼，但他們還是去做了。

柯恩發現他們的故事「和我們所記得且經常重述的偉大神話、冒險小說、精采電影，一樣撼動人心」。她寫道：「在這（成為勇敢領袖的）過程中，每位領袖和他們激勵的人都變得更有韌性、更勇敢，在某些情況下，甚至更大放異彩。這時候影響力就會擴大，將善意向前推進的可能性就會增加。」

靈魂力量：跨越困境的能量

「推動世界向善的可能性正在增長。」這種勇氣的感染力有一個術語，叫做「靈魂力量」（Soul Force）。馬丁・路德・金曾在華府發表演說〈我有一個夢想〉（I Have a Dream）並引用了這句話，他說：「我們一定要不斷的用靈魂的力量，將身體的力量提升到最崇高的境界。」

但這些話語和想法並非馬丁・路德・金的原創。他借用了兩次。其中一位是他的心靈導師霍華德・瑟曼（Howard Thurman,），他在一九三五年以第一位非裔美國人跨信仰大使的身分前往印度。他在那裡會晤甘地（Mahatma Gandhi），深受這位印度律師不合作運動的影響。

不合作運動的印度文由甘地所原創，本意為「真理用橫」（Satyagraha），瑟曼回到美國後，把這個梵文術語翻譯成更易理解的「靈魂力量」，開始與黑人牧師和活動家分享這股力量。在瑟曼之前，非暴力抗議只是民權運動的一種策略，而不是一個中心理念。它是一種經過精心計算的手段，以避免激怒像布林・康納（Bull Connor）這樣的強硬派種族隔離支持者。在瑟曼分享了甘地的訊息且獲得馬丁・路德・金博士的支持後，靈魂力量成為社會正義運動的基礎策略。

但瑟曼比較像是神祕主義者，不像是活動分子。在歷史的奇妙安排中，他還在一九六二年著名的哈佛神學院耶穌受難日的實驗中佈道。關於那次佈道，多數報導的標題都聚焦在：神學院學生在服用迷幻劑裸蓋蘑菇後，經歷了深刻的神祕體驗。報導中幾乎沒寫到他們坐在馬詩教堂（Marsh Chapel）裡，看著陽光穿透彩繪玫瑰花瓣的玻璃時，在思考些什麼。

每個人都熟悉浸信會佈道時會有音樂。馬丁．路德．金最擅此道。歐巴馬就是順著這個節奏進入了白宮。不過瑟曼的嗓音與此完全不同。他的嗓音很低沉，節奏不規則，沉默和聲音交錯。在充滿迷幻藥物的神祕主義者的教堂裡，耶穌受難日的佈道持續了一個多小時，他在尾聲講了一個故事，說他聽到「有個哀嘆的聲音在祈求『寬恕』」。

「我走出去，發現了一個男人被釘在十字架上。我說：『我來把你放下來。』我想拔掉他腳上的釘子，但他說：『留著吧。除非所有男人、女人和孩子都齊心協力來將我放下，否則我不能從十字架下來。』」

「我說：『但我聽見你哭會很不忍心，我能做什麼？』他說：『走遍世界，告訴你遇到的每個人，有一個男人被釘在十字架上。』」

那個被釘在十字架上的人是個「完人」。那個十字架就矗立在「時刻」和「時間」的交匯處。幾千年前，這種領悟極其罕見且卓越。而今天，這是我們每個人都需要達到的使命。正是這種對自身神性與凡性的認識，讓我們成為「完人」。每個男人、每個女人、每個孩子，以及每個土生土長的人類。

拔出釘子、除去荊棘、原諒自己、原諒彼此，不是為了迎接「第二次降臨」，而是為了帶來第無數次的降臨。是時候該讓他離開十字架了，也是時候我們該挺身而出了。

告訴每一個人。

告訴你遇到的每個人。

激進的希望：邁向未來的燈塔

我們擁有了「勇敢老鼠」的研究，確認了勇氣深深植根於我們大腦的最深處。我們向「坦克人精神」和所有在不確定與疑惑中完成不可能之事的人們致敬。我們也承認了「靈魂力量」有改變世界的能力。我們需要這些，但這還不夠。

最後一匹要掛上鞍具的馬是：「激進的希望」。普通「強顏歡笑」式的希望不足以拯救我們，無法幫我們抵擋魔鬼或黑暗。我們需要更強大的力量。

因為事實是：即使我們竭盡所能，也可能仍然無法成功。正如芝加哥大學哲學家強納森・李爾（Jonathan Lear）在《激進的希望》（*Radical Hope*）中寫道：「我們生活的這個時代裡，連文明本身也脆弱不堪。世界各地的事件——恐怖襲擊、社會暴力動盪，甚至自然災害——讓我們感受到難以言喻的威脅。我們似乎意識到一種共同的脆弱性，卻無法確切的為其命名。」

當我們不能再寄望於回到舊生活時，這代表了什麼？如果我們成長的世界不復存在，我們可以做什麼，如何繼續前進？李爾說：「無法想像自己的毀滅，往往是所有文化的盲點。」

在那種討價還價的希望中，我們擺出笑臉，希望這艘船能自己校正航向，李爾提出一種完全不同的希望——「激進的希望」。李爾解釋說：「這種希望之所以激進，是因為它指向一種未來的美好，超越了我們目前的理解範圍。」

這是在「時刻」體驗中經常出現的一種感覺，因此在這裡值得再次強調。當我們進入「深刻的當下」，總會有一種堅定的感覺：無論如何，最終一切都會變好。我們會到達終結點。

當我們回到肉身，回到清醒的自己和時間限制的存在中時，我們意識到，我們有幸成為自己短暫人生中的中間章節——我們不是孤立的個體，而是演員之一，和演員群一起參與一齣更長、更大的受難劇。

只不過，這份領悟並不是要讓我們逃避責任，或讓我們懷疑不可能之事是否真能實現。相反的我們可以放鬆一些，可以更寬容、更有勇氣的對待自己和對待他人，並且會知道在某個地方、某個時間、某種方式下，我們已經擁有了美好的未來。

這種體驗的美妙之處在於，它並未讓我們有藉口懈怠，還會鼓勵我們發揮全力。加爾文主義（Calvinist）的預定論（predestination）在這裡行不通。我們不能只是等待時間耗盡，確定結局。因為即使我們有幸可以窺見幸福的結局，我們也知道，要在三次延長賽中都以五十一分比四十九分的險勝來贏得比賽，過程會讓人緊張的咬指甲。這意味著每一分熱量、每一口呼吸、每一次起身，都對最後的勝利和成就至關重要。

我們認為自己的壽命有限，這股確定的幻象和脆弱感會被「激進的希望」超越。我們可能無法親自到達應許之地，但我們會繼續向前，相信我們的孩子或他們的孩子會到達那裡。問題不在於「擁有希望」，正如康乃爾・韋斯特的提醒，而在於「成為希望」。當我們放下自己的個人執念和偏好時，我們可以重新定位到那條較長的弧線，去找到終結點。那真的會是有史以來最偉大的《仙履奇緣》的故事。在午夜的鐘聲中擺脫邪惡，或者根本不需要鐘聲、沒有時間限制。

《塔木德》（*Talmud*）的建議是：「我們不必完成這項工作，但也不能豁免不做。」這是一項不可能的任務，但我們必須嘗試。我們已擁有重塑世界所需的一切。我們可以確認自己是誰，我們可以學會哭泣而不是哀嚎。我們可以找到那些聽進我們話中真相的兄弟姐妹。

「唯有當愛與需求合而為一、當工作成為關乎生死攸關的遊戲時，才能完成真正意義上的行動，不僅是生存需要更是為了天堂與未來。」羅伯特・佛洛斯特（Robert Frost）寫道。

如果我們可以達成這個行動，並捨去末日救贖思維，重新找回心流覺醒的銷魂狂喜感受，我們或許有朝一日能從有理解力的「智人」進化為會玩耍的「遊戲人」。那我們要玩什麼？就是玩無限遊戲。佛洛斯特說得沒錯，因為終將一死，賭注就是壽命。我們的需求可能無比迫切，但我們的愛也同樣深厚。天堂和未來都在等待著，看看我們接下來的選擇。

這就是我們開始重新記起的故事。這就是我們彼此攜手共舞的回家方式。

掃描看
心流覺醒實驗
「蛻變性瑜伽」

心靈漫步

心流覺醒：用科學進化心流，找到你的快樂與人生意義

2025年3月初版　　定價：新臺幣490元

有著作權・翻印必究

Printed in Taiwan.

著者	Jamie Wheal
譯者	葉妍伶
叢書編輯	賴玟秀
副總編輯	陳永芬
校對	黃子萍
內文排版	王信中
封面設計	林芷伊

出版者	聯經出版事業股份有限公司
地址	新北市汐止區大同路一段369號1樓
叢書主編電話	(02)86925588轉5320
台北聯經書房	台北市新生南路三段94號
電話	(02)23620308
郵政劃撥帳戶第	0100559-3號
郵撥電話	(02)23620308
印刷者	文聯彩色製版印刷有限公司
總經銷	聯合發行股份有限公司
發行所	新北市新店區寶橋路235巷6弄6號2樓
電話	(02)29178022

編務總監	陳逸華
副總經理	王聰威
總經理	陳芝宇
社長	羅國俊
發行人	林載爵

行政院新聞局出版事業登記證局版臺業字第0130號

本書如有缺頁，破損，倒裝請寄回台北聯經書房更換。　ISBN 978-957-08-7616-1 (平裝)

聯經網址：www.linkingbooks.com.tw

電子信箱：linking@udngroup.com

國家圖書館出版品預行編目資料

心流覺醒：用科學進化心流，找到你的快樂與人生意義/
Jamie Wheal著．葉妍伶譯．初版．新北市．聯經．2025年3月．440面．
14.8×21公分（心靈漫步）
ISBN 978-957-08-7616-1（平裝）

1.CST：自我實現 2.CST：心靈療法

177.2 114001578